参与本书写作人员

（按姓氏拼音为序）

费安玲　李　琳　刘智慧　覃榆翔　邵一峰

宋春雨　乌　兰　余亚宇　张　红　祝远石

最高人民法院

关于适用《中华人民共和国民法典》总则编若干问题的解释理解与适用

费安玲 / 主编

乌　兰　刘智慧 / 副主编

中国法制出版社

CHINA LEGAL PUBLISHING HOUSE

序

英国著名法学家霍布斯曰：“所有的成文法与不成文法都需要解释。”① 无论是法典化形式还是非法典化形式的法律，均需要根据法律稳定的相对特性和社会发展变化的绝对特性，通过法律解释来尽可能缩小法律规则与法律实践之间的缝隙。法律的体系化也就是在这个过程中逐渐实现的，而在适用法律的过程中，执法者的体系化思维亦得到渐进强化。

对立法规范可能存在的遗漏、不清晰等问题，民事司法解释能够结合司法审判的经验作出补充说明或者阐释性规定，其在我国法律实践中发挥了重要作用，处于不可或缺的重要地位。最高人民法院的司法解释分为个案解释和系统解释两种形式：前者系针对具体个案作出的批复、通知等；后者则如本书所涉《最高人民法院关于适用〈中华人民共和国民法典〉总则编若干问题的解释》（下称《总则编司法解释》）。该司法解释作为一种系统解释形式，对执法者和社会普通成员体系化理解《中华人民共和国民法典》（下称《民法典》）总则编有着其他规则所不具有的重要价值和重要功能。

对《总则编司法解释》的理解与分析，不仅上溯至《民法典》的相关规则，而且契合于该司法解释各个规则本身的规范宗旨、规则适用应当关注的理论基础与实践中的问题要点。由高校学者和法院法官共同构成的本书作者团队，期希通过本书的写作，与法律界同人就《总则编司法解释》进行深层次、宽视域的交流，为我国民法的发展共同努力。十分感谢中国法制出版社，尤其是王熹编辑及其团队，他的敏锐观察与睿智抉择使得作者们的希望变为现实。

费安玲

2022年5月2日于京城静思斋

① ［英］霍布斯：《利维坦》，黎思复、黎廷弼译，商务印书馆1986年版，第214页。

目　录

Contents

一、一般规定

二、民事权利能力和民事行为能力

三、监　护

四、宣告失踪和宣告死亡

五、民事法律行为

六、代　理

七、民事责任

八、诉讼时效

九、附　则

附　录

为正确审理民事案件，依法保护民事主体的合法权益，维护社会和经济秩序，根据《中华人民共和国民法典》《中华人民共和国民事诉讼法》等相关法律规定，结合审判实践，制定本解释。

一、一般规定

第一条　【民事法律的适用规则】[①] 民法典第二编至第七编对民事关系有规定的，人民法院直接适用该规定；民法典第二编至第七编没有规定的，适用民法典第一编的规定，但是根据其性质不能适用的除外。

就同一民事关系，其他民事法律的规定属于对民法典相应规定的细化的，应当适用该民事法律的规定。民法典规定适用其他法律的，适用该法律的规定。

民法典及其他法律对民事关系没有具体规定的，可以遵循民法典关于基本原则的规定。

【条文主旨】

本条是关于民事法律适用规则的规定。

【条文沿革】

2017 年颁布的《中华人民共和国民法总则》（下称《民法总则》，现

① 简要条文主旨为编者所加，本书下同。

已失效）第 11 条规定：“其他法律对民事关系有特别规定的，依照其规定。”2020 年颁布的《民法典》中作了同样的规定。本条对于民事法律的适用规则作了更为详细的阐释。

【理解与适用】

一、规范宗旨

《民法典》是在现行立法和司法实践基础上的编纂，并不是从无到有的制定。“编纂是一个对现行民事单行法进行同步‘立改废’的过程，我国《民法典》主要吸纳覆盖了九部民事基本法，其他的一些民事单行法依然在法典外部同步存在。”① 所以，《民法典》施行后，作为新的一般法的《民法典》与其他旧的民事单行法之间的适用冲突就不可避免。尽管有“特别法优于一般法”“新法优于旧法”的法的适用一般原则存在，但面对具体民事纠纷时，不加区分地直接适用显然过于简单和笼统。通过法律解释来解决《民法典》施行后的法律适用问题就成了必然的选择。本条即对民法适用规则的详细阐释。

二、《民法典》总则与分则的适用关系

本条共分三款，第 1 款规定了《民法典》总则和分则的适用关系，第 2 款规定了《民法典》与其他民事法律的适用关系，第 3 款规定了民法原则与民法规则的适用关系。以下对这三种类型展开具体的分析。

《民法典》在体系结构上是明显的“总—分”模式。为了准确把握《民法典》总则与分则的适用关系，首先应当厘清总则与分则之间的内在逻辑关系。“民法典总则编是通过‘提取公因式’的方式确立的民法的一般性规则，是民法典中最基础、最通用、最抽象的部分，可以普遍适用于各个民商事单行法律。”② 通常情况下，《民法典》分编有具体规定的适用分编的规定，分编无规定的则适用总则编的规定，比如涉及房屋买卖的交易行为，可能会同时涉及物权编、合同编的规则和总则编的规定。而“提取公因式”的这种立法技术，使得《民法典》总则编规范在具备体系化、抽象化的同时，无疑也增加了法官“找法”的难度。从《民法典》的体系安排来看，“总则编主要是围绕主体、客体、法律行为、民事责任等法律

---

① 王雷：《民法典适用衔接问题研究动态法源观的提出》，载《中外法学》2021 年第 1 期。

② 王利明：《一部有力保障民法典总则实施的司法解释——评〈最高人民法院关于适用《中华人民共和国民法典》总则编若干问题的解释〉》，载《人民法院报》2022 年 2 月 27 日。

关系的基本要素展开”[①]，而有关具体的民事权利、义务内容则规定在各分编中，各分编的具体规定作为裁判规范可直接适用于个案审理，但当各分编没有相应的具体规则时，则首先考虑适用总则编的一般规定。例如身份行为，“民法典总则编有关法律行为的一般规则是以双方财产行为为基础抽象而来的，而身份行为自始就与财产行为有性质上的根本差异”[②]，因此，当分则编就有关身份行为未作具体规定时，并不能当然地适用总则编的法律行为的一般规定，所以在《总则编司法解释》第1条第1款的但书部分明确规定“根据其性质不能适用的除外”。

三、《民法典》与其他民事法律的适用关系

本条第2款规定：“就同一民事关系，其他民事法律的规定属于对民法典相应规定的细化的，应当适用该民事法律的规定。民法典规定适用其他法律的，适用该法律的规定。”显然，该款试图要解决的是就同一民事关系在新的一般法（《民法典》）与旧的特别法（《民法典》颁布之前的特别法规定）之间该如何选择适用的问题。按照“特别法优于一般法”“新法优于旧法”的通常适用原则，即使在《民法典》颁布后，在民事法律选择适用时也会发生新的特别法优先适用的结果，故而不存在民事法律适用选择的问题。但《民法典》作为新的一般法与作为旧的特别法的其他民事法律规范在适用时发生冲突，该如何选择适用？此时就会出现“特别法优于一般法”“新法优于旧法”两条适用原则间的矛盾。这是本款要指向的问题。

（一）对“其他民事法律的规定属于对民法典相应规定的细化的”中的“细化”的理解

因为我国民法典采用的是法典编纂的立法技术，它承继了原有的特别法如《中华人民共和国物权法》（下称《物权法》，现已失效）、《中华人民共和国合同法》（下称《合同法》，现已失效）、《中华人民共和国侵权责任法》（下称《侵权责任法》，现已失效）等特别法的绝大部分内容，所以在《民法典》颁布后，旧的特别法与新的一般法之间难免存有差异，归纳起来有以下两种可能：第一，旧的特别法与新的一般法有冲突，不能并存。第二，旧的特别法是新的一般法的细化，也即旧法是对新法的具体化。

当出现上述第一种情形时，《中华人民共和国立法法》（下称《立法法》）第94条第1款规定：“法律之间对同一事项的新的一般规定与旧的

---

① 郭峰、陈龙业、蒋家棣、刘婷：《〈关于适用民法典总则编若干问题的解释〉的理解与适用》，载《人民司法》2022年第10期。

② 于飞：《民法典总则编解释第一条评析——民法适用的体系化》，载《人民法院报》2022年2月27日。

特别规定不一致，不能确定如何适用时，由全国人民代表大会常务委员会裁决。”《立法法》第94条第1款貌似解决了《民法典》颁布后新的一般法与旧的特别法之间如何选择适用的问题，但就民事司法实践而言，各级法院在个案中遇到此类情形均报请全国人大常委会裁决，在事实上和法律依据上并不可行。因此，仍应当进一步探究何种情形之下，既可以便利《民法典》的适用，又可以提高审判效率，减轻法院的负担。

当出现上述第二种情形时，尽管“旧法虽不可能在明知民法典规定情况下进行有意的具体化，但仍有可能在事实上构成民法典规定的具体化。此时，两者是一致的，并不构成‘不一致’”①，也就不成立《立法法》第94条第1款规定的要件，自然不必报请全国人大常委会裁决。“旧的特别法与新的一般法之间的差异究竟是一种‘细化’还是‘不一致’？这里涉及实质判断，关系到立法权与司法权的分配。法官应当谨慎判断并在裁判文书中善尽论证义务，以尊重立法者为自己保留的权力。”② 此外，“在民法典未明确规定适用其他法律的情况下，适用单行法的前提是单行法的规定属于对民法典相应规定细化的规定，且不能违反民法典的规定，如此才能体现出民法典基础性法律的地位”③。

（二）对“其他民事法律的规定属于对民法典相应规定的细化的”中的“其他民事法律”的理解

对于此处“其他民事法律”的理解，包含如下两种情形：

第一，“其他民事法律”是否包含商事法？答案是肯定的。因为我国采用的是“民商事合一”的立法体例，“其核心在于强调将民事规则统一适用于所有民商事关系，统辖商事特别法。从而形成完整的民商合一的内在逻辑体系”④。由此可见，此处的“其他民事法律”实质上指的是民商事法律。

第二，此处的“其他民事法律”包含其他部门法中的实质民法规范，如《中华人民共和国消费者权益保护法》（下称《消费者权益保护法》）中的侵权责任救济条款、《中华人民共和国劳动合同法》（下称《劳动合同法》）中的合同效力部分等内容，在性质上均属于实质的民法规范。如果

---

① 于飞：《民法典总则编解释第一条评析——民法适用的体系化》，载《人民法院报》2022年2月27日。

② 于飞：《民法典总则编解释第一条评析——民法适用的体系化》，载《人民法院报》2022年2月27日。

③ 王利明：《一部有力保障民法典总则实施的司法解释——评〈最高人民法院关于适用《中华人民共和国民法典》总则编若干问题的解释〉》，载《人民法院报》2022年2月27日。

④ 王利明主编：《民法（上）》，中国人民大学出版社2020年版，第7页。

其他部门法对民事关系的调整有特别规定，也是对《民法典》规则的细化，则原则上应当适用该特别规定。换言之，在此种情形下，其他部门法中的实质民法规范具有适用该款的余地。

此外，就同一民事关系，《民法典》规定适用其他法律的，直接适用该法律的规定即可。因为在此种情形下，《民法典》对于法律的适用已作了明确的指引或授权，特别法的优先适用立法者已作了判断，此时适用其他法律的规定自然也不属于《立法法》第 94 条第 1 款中规定的新旧法律间的“不一致”。

四、《民法典》规则与基本原则的适用关系

本条第 3 款规定：“民法典及其他法律对民事关系没有具体规定的，可以遵循民法典关于基本原则的规定。”

当法律没有具体规定时，即存在法律漏洞，民法基本原则可作为填补漏洞的方法之一，结合有关法律解释和填补漏洞的其他方法在没有可以适用或参照适用具体条文的情况下填补漏洞，避免法官在裁判时无法可依。本款适用时需注意以下两点：

（一）对“可以遵循民法典关于基本原则的规定”中的“可以”的理解

此处表述为“可以”而非“应当”，即表明在存在法律漏洞时，遵循民法基本原则的漏洞填补方法并非首要考虑的方法，类推适用、目的性扩张、目的性限缩等方法均是以制定法规范为基础，在裁判规则获取的正当性和妥当性方面更有优势。因此，此处采用“可以”的表达，意在表明穷尽法律的具体规定时，可优先考虑其他更优的漏洞填补方法，而非直接适用民法的基本原则裁判。

（二）对“可以遵循民法典关于基本原则的规定”中的“遵循”的理解

“民法的基本原则是民法的本质和特征的集中体现，表达了民法的基本价值取向，是高度抽象的、最一般的民事行为规范和价值判断准则。”① 它不符合法律规范“行为模式—法律后果”的构造，在足够具体化之前不能作为裁判者的裁判规范。当裁判者在现行法上未能获得据以作出裁判的依据时，就要求裁判者应当依据民法的基本原则进行法律漏洞的补充，创制裁断纠纷的法律规范。这应是此款中“遵循”的含义。

---

① 王利明主编：《民法》，中国人民大学出版社 2018 年版，第 23 页。

【相关规定】

《中华人民共和国立法法》

第九十四条 法律之间对同一事项的新的一般规定与旧的特别规定不一致，不能确定如何适用时，由全国人民代表大会常务委员会裁决。

行政法规之间对同一事项的新的一般规定与旧的特别规定不一致，不能确定如何适用时，由国务院裁决。

《中华人民共和国民法典》

第十一条 其他法律对民事关系有特别规定的，依照其规定。

（本条由张红撰写）

第二条 【习惯作为法源的适用】在一定地域、行业范围内长期为一般人从事民事活动时普遍遵守的民间习俗、惯常做法等，可以认定为民法典第十条规定的习惯。

当事人主张适用习惯的，应当就习惯及其具体内容提供相应证据；必要时，人民法院可以依职权查明。

适用习惯，不得违背社会主义核心价值观，不得违背公序良俗。

【条文主旨】

该条是关于将习惯作为民法法源适用的规则。

【条文沿革】

1999 年的《合同法》第 61 条、第 125 条及《最高人民法院关于适用〈中华人民共和国合同法〉若干问题的解释（二）》（下称《合同法司法解释二》，现已失效）第 7 条中对“交易习惯”的解释，可视为在正式的法律规范文件中对交易习惯的规定，但此时对交易习惯的规定不是作为法源意义上适用的，它仅仅是作为一种事实认定的参照标准。2007 年的《物权法》第 85 条规定：“法律、法规对处理相邻关系有规定的，依照其规定；法律、法规没有规定的，可以按照当地习惯。”2017 年颁布的《民法总则》第 10 条规定：“处理民事纠纷，应当依照法律；法律没有规定的，可以适用习惯，但是不得违背公序良俗。”之后该条成为《民法典》的第10条。本条对《民法典》第10条中的“习惯”结合司法实践作了限制，使其在司法实践中适用更方便。

【理解与适用】

一、规范宗旨

在法典化国家的民法典中，习惯被确认为民法的渊源之一已成为普遍现象。成文法的确定性并不均是立法的结果。成文法中有相当多的规范直接产生于社会实践中被公众所认可的、经过长时间所形成的、由公众自觉遵守的习惯。习惯作为特定时空范围内特定群体的价值共识，作为成文法的补充性法源，是一种社会发展进程中的必然现象。习惯除了可以在个案中直接作为裁判规则，其在民法规则的创设和解释方面也具有重要作用。

在人们日常的生产生活中，长期实践形成的习惯多种多样，能够作为民法法源的习惯需要有一定的限制性条件，即合法性和符合公序良俗。因此，本条对作为法源的习惯应当细化，以便在司法实践中适用。

二、习惯成为法源的积极条件

本条是对《民法典》第10条中关于习惯作为民法法源的进一步解释。《民法典》第10条首次以法律规范的形式确认“习惯”作为裁判依据，形成我国“法律—习惯”的二阶层法源结构。关于本条的理解，需注意以下几点：

习惯（拉丁文：consuetudo）是指获得民众广泛认可并自觉遵守的长期习俗。[①] “习惯是法的最自然的和最自发的渊源。”[②] 而习惯法则是指“获得民众广泛认可并被自觉遵守的长期习俗，经立法确认而成为法的规范的非成文法”[③]。由以上界定可知，习惯并不等于习惯法，习惯是一种社会事实，习惯法是法律规范。那么本条所称“习惯”是指一种社会事实或法律规范（狭义的界定），还是二者都包含其中（广义的界定）？依据本条第1款中对习惯的解释，此处的习惯“兼指习惯法及事实上之习惯而言。易言之，即无论习惯法或事实上习惯，违反公序良俗者，均无适用余地”[④]。

---

① 费安玲主编：《罗马私法学》，法律出版社2020年版，第29页。

② 黄风：《罗马法词典》，法律出版社2002年版，第70页。

③ 费安玲等：《民法总论》，高等教育出版社2018年版，第18页。

④ 王泽鉴：《民法总则》，北京大学出版社2009年版，第48页。

本条第1款规定："在一定地域、行业范围内长期为一般人从事民事活动时普遍遵守的民间习俗、惯常做法等，可以认定为民法典第十条规定的习惯。"此款对《民法典》第10条中的"习惯"作了解释，依据本款的规定，能够作为民事裁判规范的习惯需具备以下特性：

（一）具有长期性、恒定性和内心确信性

本款要求作为法源的习惯在时空维度内应当"经久长行"。"首先，要求习惯具有长期性，是因为习惯本身作为一种事实，是人们在生产生活中通过长期的实践形成的，而长期性也正好证明了习惯所具有的生命力与合理性。其次，习惯要具有恒定性。也即习惯应当被反复使用，如果只是偶尔适用，就不能视为习惯。最后，习惯应当具有内心确信性。习惯在特定的时空范围内对特定的群体具有普遍的约束力，并将其作为行为规则，约束自身行为。习惯是这一特殊群体在共同生活中反复实践而产生，并为这一群体内心所确信，也在实践中为他们所遵循，从这个意义上说，其也是这个群体共同意志的体现。"① 而且，"习惯既然是被普遍承认的，就说明民事主体具有'承认、服从'这一做法的主观意识"②。

（二）具有具体行为规则属性

我国幅员辽阔，民族众多，由此导致习惯也多种多样。要成为民法法源的习惯，"其应当具有具体行为规则的属性。能够作为法律渊源的习惯不同于人们内心的道德规范，其并非宽泛的道德评价标准，而应当能够具体引导人们的行为，即具有具体行为规则的属性"③。习惯是法律共同体成员在长期反复实践中自发形成的，"正是基于交往和博弈，人们发现某种通常做法符合双方愿望。可以说，习惯是某群体或社会的低限度共识，共识的实现源于其内容的可遵守性"④。习惯为特定区域和行业的社会成员普遍认可并遵守，其具体内容是预先明确的，行为的界限是清晰的。如果某一习惯并不具备行为规则的属性，是不能作为民法法源的。

（三）具有可证明性

本条第2款规定："当事人主张适用习惯的，应当就习惯及其具体内容提供相应证据；必要时，人民法院可以依职权查明。"该款的规定就已表明，适用习惯是需要证明的，即遵循"谁主张，谁举证"的原则。习惯

---

① 高其才：《中国习惯法论》，中国法制出版社2008年版，第4页。

② 张新宝：《中华人民共和国民法总则释义》，中国人民大学出版社2017年版，第19页。

③ 王利明：《论习惯作为民法法源》，载《法学杂志》2016年第11期。

④ 汪洋：《私法多元法源的观念、历史与中国实践》，载《中外法学》2018年第1期。

是被长期反复实践的结果，是一种事实，因此，习惯本身具有可证明性。“与成文法的规则不同，习惯的内涵往往并不确定，而且不同主体对某一特定习惯的认识也可能存在一定的差异，这也导致习惯的适用不同于法律规则的适用：法律规则的适用并不需要当事人证明存在特定的法律规则，法官可以直接援引适用。”① 在具体的个案中，对于习惯的适用，要求“当事人均属于该习惯的约束范围，即当事人双方或多方都知道这一习惯并受习惯约束”②。否则，就需要主张适用该习惯的一方当事人举证证明习惯存在且双方都受其约束。具体到个案的司法裁判中，作为裁判规则适用的习惯的证明，与案件事实的举证是不一样的。因为此时的习惯不论作为法律解释的规则还是填补法律漏洞，在此发挥的是作为司法三段论中的大前提的功能，所以与案件事实应当由当事人举证证明不同的是，习惯既可以由当事人证明，也可以由法院依职权主动查明。

三、习惯成为法源的消极条件

本条第 3 款规定：“适用习惯，不得违背社会主义核心价值观，不得违背公序良俗。”此款对于可作为民法法源的习惯作了限制性规定。由于我国历史悠久，不少习惯中文明与糟粕并存，有必要对习惯的适用采取审慎的态度。

公序良俗是公共秩序和善良风俗的合称。其包括两层含义：一是从国家的角度定义公共秩序，二是从社会的角度定义善良风俗。公序良俗是“从民族共同的道德感中抽象而成，可以看作全社会范围内所形成的普遍共识”③。在我国，公序良俗是由社会公共秩序和生活秩序以及社会全体成员所普遍认许和遵循的道德准则构成的，它既是中华民族传统美德的重要体现，也是维护社会安定有序的基础。

一般而言，在特定区域内，长期实践的习惯与该区域内的公序良俗体现的都是该区域内的价值共识。但违背公序良俗的习惯依然存在，违反它的后果是损害每个社会成员都信赖的基本道德秩序。公序良俗原则作为现代民法上一项重要的法律原则，其涉及的是人类得以共生的道德底线，因此要求一切民事活动均应当遵守公共秩序及善良风俗。

适用习惯处理民事纠纷，对习惯必须进行合法性判断。虽然本款中并未对此作明确要求，但较之于公序良俗，法律本身的基本制度和基本原则

---

① 王利明：《论习惯作为民法法源》，载《法学杂志》2016 年第 11 期。
② 李永军：《民法总则》，中国法制出版社 2018 年版，第 86 页。
③ 汪洋：《私法多元法源的观念、历史与中国实践》，载《中外法学》2018 年第 1 期。

比公序良俗更为重要，根据举轻以明重的原理，习惯不能违背公序良俗，自然更不能违背法律的基本原则与基本制度。

四、习惯与民法基本原则的适用顺位

此外，习惯作为民法的补充性法源，与作为民法法源的法律的适用顺序并无冲突。《民法典》第10条对此已有明确规定："处理民事纠纷，应当依照法律；法律没有规定的，可以适用习惯"，但《总则编司法解释》第1条第3款规定："民法典及其他法律对民事关系没有具体规定的，可以遵循民法典关于基本原则的规定。"那么，在法律没有具体规定时，习惯与基本原则何者应当优先适用？从形式上看，民法的基本原则已被制定法化，其本质上依然是抽象规则，可习惯是具体规则，具体规则应当优先于抽象规则。为了与《总则编司法解释》的第2条第2款衔接，第1条第3款对二者的适用顺序并未明示。对于习惯的适用，《总则编司法解释》第2条第2款采用了以当事人主张为主的思路，换言之，习惯是否适用，由当事人自主选择，并非当然被适用。事实上，法官也没有能力去全面掌握、了解是否存在习惯。这一思路既符合《民法典》第10条"可以适用习惯"的立法原意，也符合我国国情。基于这一前提，第1条第3款未明示习惯与原则的适用关系，是为了避免产生不论当事人是否主张，法院均应当查明习惯并主动适用的误解。

【相关规定】

《中华人民共和国民法典》

第十条 处理民事纠纷，应当依照法律；法律没有规定的，可以适用习惯，但是不得违背公序良俗。

（本条由张红撰写）

第三条 【禁止滥用权利原则】 对于民法典第一百三十二条所称的滥用民事权利，人民法院可以根据权利行使的对象、目的、时间、方式、造成当事人之间利益失衡的程度等因素作出认定。

行为人以损害国家利益、社会公共利益、他人合法权益为主要目的行使民事权利的，人民法院应当认定构成滥用民事权利。

构成滥用民事权利的，人民法院应当认定该滥用行为不发生相应的法律效力。滥用民事权利造成损害的，依照民法典第七编等有关规定处理。

【条文主旨】

本条是关于禁止滥用权利原则的规定。

【条文沿革】

关于禁止滥用民事权利的条文首次出现在《民法总则》第 132 条，后成为我国《民法典》第 132 条。本条对于滥用民事权利的判断提供了更为细化的认定要素，以方便司法适用。

【理解与适用】

一、规范宗旨

民法奉行“法无禁止即自由”，通常情况下，权利人对于自己的权利如何行使法律并不作具体规定。但这并不意味着权利人可以随心所欲地行使权利。为了协调和平衡个体之间、个体和社会之间的利益冲突，有必要对民事权利的行使加以适当的限制，在行使民事权利时，应当尽到必要的容忍和注意义务，避免因权利的恣意行使对他人造成损害。法律规定禁止滥用民事权利，是对民事主体所享有的民事权利划定边界，保护他人的合法利益，避免权利冲突，维护社会秩序。本条对于滥用民事权利的认定采用动态系统论的方法进行系统化、动态化的解释，提供更为准确的判断方法和要素，以利于实践中的具体适用。同时，本条也明确了应当认定为滥用民事权利的构成要件，对滥用民事权利的法律后果也作了规定。本条为实践中判断滥用民事权利作了更为明晰、具体的规定。

二、滥用权利的判断

《民法典》第 132 条规定了禁止滥用权利规则，为规范权利行使行为提供了法律依据。然而，如何判断滥用权利，尤其是滥用权利与侵权应如何区分，在司法实践中并不明晰。《总则编司法解释》第 3 条即对《民法典》第 132 条的解释和细化，对于本条的理解可从以下方面把握：

所谓滥用权利，“也称为滥用民事权利或者权利滥用，是指民事主体以损害他人为目的行使民事权利或者行使民事权利所得利益微小而使他人遭受损害”①。

本条第 1 款规定：“对于民法典第一百三十二条所称的滥用民事权利，人民法院可以根据权利行使的对象、目的、时间、方式、造成当事人之间利益失衡的程度等因素作出认定。”此款提供了判断滥用权利的方法——动态体系论②。“动态体系论试图通过抽取一些因素或因子，引导法官考虑该因素或因子的权重，在个案中通过判断不同变量的强弱效果，并结合因素之间的互补性，最终得出案件裁判的结论。相较于构成要件系统而言，动态系统论考虑的因素更为宽泛，更具有灵活性与开放性，从而可以适应复杂情况下的公正需要。”③ 在本款中，对于如何认定滥用民事权利，正是“在解释论的层面援用动态体系论对现行法上的一般条款甚至具体规则作全新的、动态化的解释”④，即从权利行使的对象、目的、时间、方式、造成当事人之间利益失衡的程度五个要素的动态协动进行综合考虑。“动态体系论的‘动态’并不是描述历时（即沿时间轴纵向的）过程的概念，它只是表明位于规范背后之各要素之间的互补关系——不必固守固定的权重以及与之相应的法律效果弹性化，它是一个共时的评价过程，即各个要素在同一时刻相互协动。”⑤ 在一个具体案件中，判断是否构成滥用民事权利时，不再秉持构成要件论中的全有或全无的原则，上述五个要素与效果之

---

① 梁慧星主编：《中国民法典草案建议稿附理由·总则编》，法律出版社 2013 年版，第 21 页。

② 动态体系论是这样一种思考方法：“特定在一定的法律领域发挥作用的诸‘要素’，通过‘与要素的数量和强度相对应的协动作用’来说明、正当化法律规范或者法律效果。”参见解亘、班天可：《被误解和被高估的动态体系论》，载《法学研究》2017 年第 2 期。

③ 王利明：《民法典人格权编动态系统论的采纳与运用》，载《法学家》2020 年第 4 期。

④ 解亘、班天可：《被误解和被高估的动态体系论》，载《法学研究》2017 年第 2 期。

⑤ 解亘、班天可：《被误解和被高估的动态体系论》，载《法学研究》2017 年第 2 期。

间的关系不再是“全有全无”，而是“或多或少”，即并不要求具备全部的要素，每一个要素所满足的程度也不尽相同，而是要求考量不同的要素，确定这些要素满足到什么程度，根据案件的具体情况对各个要素进行综合考量。

三、滥用民事权利的构成要件

本条第 2 款规定：“行为人以损害国家利益、社会公共利益、他人合法权益为主要目的行使民事权利的，人民法院应当认定构成滥用民事权利。”本款将损害目的作为司法实践中认定滥用民事权利的构成要件，即行为人以合法行使民事权利的形式掩盖损害国家利益、社会公共利益、他人合法利益的目的，应当认定为滥用民事权利。据此，滥用民事权利的构成要件如下：

（一）民事主体享有某项民事权利或者其行为与民事权利的行使密切相关

滥用民事权利一般都发生在行使民事权利的过程中，如果权利人本身并不享有民事权利，则谈不上民事权利的滥用。

（二）民事主体行使权利以损害国家利益、社会公共利益、他人合法利益为主要目的

这就意味着行为人主观上具有损害他人的恶意。但是否要求行为人在权利行使之初就具备此“恶意”呢？我国台湾地区学者陈聪富认为：“权利之行使，是否以损害他人为主要目的，应就权利人就权利行使所能取得之利益，与他人及国家因此所受之损失，比较衡量以定之。倘若权利之行使，自己所得利益极少而他人及国家所受之损失甚大，纵此为权利人取得权利之初所不知，亦非不得视为以损害他人为主要目的，故权利之行使，司法以损害他人为主要目的，与权利人取得权利时是否知悉权利之行使将造成他人及国家之损失，并无必然联系。”由此可见，并不受此限制。

（三）行为人的行为侵害了国家利益、社会公共利益、他人的合法利益

对于符合本款规定的情形，应当认定为滥用民事权利。当存在本款规定以外情形的，应根据第 2 款规定的参考因素，结合具体案情认定是否构成滥用民事权利。除本款外，其他情形下滥用民事权利的认定应当结合本条第 1 款的规定，从作为主观因素的目的以及作为客观因素的对象、时间、方式以及造成当事人之间利益失衡的程度等综合考虑。

四、滥用民事权利的法律后果

本条第 3 款规定：“构成滥用民事权利的，人民法院应当认定该滥用

行为不发生相应的法律效力。滥用民事权利造成损害的，依照民法典第七编等有关规定处理。”由本款可知，行为人行使民事权利一旦被认定为滥用民事权利，可能会导致以下两种法律后果：

（一）该滥用民事权利的行为不发生相应的法律效力

在学理上通常认为禁止权利滥用是诚实信用原则的具体表现之一，若行使权利违反了诚信要求，以损害他人利益为目的，构成权利滥用，则被禁止。但“此时产生权利的法律行为的效力并未被否定，也即被否定的只是权利的某个具体行使行为，而非权利本身”①。若行为人其后调整了其行使权利的方式，符合诚信原则的要求，其仍可继续行使权利。可见，滥用民事权利，否定的是行使权利的行为，而不是民事权利本身。行为人行使权利本应产生的效果，因其滥用权利，遂导致行为人预期的效果不能发生。

（二）滥用民事权利造成损害的，需承担法律责任

滥用民事权利的行为，可能产生损害后果，也可能不产生损害后果。如果造成他人损害的，则应当承担法律责任。滥用民事权利造成损害，是否构成侵权，应当依据《民法典》侵权责任编的规定予以判断。如果行为人滥用权利的行为同时符合侵权责任的要件，则相对人即可依据《民法典》侵权责任编要求行为人承担相应的责任。“当然，滥用民事权利危及他人人身、财产安全的，不仅涉及民法典侵权责任编的适用，还可能涉及人格权编、物权编等有关规定，对于公司股东滥用公司法人独立地位和股东有限责任损害公司债权人的利益等情形，更涉及公司法的有关规定，对此直接按照相应规定处理即可，难以一一列举，故使用‘等’字予以概括，避免条文过于烦琐。”②

【相关规定】

《中华人民共和国民法典》

第一百三十二条 民事主体不得滥用民事权利损害国家利益、社会公共利益或者他人合法权益。

（本条由张红撰写）

---

① 于飞：《公序良俗原则与诚实信用原则的区分》，载《中国社会科学》2015年第11期。

② 郭峰、陈龙业、蒋家棣、刘婷：《〈关于适用民法典总则编若干问题的解释〉的理解与适用》，载《人民司法》2022年第10期。

二、民事权利能力和民事行为能力

第四条　【胎儿利益保护】涉及遗产继承、接受赠与等胎儿利益保护，父母在胎儿娩出前作为法定代理人主张相应权利的，人民法院依法予以支持。

【条文主旨】

本条是关于胎儿父母为保护胎儿利益而主张权利的司法规则。

【条文沿革】

本条是从胎儿利益司法保护的角度，对《民法典》第 16 条“涉及遗产继承、接受赠与等胎儿利益保护的，胎儿视为具有民事权利能力。但是，胎儿娩出时为死体的，其民事权利能力自始不存在”的规定加以细化。

在此之前，涉及胎儿利益保护的立法规则仅涉及遗产继承领域的问题。1980 年《中华人民共和国继承法》（下称《继承法》，现已失效）第 28 条规定：“遗产分割时，应当保留胎儿的继承份额。胎儿出生时是死体的，保留的份额按照法定继承办理。”1985 年《最高人民法院关于贯彻执行〈中华人民共和国继承法〉若干问题的意见》（下称《继承法司法解释》，现已失效）也发挥出司法规则的引导功能，其第 45 条对《继承法》第 28 条给予了如下细化指引：“应当为胎儿保留的遗产份额没有保留的应从继承人所继承的遗产中扣回。为胎儿保留的遗产份额，如胎儿出生后死亡的，由其继承人继承；如胎儿出生时就是死体的，由被继承人的继承人继承。”

【理解与适用】

一、规范宗旨

涉及胎儿利益时给胎儿以特别保护是一种古老的法律传统。但是如何给胎儿利益以特别保护，不同国家采取的具体制度规则并非一致。一方面，自然人民事权利能力的规则是自然人得以享有权利、履行义务的基础性规则，不宜被肆意打破；另一方面，胎儿是自然人之能够为人的必经阶段，如果胎儿利益遭到侵害而法律对此熟视无睹或者拒绝给予救济，则可能产生既非人性又非理性的恶法，完全背离了“所有的法都是为人而设立”① 的立法基本理念。《民法典》将民事权利能力取得始于人的出生作为一般规则，将涉及胎儿利益时胎儿被视为具有民事权利能力作为例外。不过在胎儿尚未出生而其遗产继承、财产赠与等利益遭到侵害时，代其行使权利的主体、权利的范围、所涉利益的范围等内容未现于《民法典》规则之内，因而有必要对胎儿父母为保护胎儿利益而主张权利的相关内容作出细化解释。

二、胎儿与胎儿利益的制度价值

所有的法律规范皆以“人”作为法律规范制定的出发点和法律效果的承受者。据此而言，一切法律皆为“人法”②。其中民法负有构建“人法”基础规则的使命。故而有学者据此强调民法为“众法之基”③。

胎儿不等于人，古罗马法学家帕比尼安指出：“尚未出生的胎儿不宜被称为人。”④ 但胎儿的形成与发育是自然人来到世间前的必经阶段。自然人是大自然赋予生命的具有自然属性的高级生命体。现代社会的法律理念认为，当一个生命被称为“自然人”（拉丁文 Homo 或者英文 natural person）时，哪怕仅是自然人的胚胎状，也意味着该生命已具有要得到他人珍视和保护的特质。尽管科技进步使得人的问世有着更多的路径，如借助人体胚胎技术、生殖辅助技术等，但是，经由胎儿成长起来的自然人，其生理的自然属性不变。所以，无论胎儿的形成是经人类最古老的方式还是借

---

① 罗马法原始文献 D. 1. 5. 2，［古罗马］优士丁尼：《学说汇纂（第一卷）》，罗智敏译，中国政法大学出版社 2008 年版，第 89 页。

② 费安玲等：《民法总论》，高等教育出版社 2018 年版，第 53 页。

③ 史尚宽：《债法总论》，中国政法大学出版社 2000 年版，自序。

④ 罗马法原始文献 D. 35. 29. 1，［意］桑德罗·斯奇巴尼选编：《人法》，黄风译，中国政法大学出版社 1995 年版，第 5 页。

助于最现代的人工技术，均属法律要保护的胎儿范畴。

胎儿作为人的胚胎状态，与人的差异就在于是否娩出。娩出应当具备两个要素：一是必须与母体分离而成为独立体。至于分离原因如流产或者其他方式如人工取出，均在所不问。二是必须为活体。至于其生命存续时长，均在所不问。故而，自然人出生时间以胎儿全部露出且有独立呼吸为判断点。①

利益是人们通过各种社会关系所体现的不同需要。自然人在胎儿阶段同样存在利益，如健康成长利益、继承利益等。作为法律的基本规则，胎儿尚未成为法律意义上的人，但法律如果对胎儿的利益拒绝提供保护，有违背人性之嫌。古罗马的法学家保罗提出的“凡涉及胎儿利益时，对母腹中的胎儿应当像对活人（pro superstite）一样加以保护”② 观点为这一问题的解决指出了一个充满理性思维的路径，且被近现代诸国所继受。

三、属于胎儿利益保护情形的判断要件

鉴于胎儿与人之间存在差异，故对胎儿利益保护规则必须谨慎地理解，不宜肆意扩展胎儿利益保护范围。本条遵循《民法典》第 16 条的规定，将对胎儿利益所涉范围以列举式加概括式表达方式限定为“涉及遗产继承、接受赠与等”。但是，遗产继承、接受赠与仅是胎儿利益保护的典型事项而已，③ 在法律实践中，会不断有其他情形纳入胎儿利益保护的范围。属于胎儿利益保护的情形应当考虑如下要件：

第一，主体是活体胎儿。在医学上，胎儿存在活体与死体的划分。唯活体胎儿，才有给予法律特别保护的意义。因为根据《民法典》第 16 条的规定，如果胎儿是死体，其民事权利能力自始不存在。例如，因他人交通肇事导致母腹中胎儿死亡，其父母不能为此替代胎儿主张生命权遭受侵害，因为非活体出生的胎儿，其民事权利能力自始不存在。但是，胎儿非活体出生如果是因他人的加害行为所致，不仅令胎儿彻底失去活体出生的可能，而且令胎儿的父母特别是其母亲身心受到伤害，故而，立法及司法实践均将胎儿父母特别是其母亲作为受法律救济的主体。当然，以什么方式、按照什么规则进行法律救济，依然是值得研究的问题。例如，曾经有

---

① 张俊浩主编：《民法学原理》，中国政法大学出版社 1997 年版，第 101 页。

② 罗马法原始文献 D. 1. 5. 7，［意］桑德罗·斯奇巴尼选编：《人法》，黄风译，中国政法大学出版社 1995 年版，第 2 页。

③ 徐国栋主编：《民法总论》，厦门大学出版社 2018 年版，第 94 页。

法院以判令加害人向已逝胎儿的母亲支付胎儿保管费的方式提供法律救济。[①] 这种将因他人过失而失去生命的胎儿，与存放于医院等特定机构的胚胎加以类比，援用存放人向保管机构支付保管费的方式，要求加害人向失去生命胎儿的父母支付胎儿保管费，虽然是一种另辟蹊径的救济路径，但在规则依据和可援用的法理上，均有进一步审视的必要。

第二，所涉利益明确属于胎儿。在判断胎儿利益保护的情形时，应当将利益与胎儿紧密契合，明确该利益专属于胎儿，如依继承规则明确由胎儿享有的遗产利益、根据赠与人的明确指定属于胎儿的受赠财产利益。

第三，娩出前的胎儿利益需要获得救济。本条针对胎儿没有问世而其利益可能遭到侵害却难以依法获得救济的现象，将胎儿利益的保护前移至胎儿尚未问世阶段。例如，在胎儿尚未娩出时，属于胎儿的遗产被他人占有并肆意损坏，如不及时制止该行为将令胎儿的财产“灰飞烟灭”。该利益就属于在胎儿娩出前需要获得救济的利益。不过，有些涉及胎儿的利益可能很重要，但是需要在胎儿问世后才可能得到救济，如胎儿的健康成长期待权，只有在胎儿活体出生后才能够对该权利是否遭到侵害以及受害程度进行判断，并据此考量是否能够获得法律救济。

法律给胎儿以民事权利能力的确认不是绝对的。[②] 胎儿是否遭到人身伤害，在未分娩的情况下很难作出清晰判断，更难准确判断应当给予损害赔偿的程度与范围。由于判断损害后果、因果关系等事实需要在胎儿娩出后才能确定，故而无法适用本条的规定。所以，不是任何胎儿利益都可以前置到胎儿尚未出生的阶段主张法律保护。

当然，我们应当注意到，《民法典》第 16 条和本条对胎儿利益保护的范围并未采取封闭式规定，而是用“等”的表述为胎儿利益保护范围给法官提供了根据具体案情进行自由裁量的空间。因此，根据司法实践，积极探索受法律保护的胎儿利益范围的边际，应当是立法与司法的使命。[③]

四、为保护胎儿利益主张权利的法定代理人

根据本条规定，在涉及胎儿利益保护时，作为法定代理人的父母在胎儿出生前可以主张权利。法定代理人，是意定代理人的对称。法定抑或意

---

① 吉伟立、张希金：《车祸后胎儿死于腹中 “准妈妈”索赔法院支持》，载河南省高级人民法院网站，http：//www.hncourt.gov.cn/public/detail.php？id＝64610，最后访问时间：2022 年 4 月 24 日。

② 陈甦主编：《民法总则评注（上）》，法律出版社 2017 年版，第 108 页。

③ 最高人民法院民法典贯彻实施工作领导小组主编：《中华人民共和国民法典总则编理解与适用（上）》，人民法院出版社 2020 年版，第 113 页。

定的判断基础是代理权的来源。法定代理人的资格源自法律直接确认其有代理权。意定代理人的资格则源自当事人之间有关代理权的合意。

自 1986 年《中华人民共和国民法通则》（下称《民法通则》，现已失效）规定法定代理人制度始，法定代理人制度的立法初衷是解决无民事行为能力人、限制民事行为能力人如未成年人、有心智障碍者的合法权益保护问题，故而无民事行为能力人的全部法定监护人如父母、祖父母、外祖父母、兄、姐和其他经相关机构同意愿意担任监护人的个人或者组织均是其法定代理人。[①] 但 2020 年的《民法典》规定在一定情形下将胎儿视为具有民事权利能力，实际上也将无民事行为能力人的范围扩展至一定情形下的胎儿。凡事物极必反。如果确认全部法定代理人在涉及胎儿利益保护时均可以代理胎儿主张权利，则诸法定代理人内部的协调难免会对胎儿利益的及时保护产生负面效应。因此，鉴于胎儿与其父母的自然血亲关系，亦鉴于对胎儿利益保护的及时、高效的需求，唯有作为法定代理人的胎儿父母可以就胎儿利益保护主张权利，这是该司法解释从法学理论与法律实务紧密契合的角度对《民法典》第 16 条和第 23 条作出的恰当解释。

五、涉及遗产继承、接受赠与等胎儿利益保护的相应权利

在胎儿出生前，有关遗产继承、接受赠与等利益需要保护时，应当考虑由胎儿父母行使如下权利：

第一，胎儿遗产继承权和财产受赠权等权利之确认权。对胎儿是否享有遗产继承权、财产受赠权等权利发生争议时，尚未娩出胎儿的父母可以请求确认胎儿享有该权利。

第二，返还胎儿不动产或者动产之请求权。涉及胎儿的不动产或者动产被他人无权占有时，尚未娩出胎儿的父母可以向无权占有者请求返还原物。

第三，要求对胎儿不动产或者动产恢复原状之请求权。当涉及胎儿的不动产或者动产被他人毁损时，尚未娩出胎儿的父母可以依法要求恢复原状（亦可要求修理、重作、更换）。

第四，对胎儿财产损害赔偿之请求权。当涉及胎儿财产遭到他人损害时，尚未娩出胎儿的父母可以依法要求加害人承担损害赔偿责任。

第五，以胎儿名义提起诉讼之诉权。当涉及胎儿的利益出现纠纷或者需要获得司法救济时，尚未娩出胎儿的父母可以胎儿名义提起诉讼。除此之外，其父母亦可以向行政机关提出请求，或者要求相关机构通过调解等

---

① 参见《民法通则》第 27 条。

方式来解决胎儿利益保护所涉争议。

第六，以胎儿名义行使程序性之权利。这些权利主要包括保全申请权、追索医疗费用等的先予执行申请权。当尚未娩出胎儿的父母就胎儿利益保护提起诉讼时，可根据案情需要向法院申请保全，或者就追索医疗费用等申请先予执行的，法院经审查认为符合法律规定的，应当依法采取保全措施或者裁定先予执行。

此外，根据胎儿所涉利益需要保护的情况，其父母还可以行使其他的相关权利。实际上，胎儿父母作为法定代理人来维护胎儿利益，并不仅是权利，更是一种义务和责任。正如普通法学者凯恩所指出的那样，“责任不具有自然属性，责任是人类的创造”①，该立法创造旨在给尚未出生胎儿的父母以一定权利来强化其责任的承担。

【相关规定】

《中华人民共和国民法典》

第十六条 涉及遗产继承、接受赠与等胎儿利益保护的，胎儿视为具有民事权利能力。但是，胎儿娩出时为死体的，其民事权利能力自始不存在。

第二十三条 无民事行为能力人、限制民事行为能力人的监护人是其法定代理人。

（本条由费安玲撰写）

第五条 【行为与年龄、智力、精神健康状况相适应的认定】限制民事行为能力人实施的民事法律行为是否与其年龄、智力、精神健康状况相适应，人民法院可以从行为与本人生活相关联的程度，本人的智力、精神健康状况能否理解其行为并预见相应的后果，以及标的、数量、价款或者报酬等方面认定。

① ［澳］皮特·凯恩：《法律与道德中的责任》，罗李华译，商务印书馆2008年版，第100页。

【条文主旨】

本条是关于限制民事行为能力人所实施的民事法律行为与其年龄、智力、精神健康状况是否相适应的认定规则。

【条文沿革】

本条所建构的认定规则是原《合同法》第47条、《最高人民法院关于贯彻执行〈中华人民共和国民法通则〉若干问题的意见（试行）》（下称《民通意见》，现已失效）第3条和第4条的延续。原《合同法》第47条规定："限制民事行为能力人订立的合同，经法定代理人追认后，该合同有效，但纯获利益的合同或者与其年龄、智力、精神健康状况相适应而订立的合同，不必经法定代理人追认。相对人可以催告法定代理人在一个月内予以追认。法定代理人未作表示的，视为拒绝追认。合同被追认之前，善意相对人有撤销的权利。撤销应当以通知的方式作出。"《民通意见》第3条规定："十周岁以上的未成年人进行的民事活动是否与其年龄、智力状况相适应，可以从行为与本人生活相关联的程度、本人的智力能否理解其行为，并预见相应的行为后果，以及行为标的数额等方面认定。"第4条规定："不能完全辨认自己行为的精神病人进行的民事活动，是否与其精神健康状态相适应，可以从行为与本人生活相关联的程度、本人的精神状态能否理解其行为，并预见相应的行为后果，以及行为标的数额等方面认定。"只是在《民法典》语境下，因年龄不足而成为限制民事行为能力人的最低年龄由十周岁下调至八周岁，但对于智识不健全的成年人的认定标准未有变动。

【理解与适用】

一、规范宗旨

限制民事行为能力制度的立法目的在于，为避免因行为人的意思能力不足或欠缺社会经验而使其遭受不利益，故限制行为人对其财产的管理和处分权限，[①] 以维持和保全其财产的安全。但与此同时，为了在保障其权益和尊重其行为自由二者之间寻求平衡，《民法典》第19条和第22条分别规定了作为限制民事行为能力人的未成年人和存在智识障碍、不能完全

---

① 梁慧星：《民法总论》，法律出版社2017年版，第104页。

辨识自身行为及其后果的成年人可以独立实施的民事法律行为为与其年龄、智力相适应的民事法律行为，从而实现既能保护限制民事行为能力人的权益又能尊重其行为自由的法价值。但至于如何认定“与其年龄、智力相适应的民事法律行为”未能在《民法典》中得到明确。

本条即对《民法典》的补充，提出了包括但不限于“与本人生活相关联的程度”“本人的智力、精神健康状况能否理解其行为并预见相应的后果”“标的、数量、价款或者报酬”三个方面的判断要素，当限制民事行为能力人所独立实施的民事法律行为符合前述要素之要求，即应当肯认该民事法律行为的效力。①

二、限制民事行为能力人实施民事法律行为之效力

（一）限制民事行为能力人的范围及认定标准

限制民事行为能力人也称不完全民事行为能力人，是指自然人只可以在一定范围内以自己行为独立设定民事权利和负担民事义务的资格。② 我国《民法典》认定限制民事行为能力人的路径主要有两个：一是根据行为人的年龄认定，即八周岁以上的未成年人为限制民事行为能力人；二是根据行为人的智识精神程度进而认定，即不能完全辨认自己行为的成年人，包括精神病人，智力障碍患者，间歇性赌博成性、间歇性酗酒成性、间歇性吸毒成瘾等有生活恶习之人在其成瘾发作情况下实际上不能辨别自己行为的人，以及不能自理但尚可作极为有限的表达的老人等。③ 一方面，不能完全辨认自己行为的成年人难以有如依年龄认定限制民事行为能力人一样的可供判断的客观标准；另一方面，民事行为能力的认定关乎民事法律行为的效力，涉及交易安全，同时也与个人的行为自由有关。因此，对于不能完全辨认自己行为的成年人为限制民事行为能力人的认定，不能由其他任何人单方面作出，而是必须依《中华人民共和国民事诉讼法》（下称《民事诉讼法》）所规定的特别程序进行宣告。④ 人民法院启动宣告程序的方式有两种：一种是单独宣告程序，即根据利害关系人的申请进而启动自然人行为能力的认定程序；另一种是附带宣告程序，具体是指当事人及利

---

① 王利明主编：《中国民法典释评》，中国人民大学出版社2020年版，第55页。

② 张鸣起主编：《民法总则专题讲义》，法律出版社2018年版，第86页。

③ 中国审判理论研究会民事审判理论专业委员会编著：《民法典总则编条文理解与司法适用Ⅰ》，法律出版社2020年版，第57页。

④ 最高人民法院民法典贯彻实施工作领导小组主编：《中华人民共和国民法典总则编理解与适用（上）》，人民法院出版社2020年版，第177页。

害关系人在本诉中附带申请人民法院以特别程序宣告。[①] 在人民法院作出成年人为限制民事行为能力人的判决之后，才能基于本条的指引，对其所实施的法律行为的效力进行认定。

（二）限制民事行为能力人实施的法律行为的效力形态

《民法典》第 145 条第 1 款规定："限制民事行为能力人实施的纯获利益的民事法律行为或者与其年龄、智力、精神健康状况相适应的民事法律行为有效；实施的其他民事法律行为经法定代理人同意或者追认后有效。"原则上，限制民事行为能力人实施民事法律行为应当由其法定代理人代理而为之，始得有效；如要自己独立为之，则需要在实施之前得到法定代理人的同意，抑或实施之后由法定代理人追认，始得有效，否则为无效的法律行为。值得注意的是，未经法定代理人同意而独立实施的民事法律行为，在法定代理人追认之前，民事法律行为的效力待定，此时，相对人可以催告法定代理人，若法定代理人自收到催告通知之日起三十日内予以追认的，民事法律行为有效；若法定代理人拒绝追认的，民事法律行为无效；法定代理人未作表示的，则视为拒绝追认。当然，在民事法律行为被追认前，善意相对人有撤销的权利，该撤销意思表示应当以通知的方式作出。

同时，由《民法典》第 19 条、第 22 条的第二个分句和第 145 条的第一个分句可知，限制民事行为能力人独立实施的民事法律行为是纯获利益的，或者是与其年龄、智力、精神健康状况相适应的，此时，既不需要其法定代理人代理实施，亦无须法定代理人同意或者事后追认，民事法律行为的效力符合《民法典》第 143 条所规定的条件的即为有效。

（三）年龄、智力、精神健康状况与民事行为能力的关系

年龄是影响自然人行为能力的一个重要因素。这是因为，民事行为能力实际上表现为人的认知能力和意志能力，而本人的认知能力与意志能力也会随着年龄的增长而提升。尽管如此，将年龄与行为能力状态直接挂钩也有失精准，毕竟，自然人的认知能力和意志能力并非由年龄直接决定的，而是与自然人的生存环境、受教育背景等客观因素，以及自然人自身智力的发展程度等主观因素亦有关联。但是，从交易便利和交易安全的角度考虑，民事立法通过年龄作为对交易当事人的认知能力和意志能力的判断标准，可以减少交易成本和交易不确定的风险。[②] 有鉴于此，我国从

---

① 中国审判理论研究会民事审判理论专业委员会编著：《民法典总则编条文理解与司法适用 I》，法律出版社 2020 年版，第 56 页。

② 费安玲主编：《罗马私法学》，法律出版社 2020 年版，第 50 页。

《民法通则》开始，就将年龄作为划分行为能力有无的标准，而这一做法延续至现今的《民法典》。正如前文所述，除了年龄之外，尚有许多因素共同影响着自然人的认知能力和意志能力，归结起来，那就是智力因素与精神健康状况，其主要是指成年人也有可能因心智条件的欠缺而无法使其对自己的行为负责。因此，民事立法将自然人的年龄、智力和精神健康状况作为行为能力充足度的判断要素。

三、何时需要判断“民事法律行为是否与其年龄、智力、精神健康状况相适应”

限制民事行为能力人可以独立实施法律行为的情形有三：一是法定代理人同意的法律行为；二是纯获利益的法律行为；三是与其年龄、智力、精神健康状况相适应的法律行为。本条即为第三种情形的具体判断提供方向。由是以观，本条得以适用的前提有二：

其一，限制民事行为能力人实施的是民事法律行为，这是因为行为能力制度仅适用于法律行为效力的判断。[①] 与之相区别的是诉讼行为，由于诉讼行为系由一系列行为组成，具有一定的复杂性，因而根据《民事诉讼法》及其相关司法解释的规定，限制民事行为能力人不能独立实施，需要由其法定代理人代为诉讼。当限制民事行为能力人实施诉讼行为之情形，若非法定代理人代为实施，为无效。

其二，限制民事行为能力人所独立实施的法律行为并非“法定代理人同意的法律行为”与“纯获利益的法律行为”。在许多情形下，看似需要通过判断民事法律行为是否与限制民事行为能力人的年龄、智力、精神健康状况相适应进而确定限制民事行为能力人所独立实施的民事法律行为是否有效，但实际上，该民事法律行为很有可能属于法定代理人同意或纯获利益的民事法律行为，因而需要予以甄别。

法定代理人的同意，是限制民事行为能力人所实施的法律行为效力的来源依据。通常包括以下情形：其一，在法定代理人许可的情况下，限制民事行为能力人订立合同，其对于缔结或者废除该合同或者履行合同中义务所实施的民事法律行为有效。[②] 其二，法定代理人事先为限制民事行为能力人确定目的范围，允许其在该范围内处分财产，该限制民事行为能力

---

① 李永军：《民法总则》，中国法制出版社 2018 年版，第 164 页。

② 最高人民法院民法典贯彻实施工作领导小组主编：《中华人民共和国民法典总则编理解与适用（上）》，人民法院出版社 2020 年版，第 142 页。

人据此实施的民事法律行为有效，[①] 此情形的典型为“零用钱规则”，即限制民事行为能力人所处分的金钱系法定代理人或经法定代理人同意的第三人为此目的或为实施处分行为而交至其处的，限制民事行为能力人据以签订的交易合同有效，等等。经过法定代理人的事先同意，限制民事行为能力人据此获得了在同意范围内独立实施民事法律行为的资格。但是，由于在民事法律行为的实施过程中，相对人很少能够明确知晓限制民事行为能力人所实施的法律行为是否是经过法定代理人同意的，这将造成交易上的极大不便利，因此经过法定代理人同意的法律行为应当具有典型性或者法定代理人应当以明示的方式告知相对人限制民事行为能力人的行为权限，否则难以被认为是法定代理人同意的法律行为，而应当由相对人催告法定代理人予以追认或另行判断民事法律行为是否与限制民事行为能力人的年龄、智力、精神健康状况相适应。

相较而言，纯获利益的民事法律行为因其内部构造较为确定，能够较好地予以区别。为正确认识纯获利益的民事法律行为的构造，应当区分纯获法律上利益的民事法律行为与纯获利益的民事法律行为。所谓纯获法律上利益的民事法律行为，即限制民事行为能力人在通过该民事法律行为获取相应的利益的同时，并不会因此负担法律义务，也不会发生权利丧失之结果，其通常是指接受奖励、无负担的赠与、债务免除、继承、遗赠等。值得注意的是，在无偿借用和无偿借贷中，虽然借用人能够从中获得权利和利益，但尚负有返还义务，因此不属于纯获法律上利益的法律行为。[②] 但由于我国《民法典》采用的是“纯获利益的民事法律行为”这一表述，因此限制民事行为能力人所负担的义务明显小于其所获得的利益且该义务不会过分加重其负担的民事法律行为，都应当属于此处的纯获利益的民事法律行为，[③] 而不仅指纯获法律上利益的民事法律行为。

如上文所述，在对限制民事行为能力人所实施的民事法律行为效力进行检视时，应当遵循“法定代理人同意的法律行为→纯获利益的法律行为→是否与年龄、智力、精神健康状况相适应的民事法律行为”的路径。亦即如果限制民事行为能力人所实施的民事法律行为是经过法定代理人同意的，则该民事法律行为的效力源自法定代理人的同意而无须另行判断是否

---

① 杨立新主编：《中华人民共和国民法典释义与案例评注 · 总则编 I》，中国法制出版社 2020 年版，第 50 页。

② 杨立新主编：《中华人民共和国民法典释义与案例评注 · 总则编 I》，中国法制出版社 2020 年版，第 56 页。

③ 王利明主编：《中国民法典释评》，中国人民大学出版社 2020 年版，第 55 页。

与其年龄、智力、精神健康状况相适应。此外，若非前述之情形，而该民事法律行为确属纯获利益的法律行为，亦无须适用本条。因为，对是否与年龄、智力、精神健康状况相适应的判断往往会因价值判断的介入而带来或多或少的不确定性，与之相对应，纯获利益的法律行为的构造具有稳定性、确定性，如此判断，能够增益法律判断的确定性与稳定性。

四、民事法律行为与年龄、智力和精神健康状况相适应的综合判断法

年龄、智力和精神健康状况与民事行为能力存在密切联系，而民事行为能力是判断该民事主体是否具有独立创设、变更或者消灭权利义务关系的能力，这是一种形成意思并进行表示的能力，意思能力则包括理解能力和判断能力，民事主体唯有具备理解能力和判断能力，才得以理解自己行为的意义和后果，能够通过意思表示与相对方建立起法律关系，并通过该法律关系追求自己内心之所以创设该法律关系的目标。① 限制民事行为能力人可能因年龄、智力和精神健康状况的不同，而在意思能力和判断能力上存在不同的缺陷，以至于难以预见民事法律行为的相应后果，并难以承担相应的义务。因而，其所实施的民事法律行为应当与年龄、智力和精神健康状况相适应方可有效，而对于如何具体判断“相适应”，则需要通过本条所明示的“行为与本人生活相关联的程度”“本人的智力、精神健康状况能否理解其行为并预见相应的后果”“标的、数量、价款或者报酬”等方面认定。值得说明的是，每一因素的认定标准不是固定的，而是需要整体的、动态的综合判断。由此可知，本条只是提供了对于法律行为是否与年龄、智力和精神健康状况相适应的判断要素和依据，而非判断的具体标准。在不违反限制民事行为能力制度目的的范围内，应当从宽解释，使限制民事行为能力人能扩大其合理的自由生活的范围，从而在限制民事行为能力人的利益维护与交易安全效率之间达到平衡。

以下将提供几种判断方法，以助益于综合判断法的适当运用。

第一，结合经济发展水平和居民物质生活水平，从经济能力、生活条件、职业、身份等方面综合判断，其主要核心是考察限制民事行为能力人所具备的意思能力是否能够预见其行为的后果，行为与其生活关系越密切，则其具备相应的意思能力的可能性越大。其一，必需行为，即日常生活上所必需的行为，这是限制民事行为能力人为日常生活的需要而必须为

① 覃榆翔：《论〈民法典〉合同无效判定规范体系的新建构》，载《北京化工大学学报（社会科学版）》2021 年第 3 期。

的行为，否则会不当限制其行为自由，造成生活上的不便。其二，日常生活中的定型化行为，包括购买书本、搭乘公共交通工具、购买生活日用品、利用自动贩卖机、购票进入公园等，并不因主体不同而有所差异，基本上都能够保障行为的公平。[①] 在根据行为人的具体生活背景进行分析时，不仅需要考虑到限制民事行为能力人的日常生活需求的标准，还要考虑到行为人所成长生活环境的不同，并结合现代生活急速变化这一背景，进而根据个案情况扩大限制民事行为人实施法律行为的范围。比如，家庭的恩格尔系数不同，进而使得购买日用品的范围有所不同。此外，若能在实践中通过类型化的总结引入客观标准，使得能够从客观方面认定与本人生活相关联的程度和标的、数量、价款或者报酬等是否与之相适应，而无须再考虑行为人是否能够认识其行为，则更有利于限制民事行为能力人的利益保护与交易安全之间的价值衡平。

第二，运用法学理论的规范分析展开判断。比如，限制民事行为能力人作为代理人是否符合与其年龄、智力和精神健康状况相适应的标准，立法并未规定。若其是因具备代理权而为的民事法律行为，在法效果上，根本无害于作为代理人的限制民事行为能力人，而且，既然限制民事行为能力人已经被授权，其行为自然已经得到结果承担人的事前同意，其据此而为的民事法律行为因代理权的具备而具有合法性基础。基于意思自治原则，代理人所为的民事法律行为应当是有效的，当然，此处需要明确区分代理权与基础关系，而不能混为一谈。再如，由于单方法律行为系指任何人的单方行为仅得为他人创设权利而不得设定义务，故单方法律行为是指使他人受益而自己则承受不利益的行为。因此，限制民事行为能力人所为的单方法律行为无效。

第三，本条所指从标的、数量、价款或者报酬等方面认定民事法律行为的适应性，着重考察的是民事法律行为的公平性。限制民事行为能力人的意思能力较逊于完全民事行为能力人，这意味着其所实施的民事法律行为所包含的标的、数量、价款或者报酬等要素，在公平性的判断上要更加注重限制民事行为能力人的意思能力是否能够预见到因标的、数量、价款或报酬所可能引致其自己应承担的后果，以及该后果对于限制民事行为能力人是否具有交易上的公平性。

---

① 韩世远：《合同法总论》，法律出版社 2018 年版，第 298 页。

【相关规定】

《中华人民共和国民法典》

第十九条 八周岁以上的未成年人为限制民事行为能力人，实施民事法律行为由其法定代理人代理或者经其法定代理人同意、追认；但是，可以独立实施纯获利益的民事法律行为或者与其年龄、智力相适应的民事法律行为。

第二十二条 不能完全辨认自己行为的成年人为限制民事行为能力人，实施民事法律行为由其法定代理人代理或者经其法定代理人同意、追认；但是，可以独立实施纯获利益的民事法律行为或者与其智力、精神健康状况相适应的民事法律行为。

第一百四十五条 限制民事行为能力人实施的纯获利益的民事法律行为或者与其年龄、智力、精神健康状况相适应的民事法律行为有效；实施的其他民事法律行为经法定代理人同意或者追认后有效。

相对人可以催告法定代理人自收到通知之日起三十日内予以追认。法定代理人未作表示的，视为拒绝追认。民事法律行为被追认前，善意相对人有撤销的权利。撤销应当以通知的方式作出。

《最高人民法院关于适用〈中华人民共和国民事诉讼法〉的解释》

第三百四十七条 在诉讼中，当事人的利害关系人或者有关组织提出该当事人不能辨认或者不能完全辨认自己的行为，要求宣告该当事人无民事行为能力或者限制民事行为能力的，应由利害关系人或者有关组织向人民法院提出申请，由受诉人民法院按照特别程序立案审理，原诉讼中止。

《中华人民共和国精神卫生法》

第八十三条 本法所称精神障碍，是指由各种原因引起的感知、情感和思维等精神活动的紊乱或者异常，导致患者明显的心理痛苦或者社会适应等功能损害。

本法所称严重精神障碍，是指疾病症状严重，导致患者社会适应等功能严重损害、对自身健康状况或者客观现实不能完整认识，或者不能处理自身事务的精神障碍。

本法所称精神障碍患者的监护人，是指依照民法通则的有关规定可以担任监护人的人。

（本条由覃榆翔撰写）

三、监　护

第六条　【监护能力的认定】人民法院认定自然人的监护能力，应当根据其年龄、身心健康状况、经济条件等因素确定；认定有关组织的监护能力，应当根据其资质、信用、财产状况等因素确定。

【条文主旨】

本条是关于监护能力的认定规则。

【条文沿革】

本条是对《民法典》第 27 条、第 28 条、第 39 条中所采用的“监护能力”概念的细化。《民法通则》第 16 条正式将“监护能力”作为担任监护人的条件，《民通意见》第 11 条规定：“认定监护人的监护能力，应当根据监护人的身体健康状况、经济条件，以及与被监护人在生活上的联系状况等因素确定。”这是我国司法解释首次对监护能力的认定标准进行规定，也是本条司法解释的前身。本条在《民通意见》第 11 条的基础上，增加了年龄作为确定监护能力的因素，并增加了认定组织监护能力的标准。

【理解与适用】

一、规范宗旨

作为一项起源于宗族制和家长制的古老制度，监护在现代社会对于监督和保护被监护人仍承担着不可或缺的作用。监护以保护未成年人、无民事行为能力或者限制民事行为能力的成年人的利益为目的,[①] 以最有利于被监护人为原则。该原则不仅是监护人履行职责的要求，还应是整个监护制度的规范宗旨，故监护人首先应当具备履行监护职责、行使监护权利的相应能力。《民法典》在规定监护制度时将监护能力作为监护资格的前提，但未对如何认定监护能力作出具体规定。实践中，如何判断监护人是否具有除民事行为能力外的其他条件，情况较为复杂，法律不可能一一作出界定，应根据具体情况进行判断。[②] 因监护人可由自然人担任，亦可由有关组织担任，故有必要对自然人和有关组织的监护能力分别明确认定标准。

二、自然人的监护能力

自然人作为监护人首先应当具有完全民事行为能力。[③] 作为监护制度的具体执行者，自然人监护人在监督和保护未成年人与欠缺民事行为能力成年人的时候可能会遇到被监护人行为能力不足的多种情形，监护人在上述任何情形下都应能够以自身的行为能力对被监护人所欠缺的行为能力进行补足，而能够实现随时补足任意缺陷的前提，应当是监护人自己具备完全的民事行为能力，简言之即“自身无需监护，方得监护他人”。同时，自然人监护人的标准还应当高于民事行为能力标准，原因在于自然人监护人不仅对自己负责，还应当对被监护人负责，简言之即“自身无需他人监护，尚有余力监护他人”。因此，认定自然人监护人的监护能力应当考虑其年龄、身心健康状况与经济条件等因素。

（一）监护人的年龄

监护人的年龄是本条在《民通意见》第 11 条基础上的新增内容，体现了监护人的年龄因素在司法实践中对于认定监护能力的重要作用。按照《民法典》第 17 条“十八周岁以上的自然人为成年人”、第 18 条“成年人为完全民事行为能力人……十六周岁以上的未成年人，以自己的劳动收入为主要生活来源的，视为完全民事行为能力人”的规定，自然人监护人的年龄首先应满足十八周岁以上或虽不满十八周岁但已满十六周岁且以自己劳动收入为主要生活来源的条件。以上是监护人年龄的绝对要求，本条之所以针对年龄因素作单独规定，是因为年龄因素对监护能力的影响要大于对民事行为能力的影响，正如只有已经达到了一定年龄的人才能体会到年龄对我们认识问题的影响，在认定监护能力时，应在完全民事行为能力年

---

① 杨大文主编:《亲属法与继承法》，法律出版社 2013 年版，第 216 ~ 217 页。

② 黄薇主编:《中华人民共和国民法典总则编释义》，法律出版社 2020 年版，第 77 页。

③ 最高人民法院民法典贯彻实施工作领导小组主编:《中华人民共和国民法典总则编理解与适用》，人民法院出版社 2020 年版，第 171 页。

龄的基础上考虑年龄因素是否有利于被监护人的最大利益。年龄过小的人由于生活经历、社会阅历方面的欠缺，一般情况下不应认定其具备监护能力；年龄过大的人由于面临失能的风险显著提高，[①] 一般也不宜认定其具备监护能力。应当注意的是，年龄因素在完全民事责任能力年龄之上是一个酌定因素，且高龄带来的不利影响可以通过聘请护工等方式弥补，实践中有监护人为高龄老人，但在其聘请了护工共同照顾被监护人的情况下，人民法院仍然认定高龄老人具有监护能力的案例。[②]

（二）监护人的身心健康状况

本条将《民通意见》第 11 条关于“身体健康状况”的表述改为“身心健康状况”，强调了监护人应当能够辨认自己的行为，与年龄条件相结合共同构成了对《民法典》民事行为能力标准的回应，并体现了身体健康与心理健康并重的观念。被监护人在行为能力方面的欠缺对监护人的自身条件提出了比行为能力标准更高的要求，从监护人的职责内容来看，可以用“劳心费力”来形容监护职责的履行过程。监护人的身心健康状况可以从身体条件、心理条件两个方面考察。在身体条件方面，人民法院在指定或变更监护人案件中，通常应考虑自然人是否患有可能影响监护能力的疾病，若顺序在前的自然人身体条件无法满足监护能力要求的，则指定下一顺序中具备监护能力的自然人担任监护人。[③] 在心理条件方面，监护人应当能够完全辨认自己的行为，因精神障碍导致民事行为能力瑕疵的自然人不具备监护能力。在此基础之上，判断心理条件还包括积极方面的品行端正、生活习惯优良和消极方面的品行不端或具有不良生活嗜好，如赌博成

---

① 广西壮族自治区龙州县人民法院（2020）桂 1423 民特 2 号民事判决书，载中国裁判文书网，https：//wenshu. court. gov. cn/website/wenshu/181107ANFZ0BXSK4/index. html？docId = d1db8294d485437fa075ab9f0035baa9，最后访问时间：2022 年 4 月 12 日。该案中，法院以被监护人配偶已年满 71 岁，不具备担任监护人的身体条件为由指定处于第二顺位的被监护人子女为监护人。

② 湖北省宜都市人民法院（2016）鄂 0581 民特 6 号民事判决书，载中国裁判文书网，https：//wenshu. court. gov. cn/website/wenshu/181107ANFZ0BXSK4/index. html？docId = 295f882de8ef4a5fbf8964a26cd4cea0，最后访问时间：2022 年 4 月 12 日。该案中，两名被指定的监护人分别为 84 岁和 86 岁，但已聘请护工共同照顾被监护人两年有余，法院仍认定二人具备监护能力。

③ 重庆市忠县人民法院（2017）渝 0233 民特 58 号民事判决书，载中国裁判文书网，https：//wenshu. court. gov. cn/website/wenshu/181107ANFZ0BXSK4/index. html？docId = b936d1517806427fbb8da85700b04549，最后访问时间：2022 年 4 月 12 日。该案中，法院以被监护人配偶患有脑梗死、痛风等，不具备作为被申请人监护人的身体条件为由指定处于第二顺位的被监护人子女为监护人。

性者等。此外，实践中监护人存在吸毒、药物依赖等情况亦被作为监护人不具备相应的身心健康条件，导致其被人民法院撤销监护人资格。[①]

（三）监护人的经济条件

监护人的经济条件是行使监护职责的物质基础。与抚养、赡养义务不同，监护人的经济条件针对的不是监护人为履行其对被监护人在抚养或赡养方面的生活保持义务或生活扶助义务而应支付的费用，而是监护人自身履行监护职责时应当具备的经济条件。在积极方面，监护人应当能够自给自足，不会因其对第三方的经济依赖中断而导致其无法继续履行监护职责。[②] 此外，监护人应当对无民事行为能力人、限制民事行为能力人造成他人的损害承担侵权责任，故应当对可能发生的侵权责任有相应的财产准备。在消极方面，相关自然人是否被列为失信被执行人、是否被列入“限高名单”也可作为认定监护人经济条件的依据。此外，实践中有部分申请确定、变更、撤销监护人的案件实质上是财产纠纷案件，申请人以变更监护人为名，行占有、转移被监护人财产之实，故认定监护能力时在经济条件方面还应考虑相关自然人是否存在不利于被监护人的消极财产条件。

（四）自然人监护人监护能力的其他影响因素

本条删去了《民通意见》第 11 条关于“监护人与被监护人在生活上的联系状况”的表述，采取了以“等”字显示列举未尽的表述方式。实践中，没有监护能力除不具有完全民事行为能力的情形外，多表现为监护人被剥夺人身自由、下落不明等情况。具体到“父母没有监护能力”，在身体条件与经济条件以外一般表现为父母与未成年子女两地分离，生活联系较少，无法履行监护职责等；具体到“其他自然人没有监护能力”，除年龄和身体健康状况外一般表现为与被监护人相隔较远、自身工作生活负担繁重，无暇承担监护责任，或已负担较重监护任务，无法承担新的监护任

① 安徽省合肥市瑶海区人民法院（2015）瑶民特字第 00014 号民事判决书，载中国裁判文书网，https：//wenshu. court. gov. cn/website/wenshu/181107ANFZ0BXSK4/index. html？docId＝e9823cb499f846a7a16d8724a755953e，最后访问时间：2022 年 4 月 12 日。该案中，原监护人因多次被强制隔离戒毒被法院撤销监护人资格。

② 云南省砚山县人民法院（2017）云 2622 民特 9 号民事判决书，载中国裁判文书网，https：//wenshu. court. gov. cn/website/wenshu/181107ANFZ0BXSK4/index. html？docId＝0751a138af5d468db46fa7fd01121868，最后访问时间：2022 年 4 月 12 日。该案中，被监护人之子年满 20 周岁后向法院申请将监护人由其母亲变更为自己，法院以申请人暂无工作，也无经济收入，平时靠其母亲卖菜收入维持生活为由驳回了申请人的申请。

务等。[①] 有学者认为，监护能力还应综合监护人的品行、职业、文化水平、生活习惯、对未成年人的照管经验以及是否有意愿履行监护职责等其他因素进行综合判断。[②] 实践中，对配偶作为无民事行为能力、限制民事行为能力成年人的第一顺位监护人还应当考虑婚姻状况、夫妻感情等因素。[③]

三、有关组织的监护能力

有关组织包括公职监护人和其他愿意担任监护人的组织，有关组织的监护能力主要是针对公职监护人之外的非自然人监护人。随着我国公益事业的发展，有监护意愿和能力的社会组织不断增多，由社会组织担任监护人是家庭监护的有益补充，也可以缓解国家监护的压力。[④] 有观点认为，原《民法总则》第 27 条、现《民法典》第 27 条最终将起草过程中的"有关组织"修改为"组织"可以看出立法的开放态度，符合我国经济社会发展和人民生活的需要，符合现代监护制度的发展趋势。[⑤] 本条司法解释仍采取"有关组织"的表述，意在强调"组织"范围的限缩。应当注意的是，监护不是陪护，也不单指生活照顾，还包括对被监护人民事行为能力的补足，对被监护人财产的管理、运用和保护以及对无民事行为能力人、限制民事行为能力人造成他人的损害承担侵权责任，上述方面对有关组织的监护能力提出了较高要求。

（一）有关组织的资质

根据监护人应当具有完全民事行为能力的原则要求，有关组织首先应当具备民事主体资格，即具有法人资格或依照法律的规定登记为非法人组织。在此基础上，有关组织还应当具备履行监护职责的相应资质。目前，有关组织是否具备相应资质主要由被监护人所在地的居民委员会、村民委员会或者民政部门审查，只有经过这些机构同意，有关组织才能够成为监

---

① 最高人民法院民法典贯彻实施工作领导小组主编：《中华人民共和国民法典总则编理解与适用》，人民法院出版社 2020 年版，第 171 页。

② 陈甦主编：《民法总则评注（上）》，法律出版社 2017 年版，第 191 页。

③ 安徽省宿州市埇桥区人民法院（2014）宿埇民特字第 00037 号民事判决书，载中国裁判文书网，https：//wenshu. court. gov. cn/website/wenshu/181107ANFZ0BXSK4/index. html?docId = 30a2229cb2084f84958e493aa7190afb，最后访问时间：2022 年 4 月 12 日。该案中，人民法院以原监护人与被监护人夫妻感情破裂，不利于尽到监护职责为由将监护人变更为被监护人的子女。

④ 陈甦主编：《民法总则评注（上）》，法律出版社 2017 年版，第 193 页；黄薇主编：《中华人民共和国民法典总则编释义》，法律出版社 2020 年版，第 76 页。

⑤ 最高人民法院民法典贯彻实施工作领导小组主编：《中华人民共和国民法典总则编理解与适用》，人民法院出版社 2020 年版，第 171 页。

护人。有学者认为，有关组织的资质标准尚待明确，与被监护人的亲属或其他密切关系人相比，社会组织与被监护人之间的关系毕竟较为特殊，行使监护职责的方式和方法也存在较大不同，因此有必要通过制度手段对其监护能力作出明确要求，并督促其充分履行监护职责，以实现对被监护人合法权益的妥善保护，在设定相关规则时可重点从以下几个方面对相关组织作出要求：第一，应具备注册成为非营利法人的登记条件；第二，业务范围中应明确包含监护工作，并将保护被监护人利益作为运营宗旨之一；第三，应拥有足够数量且具备适当监护能力的工作人员，并有条件对其开展培训和监督工作；第四，应拥有健全的组织治理结构、员工管理结构、财务管理制度、风险防控机制和信息公示制度。①

（二）有关组织的信用

被监护人因民事行为能力的欠缺往往处于极端弱势的地位，自然人监护人基于身份、伦理、亲情等因素尚有道德约束，而组织监护人在处理被监护人事项时，被监护人往往处于“任人摆布”的状态。因此，必须有强信用约束方得担任监护人。针对有关组织适用的信用标准不仅应包含履行商事契约的诚实信用，还应包含对被监护人的生活照料、精神慰藉、生活条件的改善，为被监护人疾病的治疗和护理提供相应条件，各种困难与障碍的及时排除以及能够对标家庭教育的主动教育，这些方面对有关组织的信用水平提出了很高的要求。

（三）有关组织的财产状况

与自然人监护人应当具备担任监护人的相应经济条件类似，有关组织亦应当具备监护人的相应物质基础。物质条件中比较重要的方面是人员和设施的配置，如有关组织具备监护能力的人员较少，面对的又是大量的被监护人，则不可能很好地履行监护职责。此外，有关组织的财产状况除收入能力外还应包含其持续经营的能力以及财务制度的合规与透明状况。有关组织成为监护人之后，即取得了保管和运用被监护人财产的权利，因此有关组织能否按照最有利于被监护人的原则要求履职应当通过建立对被监护人财产的定时报告、按期清算并且制作财产清单等制度予以落实。

---

① 陈甦主编：《民法总则评注（上）》，法律出版社 2017 年版，第 193 页。需说明的是，原文因系对《民法典》第 27 条未成年人监护的评注，故仅针对未成年人的监护组织进行论述，因本条未区分未成年人监护与成年人监护，故笔者将原文中“未成年人”的表述调整为“被监护人”。

（四）有关组织监护人监护能力的其他影响因素

本条针对有关组织的监护能力亦采取了列举未尽的表述方式，有观点认为，有关组织监护能力的影响因素除上述积极方面外，还应包括无法对未成年人实施生活照顾和人身财产保护、无法提供相应学习条件、无法代理被监护人实施法律行为、无法对被监护人的侵权行为承担责任等消极方面。①

【相关规定】

《中华人民共和国民法典》

第二十七条　父母是未成年子女的监护人。

未成年人的父母已经死亡或者没有监护能力的，由下列有监护能力的人按顺序担任监护人：

（一）祖父母、外祖父母；

（二）兄、姐；

（三）其他愿意担任监护人的个人或者组织，但是须经未成年人住所地的居民委员会、村民委员会或者民政部门同意。

第二十八条　无民事行为能力或者限制民事行为能力的成年人，由下列有监护能力的人按顺序担任监护人：

（一）配偶；

（二）父母、子女；

（三）其他近亲属；

（四）其他愿意担任监护人的个人或者组织，但是须经被监护人住所地的居民委员会、村民委员会或者民政部门同意。

第三十九条　有下列情形之一的，监护关系终止：

（一）被监护人取得或者恢复完全民事行为能力；

（二）监护人丧失监护能力；

（三）被监护人或者监护人死亡；

（四）人民法院认定监护关系终止的其他情形。

监护关系终止后，被监护人仍然需要监护的，应当依法另行确定监护人。

---

①　最高人民法院民法典贯彻实施工作领导小组主编：《中华人民共和国民法典总则编理解与适用》，人民法院出版社2020年版，第172页。

《最高人民法院关于贯彻执行〈中华人民共和国民法通则〉若干问题的意见（试行）》（已失效）

11. 认定监护人的监护能力，应当根据监护人的身体健康状况、经济条件，以及与被监护人在生活上的联系状况等因素确定。

（本条由邵一峰撰写）

第七条　【遗嘱指定监护人】担任监护人的被监护人父母通过遗嘱指定监护人，遗嘱生效时被指定的人不同意担任监护人的，人民法院应当适用民法典第二十七条、第二十八条的规定确定监护人。

未成年人由父母担任监护人，父母中的一方通过遗嘱指定监护人，另一方在遗嘱生效时有监护能力，有关当事人对监护人的确定有争议的，人民法院应当适用民法典第二十七条第一款的规定确定监护人。

【条文主旨】

本条是关于遗嘱指定监护人的规则。

【条文沿革】

本条是对《民法典》第29条遗嘱指定监护人规则的细化。《民法总则》第29条是我国首次对遗嘱监护作出的规定，该条规定在《民法典》编纂时未作调整，直接被继受为《民法典》第29条。在此之前，《民法通则》仅在第16条、第17条规定了法定监护和指定监护两种监护人资格的取得方式，《民通意见》第15条增加了协议确定监护人的方式。本条在《民法典》第29条的基础上，对遗嘱指定监护人制度的具体适用规则进行了完善。

【理解与适用】

一、规范宗旨

父母与被监护人血缘不可割裂，情感难以阻隔，亲密关系稳定，父母对子女的关爱和了解往往是其他人难以比拟的。父母作为未成年子女当然的法定监护人和欠缺行为能力成年子女在顺序上仅次于配偶的法定监护人，通过遗嘱方式为其子女指定监护人能够体现最有利于被监护人的原则。《民法典》第29条规定了遗嘱指定监护人的方式，明确了遗嘱指定监护人的主体应当是担任监护人的父母，但未就被指定的监护人不同意履行监护职责情形下如何确定监护人、遗嘱监护与其他监护设立方式之间的关系等问题予以规定，故有必要对被遗嘱指定的人不同意担任监护人以及遗嘱监护与法定监护发生冲突时监护人如何确定的问题进行解释和明确。

二、遗嘱指定监护人应当经被指定人同意

（一）遗嘱监护中能够担任监护人的范围

遗嘱指定监护人是《民法典》对意思自治原则下遗嘱自由的体现，通过遗嘱能够指定的监护人范围只需具备监护能力即可，无需事先征得被指定人同意，不受《民法典》第27条、第28条法定监护人范围的限制，亦不需要经过居民委员会、村居委会或民政部门的同意。设置如此宽泛的遗嘱指定监护人范围的原因在于：首先，《民法典》第29条新增规定了遗嘱指定监护人的方式，这种方式具有独立的成立要件与设立程序，这也就意味着遗嘱指定监护人不需要遵守法定监护的要求；其次，从立法目的的角度看，增加遗嘱指定监护人制度是为了充分保护被监护人的利益，因此，如果遗嘱指定监护人的范围还要受到法定监护人范围的约束，一方面无法体现《民法典》对遗嘱指定监护人单独规定的必要性，另一方面限制了父母为子女选择监护人的范围，不利于尊重父母意愿和保护被监护人权利。

（二）遗嘱指定监护人在遗嘱生效时一经同意即发生法律效力

按照“一般情况下父母是最了解子女最佳利益的人”这一制度预设，遗嘱指定监护人制度采取的逻辑为“充分尊重父母对子女监护人的指定就是保护子女的最佳利益”。因此，只要指定监护人的遗嘱符合遗嘱生效的实质和形式要件，具备监护能力的被指定人一经承诺即可在遗嘱生效时成为该子女的监护人。因遗嘱指定监护人的能够当然排除父母之外的其他任何人员成为监护人的资格，故应当慎重考虑父母遗嘱指定监护人的适当性。实践中，被监护人的父母受到生活经历、认知水平的局限，其主观上认为符合子女最佳利益的人选可能偏离子女在客观上的最大利益，更有甚者，个别父母可能借此制度行重男轻女、包办婚姻甚至买卖人口之实。此时有关个人或者组织应当及时启动《民法典》第36条规定的撤销监护人资格的相应程序。

（三）被遗嘱指定的人有权拒绝担任监护人

遗嘱监护虽为意思自治在监护领域的体现，但要受到遗嘱本身属性的

约束。指定监护人的遗嘱由立遗嘱人单方面作出，是一种单方法律行为，以遗嘱形式处分的财产只能是立遗嘱人的个人财产。然而，遗嘱指定监护人的内容是要求另一人作为自己子女的监护人，这就涉及立遗嘱人请求他人为或不为特定行为的内容，需要相对人的同意才能设立监护。监护具有明显的责任属性，监护人承担着监督、保护被监护人的重任，《民法典》第27条、第28条规定的未成年人和欠缺行为能力成年人的法定监护人范围虽然采取的是列举的方式，但在顺序上体现出明显的身份关系因素，即无需经过相关部门同意即可担任监护人的范围仅限于与被监护人具备特定亲属关系的人，这些人员除肩负监护责任外，往往对被监护人还负有某种形式的生活扶助义务或生活保持义务。① 如果遗嘱指定的监护人存在无力履行监护职责、不愿意额外承担遗嘱监护带来的责任或缺乏承担监护责任意愿等情况，应当认定没有遗嘱指定监护人，从而直接适用法定监护人规则确定监护人。

（四）遗嘱指定的人是否同意担任监护人的认定标准

本条将“遗嘱生效时”确定为被指定的人作出同意或不同意担任监护人意思表示的时点，这一规则在实践中有待进一步完善。遗嘱是死因法律行为，在立遗嘱人死亡后发生法律效力，实践中，以立遗嘱人的死亡时点作为认定是否同意担任监护人的时点，存在下列争议问题：

以立遗嘱人的死亡时点作为认定是否同意担任监护人的时点可能会遇到下述问题：第一，遗嘱指定监护人行为生效应当以立遗嘱人实际死亡的时点为标准还是以被指定的人知道或应当知道立遗嘱人已经死亡的时点为标准；第二，被指定的人同意或不同意担任监护人的意思表示应当向谁作出；第三，被指定的人应当以何种方式作出该意思表示；第四，被指定的人应当即时作出该意思表示还是应当设定一个相对合理的期间；第五，上述期间内被指定的人未作出相关意思表示甚至下落不明能否推定其不同意担任监护人；第六，若推定其不同意担任监护人，在按照法定监护规则确定监护人后，遗嘱指定监护人以不知道立遗嘱人的死亡发生或不知道遗嘱内容为由主张自己应当是监护人的情形应如何处理。针对这些问题，实践中应始终贯彻最有利于被监护人的原则，采以下认定方式：（1）同意担任监护人的意思表示必须以明示的方式作出；（2）该意思表示应当按照顺序

---

① 龙卫球：《民法总论》，中国法制出版社2002年版，第241页。“监护是一种对缺乏自我保护和自我生活能力的人的一种监督或照顾制度。法律观念上一直基于伦理意识，主要以血缘或某种亲属关系来确定监护人。早期法律偏向于监护人的权威性，有家长权的痕迹；现代法已经转向以受监护人利益为出发点，发展为一种照顾制度。”

向遗嘱执行人、遗产管理人或立遗嘱人所在地居民委员会、村民委员会或民政部门作出；（3）该意思表示应当在遗嘱生效后的合理期限内作出，何为合理期限可参照《总则编司法解释》第10条关于三十日异议期间的规定；（4）未在合理期间内作出意思表示的，应当视为其不同意担任监护人，按没有遗嘱监护人的情形处理。

三、未成年人遗嘱监护应由最后担任监护人的父母一方作出

在担任监护人的顺位上，父母处于天然的优先地位。[①] 父母作为未成年人的监护人是无条件的，只要父母具备监护能力，其监护职责即无法通过意思自治进行变更或放弃，遗嘱监护亦不例外。因此，父母一方不得通过遗嘱排除另一方的监护责任。在遗嘱生效时，只要健在的父母一方仍然具备监护能力，遗嘱指定的监护人就不得取代父母成为监护人，只有在父母均已死亡或者没有监护能力的情况下遗嘱指定的人才能担任监护人。

（一）未成年人法定监护与遗嘱监护的关系

《民法典》第27条规定了未成年人监护设立的法定方式和顺序，其中关于“父母是未成年子女的监护人”之规定具有强制性，不得通过约定排除，在未成年人的父母已经死亡或没有监护能力的情况下才能采取其他监护资格的取得方式。未成年人的各类监护人取得监护资格的顺序大致为：第一顺序：未成年人的父母；第二顺序：未成年人父母通过遗嘱指定的监护人；第三顺序：适格监护人之间通过协商确定的监护人；第四顺序：未成年人的祖父母、外祖父母；第五顺序：未成年人的成年兄、姐；第六顺序：经居民委员会、村居委会或民政部门同意的其他愿意担任监护人的个人或组织。[②] 这一顺序表明，遗嘱监护在效力顺位上是仅次于父母的第二顺位监护设立方式，除不得排除父母一方的监护责任外，可以优先于其他法定监护、指定监护与协议监护方式为未成年人设定监护。

（二）遗嘱指定监护人的父母应具备监护人资格

遗嘱生效时的父母中在世的另一方具有监护能力，嗣后又丧失监护能力或死亡的，前序遗嘱监护不得复效。实践中可能出现这样的情形：先去世的父母一方在遗嘱中表示，自己去世后由另一方父母担任监护人，待另一方去世后再由本次遗嘱指定的人担任监护人，这种“附条件生效”的遗嘱行为能否发生指定监护人的效力？实际上，这种“附条件”的遗嘱行为是对另一方父母监护人地位的限制，在父母一方去世后，具备监护能力的

① 余延满：《亲属法原论》，法律出版社2007年版，第469页。

② 陈甦主编：《民法总则评注（上）》，法律出版社2017年版，第192页。

另一方父母当然成为监护人，遗嘱指定监护人只能通过当前正在担任监护人的父母一方作出，遗嘱指定监护人不得通过附条件或期限的方式限缩另一方父母的监护人地位，除非后死亡的父母一方监护人在自己的遗嘱中继续指定先死亡一方指定的监护人，否则先死亡一方指定的人不能成为遗嘱监护人。

（三）父母同时死亡时遗嘱监护人的确定规则

本条规定的内容无法解决父母同时死亡且各自指定的监护人不同时如何确定遗嘱监护人的问题。该问题之所以复杂，是因为这种情形在本质上是父母监护人双方遗嘱自由的冲突问题叠加了遗嘱监护和指定监护的顺位衔接。针对该问题，有学者建议可采取下述规则：

第一，如果父、母各自指定监护人的同时，并未明确排除另一方指定的监护人，则应继续保持遗嘱监护的优先效力，由被指定人通过协议确定监护人。如果协商不成，则由有权机关根据指定监护规则，在遗嘱指定的监护人范围内进行选择。

第二，如果父、母在各自指定监护人的同时，明确排除了另一方指定的监护人，那么，根据担任监护人所需具备的消极要件，应在未被明确排除的被指定人范围内确定监护人。如果双方指定的监护人均被明确排除，则遗嘱监护应被宣告无效。此时，根据前述监护人选任规则的适用程序，应首先根据法定监护规则确定监护人。①

实践中，虽然父母同时死亡的情形较为罕见，但一般都发生在灾害、事故中，成为受关注程度和法律适用难度均较高的问题。在相关案件的实际处理过程中，应当结合个案情况，在不违反本条和相关法律法规的原则性规定情况下，尽量考虑父母遗嘱对设立监护的优先作用。

【相关规定】

《中华人民共和国民法典》

第二十九条 被监护人的父母担任监护人的，可以通过遗嘱指定监护人。

（本条由邵一峰撰写）

---

① 陈甦主编：《民法总则评注（上）》，法律出版社 2017 年版，第 210 ~ 211 页。

第八条　【协议确定监护人】 未成年人的父母与其他依法具有监护资格的人订立协议，约定免除具有监护能力的父母的监护职责的，人民法院不予支持。协议约定在未成年人的父母丧失监护能力时由该具有监护资格的人担任监护人的，人民法院依法予以支持。

依法具有监护资格的人之间依据民法典第三十条的规定，约定由民法典第二十七条第二款、第二十八条规定的不同顺序的人共同担任监护人，或者由顺序在后的人担任监护人的，人民法院依法予以支持。

【条文主旨】

本条是关于协议确定监护人的规则。

【条文沿革】

本条是对《民法典》第 30 条协议确定监护人规则的细化。《民通意见》第 15 条关于“有监护资格的人之间协议确定监护人的，应当由协议确定的监护人对被监护人承担监护责任”的规定是我国司法解释首次对协议确定监护人进行规定，也是《民法总则》第 30 条的前身，《民法总则》在吸收《民通意见》第 15 条及相关司法实践经验的基础上，对协议监护制度作出了规定。① 该条规定在《民法典》编纂时未作调整，直接被继受为《民法典》第 30 条。本条司法解释是在《民法典》第 30 条的基础上，强调了父母对未成年人的法定监护职责不得通过协议约定排除，规定了父母可以委托其他具有监护资格的人在父母均丧失监护能力时担任未成年人的监护人，并增加了协议监护可以设立共同监护人、不受法定监护的顺序限制的内容。

【理解与适用】

一、规范宗旨

协议确定监护人体现了《民法典》对具有监护资格人意思自治的尊

① 黄薇主编：《中华人民共和国民法典总则编释义》，法律出版社 2020 年版，第 81 页。

重。对于未成年人的父母而言，禁止有监护能力的父母协议免除监护职责体现了父母作为法定监护人的强制性要求，维护和尊重父母在有辨识能力时对其丧失心智之后对未成年子女监护所作的预设性安排则是意思自治的充分体现；[①] 对其他具有监护资格的人而言，通过充分协商讨论，加之通过有效征求被监护人意见，最终确定监护人，将更有利于监护职责的顺利全面履行，也更有利于保护被监护人的合法权益。[②]《民法典》第30条规定了协议确定监护人的方式，但未就未成年人监护中父母的法定监护人地位与协议监护之间的顺序作出具体规定，亦未就协议监护确定的监护人在顺序上与法定监护顺序不一致时应当如何处理进行规定，故有必要对未成年人父母在协议监护中意思自治的范围以及协议监护与法定监护的关系问题进行解释和明确。

二、协议确定监护人适用的主体范围

（一）协议确定监护人不适用于有监护能力的未成年人父母

在未成年人监护问题上，父母与其他依法具有监护资格的人有根本性的区别。父母是未成年人当然的监护人，父母的监护资格随着子女出生而产生，只有在父母丧失监护能力或监护人资格被撤销时才会丧失；其他依法具有监护资格的人均为父母担任监护人的补充，不仅需要满足监护能力的要求，而且需要经过法律的确认。在传统民法上，亲权是保护未成年人的基础性制度，未成年人监护只是亲权制度的补充，父母在未成年人监护上的当然地位与其他人的补充地位即反映了亲权与监护的关系。在我国，自《民法通则》以来，一直采用的都是广义监护的概念。《民法通则》开创了将父母教育、保护未成年人的权利和义务纳入监护制度并紧随民事行为能力制度予以构造的独特立法模式。《民法总则》继承了《民法通则》以监护制度保护未成年人的立法模式。[③] 在这种立法模式下，虽然《民法典》总则编未直接规定父母作为监护人与其他依法具有监护资格的人之间有何不同，但从法定监护人顺序设置的文义中可以分析出有监护能力的父母不得通过协议免除其对未成年子女的监护职责这一结论。本条第1款的第一部分即对该含义的重申。

---

① 焦富民：《民法总则编纂视野中的成年人监护制度》，载《政法论丛》2015年第6期。

② 最高人民法院民法典贯彻实施工作领导小组主编：《中华人民共和国民法典总则编理解与适用》，人民法院出版社2020年版，第183页。

③ 朱广新：《未成年人保护的民法问题研究》，中国人民大学出版社2021年版，第140页。

（二）协议确定监护人不适用于被监护人住所地的居民委员会、村民委员会或民政部门

《民法典》关于监护的规定确立了“以家庭监护为基础，以社会监护为补充，以国家监护为兜底”的监护制度体系。[①] 被监护人住所地的居民委员会、村民委员会和民政部门承担的是公职监护人的角色，属于监护体系中的底线性选择，只有在穷尽其他监护设立方式的情况下，才能轮到公职监护人发挥作用。《民法典》第 32 条规定：“没有依法具有监护资格的人的，监护人由民政部门担任，也可以由具备履行监护职责条件的被监护人住所地的居民委员会、村民委员会担任。”从该条的表述来看，《民法典》第 30 条中“依法具有监护资格的人”是不包括公职监护人的，公职监护人既不具备协议监护的主体资格要求，其兜底性质又决定了公职监护人不得以协议的方式取得监护人地位。因此，公职监护人与父母作为未成年子女监护人的情形类似，只能采取“全是”或“全否”的方式，只要有其他具有监护资格的人，居民委员会、村民委员会和民政部门就不得担任公职监护人。居民委员会、村民委员会和民政部门在担任公职监护人以后，不得通过协议约定免除自己的监护职责。

（三）协议确定监护人仅适用于《民法典》第 27 条、第 28 条规定的依法具有监护资格的人

与遗嘱指定监护人不同，协议确定监护人的主体应当为依法具有监护资格的人。因此，协议确定监护人虽然有具备监护资格人自主约定的成分，但在适用范围上仍然没有超出法定监护的范围，只是法律在规定法定监护顺序的同时，允许不同顺序的法定监护人通过协议对法定监护顺序进行调整，以避免法定监护顺序可能导致的僵硬、死板或其他不利于被监护人的情形。例如，未成年人监护中的祖父母、外祖父母在未成年人父母丧失监护能力时年龄可能已经非常大了；又如，成年人需要被监护时其配偶可能已经或即将无力对其进行照顾，或者出现夫妻感情破裂的情况，法定监护的顺序可能不是保障被监护人的最佳方案。在法定监护人范围中，无论是父母还是其他依法具有监护资格的人，其之所以能够成为监护人，最重要的依据仍然是与被监护人的身份关系或者社会化监护的有益补充，法律应当尊重这些因身份关系或社会化监护取得监护资格的人通过协议达成的监护安排，推定这种监护安排是本着最有利于被监护人的原则，基于尊

---

① 最高人民法院民法典贯彻实施工作领导小组主编：《中华人民共和国民法典总则编理解与适用》，人民法院出版社 2020 年版，第 161 页。

重被监护人的真实意愿的考虑而对法定监护顺序作出的调整。当然，无论这些协议如何调整，都是在法定监护的范围和限度之内进行的调整。

三、协议确定监护人的形式要件与实质要件

（一）协议确定监护人的形式要件

《民法典》和现有司法解释未对确定监护人协议是否应为要式合同作出规定，对比《民法典》第33条意定监护的内容来看，意定监护明确要求以书面形式确定自己的监护人。有观点认为，虽然本条未对协议确定监护人的形式作明确规定，但鉴于监护人的选任结果，对于监护法律关系双方当事人都会产生十分深远的影响，因此，为确保监护人之间所达成协议的严肃性和准确性，至少应要求采用书面形式订立协议。①需要说明的是，《总则编司法解释》第18条规定，当事人未采用书面形式或者口头形式，但是实施的行为本身表明已经作出相应意思表示，并符合民事法律行为成立条件的，人民法院可以认定为民法典第一百三十五条规定的采用其他形式实施的民事法律行为。《民法典》中的监护制度虽然在制度设计上独立于婚姻家庭编，但身份关系仍然是构成监护制度的基础。身份关系区别于财产关系的一个重要方面是身份关系的事实先在性，对于协议确定监护人而言，具有监护资格人之间的协商的真实意思、履行的实际行为以及监护关系的实际确立的状态等因素在认定监护关系时应优先于书面监护协议，故在法律没有明确规定的情况下，不宜要求监护协议以书面形式作出。

（二）协议确定监护人的实质要件

确定监护人的协议属于《民法典》第464条第2款规定的监护等有关身份关系的协议，协议的主体、内容和效果适用《民法典》总则编监护一节的具体规定，其他方面可以参照合同编的规定，在协议成立、效力与履行方面应当具备合同成立的实质要件。协议确定监护人应当经协议各方意思表示一致，并受合同相对性原则的约束。协议不是投票，协议确定监护人不得以多数决的方式作出。本条第2款的规定之所以强调协议确定当事人可以变更法定监护人的顺序，就是为了将意思自治原则在法律允许的范围内彻底贯彻下去，以充分体现对有监护资格人意思自治的尊重。在具有监护资格的人之间因监护人的确定产生争议时，既可以协商解决，也可以由有权机关指定，如果各方通过充分协商讨论，加之有效征求被监护人意见，最终确定监护人，则将更有利于监护职责的顺利全面履行，也更有利

① 陈甦主编：《民法总则评注（上）》，法律出版社2017年版，第214页。

于保护被监护人的合法权益。[①] 在协商达成一致后，法律即赋予协商结果优先于法定监护人顺序的效力。因此，确定监护人的协议应当各方意思表示一致才能成立，任何一方不同意的，仍需通过指定的方式确定监护人。

需明确的是，是否应当经全体具有监护资格人同意才能设立协议确定监护人？在现实中，《民法典》第 27 条、第 28 条中规定的具有监护资格的人范围可能非常广泛，仅在《民法典》第 1045 条第 2 款规定的近亲属范围内，就可能出现人数众多、下落不明、拒绝协商以及收养过继等难题，经有权机关同意的其他个人或组织更是一个开放的概念。因此，要求全体具有监护资格人一致同意方能协议确定监护人既缺乏监护制度要求的确定性与稳定性，又欠缺实践操作的可能性。针对该问题，应当从协议确定监护人的制度目的出发进行解释。协议确定监护人制度，既是为了解决各有监护资格人之间对确定监护人的争议，也是为了避免出现法定监护的顺序设置不符合被监护人最大利益的情况。根据这一制度目的，笔者认为，对于参加协议的各方应当以“向上兼容”为原则：（1）协议确定的监护人与其同一顺位的法定监护人之间应当协商一致；（2）高顺位的法定监护人约定由低顺位人担任监护人的，需经高于协议确定监护人顺位的全体法定监护人协商一致，如为未成年人协议确定监护人，由父母协议约定某具备监护资格人在父母丧失监护能力时担任监护人的，无需其他人同意；（3）协议约定由祖父母、外祖父母其中一人或共同担任监护人的，需经全体祖父母、外祖父母协商一致；（4）协议约定兄、姐担任监护人的，需经全体祖父母、外祖父母和全体兄、姐协商一致；（5）协议约定其他愿意担任监护人的个人或组织担任监护人的，需经全体祖父母、外祖父母、兄、姐以及其他愿意担任监护人的个人或组织协商一致，如为欠缺行为能力的成年人协议确定监护人，由配偶担任监护人无需约定；（6）由父母、子女中的一人或共同担任监护人的，需经配偶、父母、子女协商一致；（7）由其他近亲属担任监护人的，需经配偶、父母、子女以及全体其他近亲属协商一致；（8）协议约定其他愿意担任监护人的个人或组织担任监护人的，需经配偶、父母、子女、全体其他近亲属及其他愿意担任监护人的个人或组织协商一致；（9）协议确定共同担任监护人的，需经担任共同监护人各方相同及各共同监护人以上顺位的全体具备监护资格人协商一致。

---

① 最高人民法院民法典贯彻实施工作领导小组主编：《中华人民共和国民法典总则编理解与适用》，人民法院出版社 2020 年版，第 183 页。

【相关规定】

《中华人民共和国民法典》

第三十条 依法具有监护资格的人之间可以协议确定监护人。协议确定监护人应当尊重被监护人的真实意愿。

《最高人民法院关于贯彻执行〈中华人民共和国民法通则〉若干问题的意见（试行）》（已失效）

15. 有监护资格的人之间协议确定监护人的，应当由协议确定的监护人对被监护人承担监护责任。

（本条由邵一峰撰写）

第九条 【指定监护的参考因素】人民法院依据民法典第三十一条第二款、第三十六条第一款的规定指定监护人时，应当尊重被监护人的真实意愿，按照最有利于被监护人的原则指定，具体参考以下因素：

（一）与被监护人生活、情感联系的密切程度；

（二）依法具有监护资格的人的监护顺序；

（三）是否有不利于履行监护职责的违法犯罪等情形；

（四）依法具有监护资格的人的监护能力、意愿、品行等。

人民法院依法指定的监护人一般应当是一人，由数人共同担任监护人更有利于保护被监护人利益的，也可以是数人。

【条文主旨】

本条是关于指定监护参考因素的规则。

【条文沿革】

本条是对《民法典》第31条第2款、第36条第1款指定监护规则的细化。《民法通则》第16条第2款、第17条第2款以及《民通意见》第16条将指定监护作为监护设立方式的一种。《民法总则》第31条第2款新增规定了指定监护人的基本原则，强调应当尊重被监护人的真实意愿，按照最有利于被监护人的原则在依法具有监护资格的人中指定监护人。该原则亦适用于《民法典》第36条第1款规定的监护资格撤销时指定监护人的情形。本条司法解释是在《民法典》第31条规定的指定监护人原则的基础上，明确了指定监护人的具体参考因素，并对人民法院指定监护人应为一人还是多人进行了规定。

【理解与适用】

一、规范宗旨

《民法典》第31条第2款规定了指定监护人的两个原则：第一，尊重被监护人的真实意愿；第二，按照最有利于被监护人的原则指定监护人。在《民法典》规定的多种监护设立方式中，指定监护的主要功能在于，通过引入第三方主体，妥善解决有关当事人对担任监护人产生的争议，从而确保监护人的最终选任结果合法有效，并真正符合被监护人的利益需求。[①]这意味着指定监护时可以不按照《民法典》第27条第2款与第28条规定的法定监护顺序，而应当在两个原则的指导下综合考虑各种影响因素以确定监护人。因《民法典》未对如何区分被监护人的真实意愿、如何认定是否符合最有利于被监护人作出进一步规定，故有必要对指定监护时应当参考的具体因素进行解释和明确。

二、指定监护的两个原则

尊重被监护人的真实意愿，是当代监护制度的一项重要革新。罗马法、法国法和德国法中的监护制度在历史上受到家父观念的影响，曾经过分强调亲权人和监护人的权力，采取了由亲权人和监护人全面接管受保护人私人事务的做法，限制了被保护人的自由。在当代，上述监护制度发生了重要革新，从过去那种事务接管式的亲权和监护制度，发展为维护被保护人应有自治地位的协助保护制度，被保护人既有人照顾，又保留了自治权利，从而达成最有利于维护被保护人的初衷。[②]《民法典》第31条第2款规定的两个原则体现了监护制度在当代社会的发展趋势。

---

① 陈甦主编：《民法总则评注（上）》，法律出版社2017年版，第223页。

② 龙卫球：《民法总论》，中国法制出版社2002年版，第263页。

（一）尊重被监护人的真实意愿原则

监护是对被监护人行为能力的补足，而非替代。“最低干涉原则”[①] 是监护制度的一个重要理念，即对于被监护人有能力独立处理的事务，特别是其与日常生活相关的行为，应充分尊重其真实意愿，监护人不得干涉。[②]无论是未成年人，还是特殊意思能力状态下的成年人，无论是限制民事行为能力人，还是无民事行为能力人，行为能力的欠缺都不意味着被监护人没有人格尊严。在不违背被监护人利益的情况下，被监护人的意愿能够被最大限度地满足，就是维护被监护人利益的体现。因此，如无明显不利影响，协议确定监护人应当优先考虑被监护人期待的人选，与此对应，应当尽量排除被监护人拒绝的人成为监护人。

（二）最有利于被监护人原则

被监护人是监护制度的权利主体，而非客体。被监护人虽然存在行为能力方面的不足，但其自然人民事权利能力与其他人是一律平等的。被监护人依法享有的民事权利是监护制度保护的客体，而被监护人本身是这些权利的主体。监护制度虽然具有维护社会正常交往秩序的效果，但其核心功能仍在于维护被监护人的合法权益。[③]被监护人的生存发展、人身自由、人格尊严等各方面的人身和财产权利均应因监护制度得到更好的保护而非因监护的设置被不当地限缩。监护人应当为被监护人提供适当的生存条件、有利于被监护人成长或恢复的发展环境，尊重和保护被监护人的人格和婚姻家庭关系，妥善保管、利用和处分被监护人财产。

（三）尊重被监护人的真实意愿原则与最有利于被监护人原则的关系

尊重被监护人的真实意愿与最有利于被监护人原则在制度目的上是一致的，都是为了保护被监护人的合法权益。但是，这两个原则在特殊情况下会出现冲突，因此需要明确二者在适用上的优先顺位。有观点认为，“尊重被监护人的真实意愿原则”应当处于优先地位，理由为：“‘最有利于被监护人原则’的出发点是为了更好地保护被监护人的最大利益，但一定程度上忽略了被监护人的能力差异、个人意愿和价值偏好。‘尊重被监护人意愿原则’要求最大限度尊重被监护人的真实意愿，由其根据剩余能

---

① 以德国为例，1979 年《德国民法典》修正将原法例中的亲权转为亲权照顾权；1990 年《德国民法典》修正后规定了成年人监护的必要性原则。参见龙卫球：《民法总论》，中国法制出版社 2002 年版，第 257 页、第 260 页。

② 最高人民法院民法典贯彻实施工作领导小组主编：《中华人民共和国民法典总则编理解与适用》，人民法院出版社 2020 年版，第 185 页。

③ 陈甦主编：《民法总则评注（上）》，法律出版社 2017 年版，第 257 页。

力和自我意识自主做出选择。具体实践中，可能出现二者发生冲突的情形。特别是由于目前我国监护制度特别是成年监护制度仍以行为能力为判断标准，监护人被法定赋予全部或部分代理权，因此被监护人的意愿是否得到最大限度尊重，要取决于能否具备更详细的制度保障。因此，特别对于成年人监护制度，应倾向于对‘尊重被监护人意愿原则’的优先适用。”① 应当明确的是，最有利于被监护人原则是监护人履行职责的基本原则，是整个监护制度的价值基石。被监护人之所以需要监护，就是因为当被监护人的意愿可能损害其利益的时候，需要监护人进行监督和保护。因此，尊重被监护人真实意愿原则与最有利于被监护人原则的关系不是孰优孰劣、如何优先适用的关系，不应对“尊重被监护人的真实意愿”作片面化理解，而要结合多种情况进行综合考量判断，探求其内心真实的愿望。②《民法典》第30条在立法过程中针对被监护人意愿特别增加了“真实”的表述，“真实”即包含了被监护人的意愿应当有利于被监护人生存、发展要求和人身财产权利保护的价值预设，在这一层面上，两个原则是不会发生冲突的。③ 因此，探求被监护人真实意愿，既要考虑被监护人的认知能力与表达能力，又要考虑被监护人表意是否真实、是否受到胁迫，还要考虑被监护人与具备监护资格人在生活、情感上的联络，而这一系列考察方法的判断标准，即是否符合最有利于被监护人原则。

三、指定监护的具体参考因素

本条列举了指定监护人时应当考虑的四项因素，关于这四项因素的内在关系是并列还是递进，应当从各因素的具体内容出发作以下理解：（1）指定监护是为了最大限度地保护被监护人的利益，因此被监护人与被指定的人在生活、情感上联络的亲密或疏远对于被监护人的身心健康和生存发展是有重大影响的，该影响的重要程度足以改变法定监护的顺序，因此应当优先于法定监护顺序予以考虑。（2）在各具有监护资格的人与被监护人的生活、情感联系没有明显区别的时候，基于身份关系与社会监护而设定的法定监护顺序仍然继续发挥作用。因此，生活、情感联系因素和法定监护顺序属于指定监护的正面因素，且二者具有递进关系。（3）具有监护资格的人还可能存在自身的负面因素，如因违法犯罪不利于履行监护职责、监

---

① 最高人民法院民法典贯彻实施工作领导小组主编：《中华人民共和国民法典总则编理解与适用》，人民法院出版社2020年版，第186～187页。

② 黄薇主编：《中华人民共和国民法典总则编释义》，法律出版社2020年版，第82页。

③ 关于被监护人寻求“安乐死”、放弃人身财产权利等极端情形，因缺乏社会心理的普遍性与法律制度的配套支撑，故不列入本次讨论的范围之内。

护能力弱、意愿不高、品行低劣等情况，故本条在第1款第3项、第4项规定了指定监护应当参考的负面因素，且从重要程度上来说，不利于履行监护职责的违法犯罪情形在适用顺位上要高于能力、意愿、品行等因素。(4) 因此，在适用这四项参考因素时，应先按照前两项之规定从正向确定指定监护人的人选，再按照后两项从反向排除不适合担任监护人的人选，以最终确定指定的监护人。

（一）与被监护人生活、情感联系的密切程度

监护制度应当体现身份关系的事实先在性。在时间维度上，指定监护人虽然是法律面对监护争议和监护撤销时的即时性行为，但作出指定的判断时不能忽略被监护人长期以来形成的实际生活状态。人作为一种社会性动物，影响其行为偏好的因素不单纯来源于血缘关系、经济能力，还包括在一个长期的过程中形成的特定生活习惯、情感依赖，这些先在事实对被监护人的影响无法约定、不能量化、难以用价值衡量，但却是被监护人在生理、心理等各方面特征的构成因素。被监护人在事实上已经形成的这种概括的生活状态，在制度价值上应当是对尊重被监护人真实意愿原则与最有利于被监护人原则进行具象化法律适用时的重要参考因素；在制度效果上体现了监护制度对社会正常交往秩序的维护。

（二）依法具有监护资格的人之监护顺序

法定监护基于身份关系与社会监护的考量，设置了一套法定监护人顺序作为原则，但这种原则性规定在应对具体的监护事实的时候，可能会出现偏颇和争议。指定监护是对法定监护的定分止争与价值调整，但不是对法定监护顺序的全盘否定。指定监护不能完全脱离法定监护顺序，只有在法定监护与指定监护两个原则发生冲突的时候，才能够按照法定监护的顺序依次排除高顺位的法定监护人。因此，在适用指定监护规则时，法定监护顺序在先的优于在后的是原则，以法定监护顺序在后的替代在先的担任监护人是例外，需要在充分说理的基础上进行。

（三）是否有不利于履行监护职责的违法犯罪等情形

指定监护人不应当存在明显不利于履行监护职责的情形。监护能力标准对监护人仅作最低限度的要求，即具备履行监护职责需要的相应身心健康条件与经济条件，但这些对于指定监护人而言还不够。监护能力是监护资格的前提，监护资格是指定监护的前提，而指定监护是在各个具备监护资格的人中选出最有利于被监护人的适当人选，这就要求指定的人选在道德方面具备相当的水平。如法谚所言，“法律是最低限度的道德”，因此如果具有监护资格的人有违法犯罪等方面的记录，应当考虑将其从指定人选

中排除。应当注意的是，违法与犯罪不同，违法的范围是非常广泛的，过失侵权、合同无效甚至交通违章都有可能构成违法情形，若在实践中机械适用该条规定，容易“误伤”。因此，在以违法情形排除监护人时，应当重点考察该违法行为是否不利于履行监护职责。

（四）依法具有监护资格的人的监护能力、意愿、品行等

本条中指定监护人对监护能力的考察与《总则编司法解释》第6条监护能力标准是不同的。第6条中规定的监护能力是一个标准，用以判断特定自然人或组织是否具备担任监护人的条件。本条中的监护能力是指各具有监护资格人履行监护职责的具体能力大小，是一种差异性的判断。人民法院在处理监护争议或撤销监护时，通过对比各个潜在人选的年龄（资质）、健康（信用）、经济条件（财产状况），作出孰优孰劣的判断后，再进行“优中选优”，综合考虑各人选的监护意愿、个人品行等因素，确定最终的监护人。如人民法院经过判断，认定数人担任监护人比一人更有利于保护被监护人的利益，也可以指定数人共同担任监护人。

【相关规定】

《中华人民共和国民法典》

第三十一条　对监护人的确定有争议的，由被监护人住所地的居民委员会、村民委员会或者民政部门指定监护人，有关当事人对指定不服的，可以向人民法院申请指定监护人；有关当事人也可以直接向人民法院申请指定监护人。

居民委员会、村民委员会、民政部门或者人民法院应当尊重被监护人的真实意愿，按照最有利于被监护人的原则在依法具有监护资格的人中指定监护人。

依据本条第一款规定指定监护人前，被监护人的人身权利、财产权利以及其他合法权益处于无人保护状态的，由被监护人住所地的居民委员会、村民委员会、法律规定的有关组织或者民政部门担任临时监护人。

监护人被指定后，不得擅自变更；擅自变更的，不免除被指定的监护人的责任。

第三十六条　监护人有下列情形之一的，人民法院根据有关个人或者组织的申请，撤销其监护人资格，安排必要的临时监护措施，并按照最有利于被监护人的原则依法指定监护人：

（一）实施严重损害被监护人身心健康的行为；

（二）怠于履行监护职责，或者无法履行监护职责且拒绝将监护职责

部分或者全部委托给他人，导致被监护人处于危困状态；

（三）实施严重侵害被监护人合法权益的其他行为。

本条规定的有关个人、组织包括：其他依法具有监护资格的人，居民委员会、村民委员会、学校、医疗机构、妇女联合会、残疾人联合会、未成年人保护组织、依法设立的老年人组织、民政部门等。

前款规定的个人和民政部门以外的组织未及时向人民法院申请撤销监护人资格的，民政部门应当向人民法院申请。

《中华人民共和国民法通则》（已失效）

第十六条 未成年人的父母是未成年人的监护人。

未成年人的父母已经死亡或者没有监护能力的，由下列人员中有监护能力的人担任监护人：

（一）祖父母、外祖父母；

（二）兄、姐；

（三）关系密切的其他亲属、朋友愿意承担监护责任，经未成年人的父、母的所在单位或者未成年人住所地的居民委员会、村民委员会同意的。

对担任监护人有争议的，由未成年人的父、母的所在单位或者未成年人住所地的居民委员会、村民委员会在近亲属中指定。对指定不服提起诉讼的，由人民法院裁决。

没有第一款、第二款规定的监护人的，由未成年人的父、母的所在单位或者未成年人住所地的居民委员会、村民委员会或者民政部门担任监护人。

第十七条 无民事行为能力或者限制民事行为能力的精神病人，由下列人员担任监护人：

（一）配偶；

（二）父母；

（三）成年子女；

（四）其他近亲属；

（五）关系密切的其他亲属、朋友愿意承担监护责任，经精神病人的所在单位或者住所地的居民委员会、村民委员会同意的。

对担任监护人有争议的，由精神病人的所在单位或者住所地的居民委员会、村民委员会在近亲属中指定。对指定不服提起诉讼的，由人民法院裁决。

没有第一款规定的监护人的，由精神病人的所在单位或者住所地的居民委员会、村民委员会或者民政部门担任监护人。

《最高人民法院关于贯彻执行〈中华人民共和国民法通则〉若干问题的意见（试行）》（已失效）

16. 对于担任监护人有争议的，应当按照民法通则第十六条第三款或者第十七条第二款的规定，由有关组织予以指定。未经指定而向人民法院起诉的，人民法院不予受理。

（本条由邵一峰撰写）

第十条 【指定监护争议的处理】有关当事人不服居民委员会、村民委员会或者民政部门的指定，在接到指定通知之日起三十日内向人民法院申请指定监护人的，人民法院经审理认为指定并无不当，依法裁定驳回申请；认为指定不当，依法判决撤销指定并另行指定监护人。

有关当事人在接到指定通知之日起三十日后提出申请的，人民法院应当按照变更监护关系处理。

【条文主旨】

本条是关于指定监护争议处理的规则。

【条文沿革】

本条是对《民法典》第 31 条第 1 款指定监护争议处理规则的细化。《民法通则》第 16 条第 2 款、第 17 条第 2 款以及《民通意见》第 16 条规定了对于担任监护人有争议的处理方式，将有关组织指定作为向人民法院起诉的前置程序。《民法总则》第 31 条对上述规定进行了调整和补充，取消了上述规定中指定监护人前置程序的设置，简化了申请人民法院指定监护人的程序，赋予了民政部门作为指定监护人机构的重要职责，同时取消了未成年人的父、母或被监护人所在单位指定监护人的资格。《最高人民法院关于适用〈中华人民共和国民事诉讼法〉的解释》（下称《民诉法司法解释》）第 349 条第 1 款规定，被指定的监护人不服居民委员会、村民委员会或者民政部门指定，应当自接到通知之日起三十日内向人民法院提出异议。经审理，认为指定并无不当的，裁定驳回异议；指定不当的，判决撤销指定，同时另行指定监护人。判决书应当送达异议人、原指定单位及判决指定的监护人。本条司法解释是在《民法典》第31条第1款规定的基础上，明确了居民委员会、村民委员会、民政部门指定监护人与人民法院指定监护人的程序衔接，规定了人民法院处理指定监护争议的方式为驳回申请或判决撤销指定并另行指定监护人，并将《民诉法司法解释》第349条第1款规定的异议人范围由被指定的监护人扩大到了“有关当事人”。

【理解与适用】

一、规范宗旨

《民法典》第31条第1款规定，对监护人的确定有争议的，既可以由被监护人居住地的居民委员会、村民委员会或者民政部门指定，也可以直接向人民法院申请指定。有关当事人对居民委员会、村民委员会或者民政部门的指定不服的，可以向人民法院申请指定监护人。监护争议意味着监护人的不确定状态，这种情况下，被监护人会面临具有监护资格人的争执或推诿，处于行为能力无人补足，人身、财产权利无人监督和保护的状态。为了减少监护争议对被监护人合法权益的损害，缩短因监护争议导致监护人悬而未决的周期，避免出现无人履行监护职责的状态，《民法典》第31条第1款为监护争议规定了两种并列的解决方式，但未对两种争议解决方式之间的关系进行明确，故有必要对这两种解决方式的效力位阶、程序衔接进行解释和明确。

二、有关当事人的范围

本条规定中的“有关当事人”，不限于被指定的监护人，还应包括对该指定有异议的其他有监护资格的人。既包含居民委员会、村民委员会或民政部门指定的监护人，亦包含未被指定但认为应当担任监护人的人，具体情形包括：第一，未被指定的当事人认为自己更适合担任监护人，争当监护人的；第二，被指定的人认为自己没有监护能力，无法履行监护职责或者认为其他具有监护资格的人更适宜担任监护人的；第三，被指定为共同监护人中的一人或数人对自己或他人担任监护人有异议的；第四，具有监护资格的人均推卸监护职责，拒不担当监护人的。[①]

---

① 该内容参考了全国人大常委会法制工作委员会民法室对监护人异议情况的界定方法，参见黄薇主编：《中华人民共和国民法典总则编释义》，法律出版社2020年版，第86页。

关于“有关当事人”的范围是否应当扩大到申请撤销监护人资格的主体，应当从以下方面来理解：《民法典》第36条第2款规定，申请撤销监护人资格的有关个人、组织包括“其他依法具有监护资格的人，居民委员会、村民委员会、学校、医疗机构、妇女联合会、残疾人联合会、未成年人保护组织、依法设立的老年人组织、民政部门等”。这是一个相对宽泛的范围，其中既包括有资格成为监护人的主体，还包括不能担任监护人的主体。

需要注意的是，本条中所涉对居民委员会、村民委员会或民政部门指定不服的当事人，是指该当事人对指定行为有异议，而非针对被指定的监护人将来会不会实施损害被监护人身心健康、合法权益或怠于履职的行为，只有因该指定行为有违其不愿担任或期待担任监护人的意愿，才能够与指定行为发生“相关”。因此，《民法典》第36条第2款中的有关个人和组织，若指定监护行为不影响其是否担任监护人的意愿，则不应属于本条规定中的“有关当事人”。

三、居民委员会、村民委员会或民政部门指定监护人的法律效力

居民委员会、村民委员会或民政部门指定监护人的相关文件生效，指定监护即成立。被指定的人自相关文件生效之日取得监护人地位，履行监护人职责。即使有关当事人通过向法院申请另行指定了监护人，在居民委员会、村民委员会或民政部门指定生效之日直至人民法院另行指定监护人的判决生效期间，居民委员会、村民委员会或民政部门指定的人仍然是监护人。在此期间，该监护人应当承担监护人的一切职责。居民委员会、村民委员会或民政部门指定监护人的法律效力一直延续到监护关系终止，即出现《民法典》第39条规定的监护关系终止的四种情形。其中，第四种情形“人民法院认定监护关系终止的其他情形”中应当包含相关当事人按照本条在三十日内向人民法院申请指定监护人，且人民法院判决撤销指定并另行指定监护人的情形。

应当注意的是，人民法院判决撤销居民委员会、村民委员会或民政部门指定监护人的法律效果与被撤销的民事法律行为效果是不同的。民事法律行为被撤销的，自始没有法律约束力，但指定监护被撤销的，只是不能向未来发生法律效力，因此本条司法解释中的“撤销指定”，含义应为终止该指定的法律效力，而非该指定自始没有法律约束力。在人民法院另行指定监护人后，后指定的监护人不能因人民法院的指定当然取代居民委员会、村民委员会或民政部门指定的监护人在人民法院判决前的监护人地位。因此，在居民委员会、村民委员会或民政部门指定监护人后直至人民法院撤销指定并另行制定监护人前的期间内，若被监护人造成他人损害的，应按照《民法典》第1088条的规定承担侵权责任的人是居民委员会、村民委员会或民政部门指定的监护人，而非人民法院后续另行指定的监护人。

四、人民法院指定监护人的效力

人民法院指定监护人具有终局性，一经作出即发生法律效力，被指定的监护人不得推卸监护职责。《民诉法司法解释》第349条第2款规定，有关当事人依照《民法典》第31条第1款规定直接向人民法院申请指定监护人的，适用特别程序审理，判决指定监护人。该判决一审终审。《民法典》关于相关当事人既能够申请居民委员会、村民委员会或民政部门指定监护人，亦能够直接要求人民法院指定监护人的规定，大幅简化了当事人申请人民法院指定监护人的流程，与其配套的诉讼程序规定亦契合了缩短监护争议周期、防止出现“监护人真空”的精神。

五、居民委员会、村民委员会或民政部门指定监护人与人民法院指定监护人的衔接

本条司法解释为相关当事人不服居民委员会、村民委员会或民政部门的指定规定了三十日的向人民法院申请指定监护人期间。关于该期间的性质，应当结合指定监护行为的性质来认识。监护制度是传统民法领域保护行为能力欠缺之人的特有制度，因其重要性而增加了国家公权力的介入，且国家公权力的作用越来越强，从而使监护制度成为兼具公私法特性的民法制度。① 在《民法典》规定的监护设立方式中，遗嘱监护与协议监护均属于法律行为，人民法院指定监护人系通过司法权设定监护，唯居民委员会、村民委员会与民政部门指定监护人的行为性质难以在民法上找到适当的解释，这与监护的一定公法特性是息息相关的。《民法典》第32条规定的公职监护人在范围上与除人民法院外的指定监护人主体完全一致，这表明居民委员会、村民委员会或民政部门无论是指定他人担任监护人，还是自己担任公职监护人，均具有公权介入、国家兜底的性质。以未成年人监护为例，在《民法典》设立的监护制度体系闭环中，从父母出发，到公职监护人终止，经历了从法律强制到意思自治，再由意思自治回到法律强制的过程，在首尾两端均具有强制性，即“父母监护—他人监护……指定监护—公职监护”。居民委员会、村民委员会与民政部门在最终由自己担任

---

① 王竹青：《论未成年人国家监护的立法构建——兼论民法典婚姻家庭编监护部分的制度设计》，载《河北法学》2017年第5期。

监护人之前，之所以有权指定监护人，是因为其作为整个监护制度的兜底，具有“国家监护人”或“公亲权人”的属性。作为“私亲权人”的父母是自己无法监护方能指定他人监护，而“公亲权人”是无人可以指定，自己负责监护。

在这个意义上，法院指定监护人是对包括法定监护人、遗嘱监护人及公职监护人在内的全部具有监护资格的人中谁更适合担任最终监护人的认定，其效力是终局性的，且能够改变居民委员会、村民委员会和民政部门的指定结果。相关当事人既可以选择由居民委员会、村民委员会和民政部门指定，也可以直接选择法院这一终局性解决方式。应当明确的是，本条司法解释规定的“三十日”的期间内，居民委员会、村民委员会或民政部门指定监护人的行为已经生效，而非处于效力待定的状态，即使后续人民法院另行指定了监护人，也无法改变另行指定监护人判决生效前的监护人地位。

本条司法解释设定的三十日的期间，最早来源于《民诉法司法解释》，该期间来源于程序法，即表明该期间是为了解决被指定的人因不愿履行监护人职责而提起诉讼后的衔接问题，本条将该期间的适用主体扩大到全体相关当事人，是将被指定人这一程序性救济措施向全体相关当事人供给。该期间既非特别时效，亦非除斥期间，而是司法为了充分保障被监护人利益而设定的一个特殊的法定期间，以便指定当事人的结果通过该期间经过或通过相关当事人在期间内起诉取得终局性效力。

六、有关当事人逾期申请的处理

本条第 2 款将有关当事人逾期申请的效果规定为，“有关当事人在接到指定通知之日起三十日后提出申请的，人民法院应当按照变更监护关系处理”。该项规定明确了居民委员会、村民委员会与民政部门指定监护人的行为经过三十日的法定异议期间即发生终局性效力，指定监护人的结果将处于一个稳定的法律地位，且该地位无法再通过人民法院直接另行指定监护人而改变。有关当事人仍有异议的，只能按照《总则编司法解释》第 12 条的规定变更监护关系的程序来主张，如果有关当事人主张变更监护人的理由成立，应当先按照《民法典》第 39 条第 1 款第 2 项、第 4 项的规定终止当前的监护关系，再按照《总则编司法解释》第 9 条的规定另行指定监护人。

【相关规定】

《中华人民共和国民法典》

第三十一条第一款 对监护人的确定有争议的，由被监护人住所地的居民委员会、村民委员会或者民政部门指定监护人，有关当事人对指定不服的，可以向人民法院申请指定监护人；有关当事人也可以直接向人民法院申请指定监护人。

《最高人民法院关于适用〈中华人民共和国民事诉讼法〉的解释》

第三百四十九条 被指定的监护人不服居民委员会、村民委员会或者民政部门指定，应当自接到通知之日起三十日内向人民法院提出异议。经审理，认为指定并无不当的，裁定驳回异议；指定不当的，判决撤销指定，同时另行指定监护人。判决书应当送达异议人、原指定单位及判决指定的监护人。

有关当事人依照民法典第三十一条第一款规定直接向人民法院申请指定监护人的，适用特别程序审理，判决指定监护人。判决书应当送达申请人、判决指定的监护人。

（本条由邵一峰撰写）

第十一条 【成年人意定监护】具有完全民事行为能力的成年人与他人依据民法典第三十三条的规定订立书面协议事先确定自己的监护人后，协议的任何一方在该成年人丧失或者部分丧失民事行为能力前请求解除协议的，人民法院依法予以支持。该成年人丧失或者部分丧失民事行为能力后，协议确定的监护人无正当理由请求解除协议的，人民法院不予支持。

该成年人丧失或者部分丧失民事行为能力后，协议确定的监护人有民法典第三十六条第一款规定的情形之一，该条第二款规定的有关个人、组织申请撤销其监护人资格的，人民法院依法予以支持。

【条文主旨】

本条是关于成年人意定监护协议任意解除权及监护人资格撤销的规定。

【条文沿革】

本条是对《民法典》第33条的细化。2017年《民法总则》第33条规定："具有完全民事行为能力的成年人，可以与其近亲属、其他愿意担任监护人的个人或者组织事先协商，以书面形式确定自己的监护人。协商确定的监护人在该成年人丧失或者部分丧失民事行为能力时，履行监护职责。"该规定构建了我国民法制度中一个新规则，即成年人意定监护规则。后2018年《中华人民共和国老年人权益保障法》（下称《老年人权益保障法》）进一步吸收了该项制度，为《民法典》规定成年意定监护制度奠定了基础。该法第26条第1款规定："具备完全民事行为能力的老年人，可以在近亲属或者其他与自己关系密切、愿意承担监护责任的个人、组织中协商确定自己的监护人。监护人在老年人丧失或者部分丧失民事行为能力时，依法承担监护责任。"上述规定确立我国的成年人自主监护制度以后，我国法律暂无其他与之相配套的规则，本条关于成年人自主监护协议解除及对监护人资格撤销的规定，属于该制度的配套规则，为成年人自主监护制度立法目的的实现提供了必要支撑。

【理解与适用】

一、规范宗旨

世界范围内的成年监护制度改革的基本理念是，将成年监护制度的立法宗旨由维护交易安全转变为最大限度地保护被监护人的合法权益，其中最鲜明的标志是设立成年意定监护制度。这改变了成年监护只有法定监护和指定监护两种方式的局面，使得成年人在没有丧失或者部分丧失民事行为能力之时，能够依照自己的意志，协议选定自己中意的监护人，最大限度地尊重成年人选择自己的监护人的自我决定权。①

需要社会或他人扶助的人群不断增加，存在被社会及他人给予特殊关

---

① 杨立新：《民法典总则编司法解释对成年意定监护制度的完善》，载《人民法院报》2022年2月28日，第2版。

注和扶助的客观需要。在正式确立成年人意定监护制度之前，我国《民法通则》相关条款虽有关于成年监护制度的规定，但将成年监护局限在法定监护和指定监护范围内，被监护人的意愿虽有一定体现，但并非核心规则。《民法总则》第 33 条设立成年人意定监护制度后，具有完全行为能力的成年人，可以通过与他人的合意，为自己未来在行为能力出现缺陷之后设立监护人，突出体现了成年被监护人自己的意愿。

在意定监护设定之后，《民法典》并未规定监护协议如何解除。本条针对意定监护协议的解除作出了如何具体适用法律的规定。本条第 1 款规定了成年人意定监护协议双方当事人的任意解除权，并对解除权作出限制，以委托人丧失或者部分丧失民事行为能力为时间节点。委托人丧失或者部分丧失民事行为能力前，双方当事人都可以行使任意解除权；委托人丧失或者部分丧失民事行为能力后，受托人无正当理由请求解除协议的，不予支持。本条第 2 款结合《民法典》第 36 条第 1 款的规定，明确了委托人丧失或者部分丧失民事行为能力后，受托人被申请撤销其监护人资格的情况。

二、成年人意定监护的成立条件

（一）协商时被监护成年人与监护人均应是完全行为能力人

成年人意定监护的制度价值重心在于“意定”二字，即确认被监护人在行为能力出现缺陷之前有自由表达选任监护人的意愿。与一般的双方当事人之间的合意不同，意定监护关系是否确立、与谁确立，对于未来的被监护人而言，具有重要的人身利益和财产利益。因此，在被监护成年人就未来监护事宜与他人进行协商，或在多位候选监护人中进行选择之时，该成年人必须具备完全行为能力。行为能力是该成年人可以独立进行民事活动的能力，以意思能力为基础，为国家法律所界定。自然人的行为能力与其认识能力有关。具体到成年人自主监护的领域，该成年人应具有充分且完全的认知能力、理解能力和判断能力。在认知能力方面，如被监护成年人需要认识到自己未来由于疾病或衰老，可能出现行为能力下降或欠缺，因此需要他人的保护及照顾。在理解能力方面，如被监护成年人需要充分理解，以协议形式自主设立监护关系后，未来监护人对自己人身及财产权利可能带来的主要影响及意义。在判断能力方面，如被监护成年人要能够判断预设条件出现以后，监护人是否能胜任角色、是否能满足自己的被监护需求。这都要求被监护成年人在协商并设立自主监护关系之时，具有完全的行为能力。同理，监护人未来需对被监护人履行监护职责，亦应符合监护能力的要求。

（二）合意的预设条件出现

被监护人在未来是否出现行为能力欠缺，即“丧失或者部分丧失民事行为能力”，是成年人意定监护预设性条件。从成年人意定监护生效的角度看，它是一种附条件的双方法律行为；从成年人意定监护内容的角度而言，它是一种有负担内容的双方法律行为。①

（三）监护人兼具主观意愿与客观能力

一方面，被指定的未来监护人应当有成为监护人的真实意愿。这是成年人意定监护与遗嘱选定监护人、单方中多个有监护资格的人通过协商选定监护人的不同点之一。另一方面，监护人应当具备监护能力，无论是自然人还是团体，均应当具有能够承担监护人职责所需要的财产、经费、时间及监护能力等。② 从意定监护合同成立到预设条件出现这段时间内，意定监护人的监护能力也会发生变化。如果该监护人已经丧失监护能力，则只能依据法定监护或指定监护规则对监护人再行进行选任。③ 虽然《民法典》第33条和本条司法解释并没有强调这个问题，但是通过条文之间的体系解释，指定的监护人具备监护能力也是应当预设的条件。

（四）双方合意采取的书面形式

意定监护的约定事项，对双方当事人将产生十分重要的影响，因此应当通过书面形式来订立。一方面，书面形式可以作为意定监护意思表示的载体，一旦发生纠纷，可以提供证据以证明意定监护真实存在；另一方面，书面形式可以清晰准确地展示意定监护协议的内容，将权利义务关系固定下来。由于我国没有规定监护的登记程序，在有条件的情况下可引入公证程序，提高书面形式的可信度，也有利于提高意定监护协议内容约定的质量，最大限度避免因约定模糊产生争议，从而更有利于保护被监护人权益。

三、成年人意定监护的撤销

（一）意定监护协议的任意解除权源于委托合同

《民法典》第33条只规定了成年人意定监护的设立，未规定协议当事人享有任意解除权，本条即实践中如何处理此类争议的法律适用规则。监护协议的任意解除权，基础在于对协议性质的准确认定，身份行为的代理

---

① 费安玲：《我国民法典中的成年人自主监护：理念与规则》，载《中国法学》2019年第4期。

② 费安玲：《我国民法典中的成年人自主监护：理念与规则》，载《中国法学》2019年第4期。

③ 陈甦主编：《民法总则评注（上）》，法律出版社2017年版，第239页。

在民法上是被明确禁止的，但能否委托却未有明确的禁止性规定。意定监护协议的内容具有身份委托的性质可参照适用委托合同的任意解除权。《民法典》第464条为成年人监护协议准用委托合同的规定提供了制度依据，该条第2款规定："婚姻、收养、监护等有关身份关系的协议，适用有关该身份关系的法律规定；没有规定的，可以根据其性质参照适用本编规定。"成年人意定监护协议作为身份关系合同，可以根据其性质参照适用《民法典》合同编的相关规定。这种身份关系合同，是对监护事项的附条件委托，具有委托合同的属性。因此，《民法典》合同编关于委托合同的相关规定，可以作为解决成年人意定监护协议纠纷的参照规则。

（二）意定监护协议任意解除权的限制条件

成年人意定监护协议是一种委托合同，其最大特殊性在于附条件，即该成年人丧失或者部分丧失民事行为能力。这种附条件也就产生了任意解除权的限制条件——行使期间的限制。在自成年人意定监护协议成立后至该成年人丧失或者部分丧失民事行为能力前的期间内，协议的任何一方当事人，都有权以单方意思表示，请求人民法院解除意定监护协议。意定监护协议的解除时点，适用《民法典》关于解除权行使时间的规定，即单方意思表示到达对方当事人之时。超过上述任意解除权的行使期间，在该成年人丧失或者部分丧失民事行为能力后，协议所附条件已经成就，权利义务已经开始履行。被监护人已经不具备作出意思表示的行为能力，监护人开始受到协议的约束，此时不能随意行使解除权。

此外，还需要注意意定监护协议的法定解除权问题。在超出当事人行使任意解除权的行使期间后，从司法实务的角度来看，意定监护协议的法定解除权并未消除，如果意定监护人有正当理由主张行使解除权，可以通过法院裁判方式解除意定监护协议，另行指定监护人。①

四、对意定监护的监督

（一）监督人的范围

《民法典》规定了对监护人监督与资格撤销规则，成年人意定监护协议同样具有对监护人进行监督的必要性。被监护人对监护人选任不当，当监护协议所附条件成立后，被监护人丧失或者部分丧失了民事行为能力，如果出现监护人侵害其权益的情况，需对被监护人权益予以保护。此时，需借助第三方代替被监护人进行维权。本条第2款将撤销监护人资格作为

---

① 杨立新：《民法典总则编司法解释对成年意定监护制度的完善》，载《人民法院报》2022年2月28日，第2版。

该问题的解决方式。意定监护的监督人范围包括：其他依法具有监护资格的人，如居民委员会、村民委员会、学校、医疗机构、妇女联合会、残疾人联合会、未成年人保护组织、依法设立的老年人组织、民政部门等。上述主体都可以对成年人意定监护协议的履行进行监督。有学者提出，为更好地监督意定监护人履行协议，被监护人可以在设定意定监护协议时，另外签订意定监护监督协议,① 来为自身权益增加一层保障。

（二）撤销意定监护人资格的法定事由

根据本条第2款规定，监护人资格撤销，适用《民法典》第36条第1款规定的三种情形。前两种情形是具体情形，第三种情形是兜底条款。其法定事由主要包括：

一是实施严重损害被监护人身心健康的行为。该法定事由的构成标准，类似刑法上的行为犯。只要监护人实施了此类行为，不管是否给被监护人身心健康造成损害结果，其监护人的资格都会被撤销。在司法实践中，此类行为主要包括暴力伤害、虐待、性侵、出卖、侵占转移财产、教唆或利用其实施犯罪等违法犯罪行为。②

二是怠于履行监护职责，或者无法履行监护职责且拒绝将监护职责部分或者全部委托给他人，导致被监护人处于危困状态。此项法定事由可以类比刑法上的“行为犯 + 结果犯”。一类是监护人出于故意或者过失不履行监护职责，导致被监护人处于危困状态的结果，既包括人身精神层面的危困，也包括经济利益层面的危困。在司法实践中，此类行为主要包括遗弃、置其于无人照管状态、拒绝提供必要生活教育医疗条件、利用被监护人进行乞讨等。另一类是无法履行监护职责，且拒绝将监护职责转托他人。在司法实践中，无法履行监护职责的原因主要包括被刑事羁押，或者因吸毒、赌博、酗酒等生活恶习丧失监护能力。③

三是实施严重侵害被监护人合法权益的其他行为。这是兜底条款。具有监护监督人主体资格的人发现意定监护人在履行监护职责中有上述情形之一的，有权依法行使监督权，向人民法院提起诉讼，请求撤销意定监护人的监护资格，保护意定被监护人的合法权益。

要实施好成年人意定监护制度，现有规则仍需不断完善。有学者从监护人规则、约定内容的禁止规则、登记备案规则、监督人规则、亲属会议

---

① 杨立新：《民法典总则编司法解释对成年意定监护制度的完善》，载《人民法院报》2022年2月28日，第2版。

② 陈甦主编：《民法总则评注（上）》，法律出版社2017年版，第269页。

③ 陈甦主编：《民法总则评注（上）》，法律出版社2017年版，第269页。

规则、报告义务规则、监护人有偿监护规则等方面，提出我国成年人意定监护制度的规则完善建议，[①] 为实践提供了有价值、有情怀的理论和实践创新方案。

【相关规定】

《中华人民共和国民法典》

第三十三条 具有完全民事行为能力的成年人，可以与其近亲属、其他愿意担任监护人的个人或者组织事先协商，以书面形式确定自己的监护人，在自己丧失或者部分丧失民事行为能力时，由该监护人履行监护职责。

第三十六条 监护人有下列情形之一的，人民法院根据有关个人或者组织的申请，撤销其监护人资格，安排必要的临时监护措施，并按照最有利于被监护人的原则依法指定监护人：

（一）实施严重损害被监护人身心健康的行为；

（二）怠于履行监护职责，或者无法履行监护职责且拒绝将监护职责部分或者全部委托给他人，导致被监护人处于危困状态；

（三）实施严重侵害被监护人合法权益的其他行为。

本条规定的有关个人、组织包括：其他依法具有监护资格的人，居民委员会、村民委员会、学校、医疗机构、妇女联合会、残疾人联合会、未成年人保护组织、依法设立的老年人组织、民政部门等。

前款规定的个人和民政部门以外的组织未及时向人民法院申请撤销监护人资格的，民政部门应当向人民法院申请。

《中华人民共和国老年人权益保障法》

第二十六条 具备完全民事行为能力的老年人，可以在近亲属或者其他与自己关系密切、愿意承担监护责任的个人、组织中协商确定自己的监护人。监护人在老年人丧失或者部分丧失民事行为能力时，依法承担监护责任。

老年人未事先确定监护人的，其丧失或者部分丧失民事行为能力时，依照有关法律的规定确定监护人。

（本条由余亚宇撰写）

---

① 费安玲：《我国民法典中的成年人自主监护：理念与规则》，载《中国法学》2019年第4期。

第十二条　【变更监护人】监护人、其他依法具有监护资格的人之间就监护人是否有民法典第三十九条第一款第二项、第四项规定的应当终止监护关系的情形发生争议，申请变更监护人的，人民法院应当依法受理。经审理认为理由成立的，人民法院依法予以支持。

被依法指定的监护人与其他具有监护资格的人之间协议变更监护人的，人民法院应当尊重被监护人的真实意愿，按照最有利于被监护人的原则作出裁判。

【条文主旨】

本条是关于终止监护关系情形发生时的申请或协议变更监护人规则。

【条文沿革】

本条是对《民法典》第 39 条的补充和延伸。《民法典》第 39 条首次以立法形式明确了监护关系的终止事由，此前，仅有《最高人民法院、最高人民检察院、公安部、民政部关于依法处理监护人侵害未成年人权益行为若干问题的意见》第 17 条对临时监护的终止进行了规定。本条在《民法典》的基础上，对应当终止监护关系的情形发生争议时如何认定及处理争议的程序进行了解释。

【理解与适用】

一、规范宗旨

本条将依申请和依协议两种监护变更在程序上纳入了民事案件受理范围，对审查要点作出细化解释，使得《民法典》第 39 条具有可操作性。具体而言，其一，当监护人及其他具有监护资格的人之间，就监护人是否有《民法典》第 39 条第 1 款第 2 项（监护人丧失监护能力）、第 4 项（人民法院认定监护关系终止的其他情形）规定的应当终止监护关系的情形发生争议时，可以纳入人民法院受理民事案件的范围；其二，当指定监护人与其他具有监护资格的人之间协议变更监护人时，应将尊重被监护人的真实意愿和最有利于被监护人的原则作为裁判审查要点，体现意思自治和保护未成年人的人文精神。

二、终止监护关系的相对终止性质

（一）监护人适格

具备监护能力是监护人承担监护职责的前提条件，监护人只有具备监护能力，才能维护被监护人的利益或协助其从事民事活动。因此，当监护人丧失监护能力时，监护人的权益无法实现和得到保障，监护制度就无法发挥作用，其与被监护人之间的监护关系理应自动终结。[①]

适格的监护人应当具备的监护能力，具有两个层次要求。首先，监护人必须具备完全行为能力，不能是无行为能力人或者限制行为能力人。其次，监护人的身心健康和经济状况等是否能够提供有利于监护人的监护条件，也是需要综合考量的重要因素。监护人丧失监护能力的情形较为复杂，需要根据具体情况具体判断。

（二）监护法律关系相对终止

在民法理论上，监护法律关系的终止包括监护法律关系的绝对终止和相对终止两种情况。监护人丧失监护能力这种情况，属于监护关系的相对终止。所谓监护关系的相对终止，即监护关系终止后，被监护人仍然需要监护，这种情况实际是监护关系的变更，应当依照法律规定另行确定监护人。[②] 因此，从法律性质上来说，监护的相对终止可纳入监护关系变更的范畴，[③]如由此发生争议，将产生后续变更监护的问题。

三、法院认定监护关系终止的其他情形

本条仅涉及《民法典》第 39 条第 1 款第 2 项、第 4 项，而不涉及第 1 项和第 3 项。《民法典》第 39 条第 1 款第 1 项和第 3 项属于法律关系绝对消灭，因此不存在后续争议解决的问题。如此推理，《民法典》第 39 条第 1 款第 4 项兜底条款就是其他不能穷举的监护法律关系相对消灭的情形。关于兜底条款，在审判实践中主要包括如下三种情形：[④]

一是监护人被法院撤销、剥夺监护人资格。如果监护人不依法履行其监护职责，或者滥用监护人资格损害被监护人利益，法院可以根据有关人员或者单位的申请，经查明事实后撤销监护人的监护资格，从而导致监护关系终止。

---

① 陈甦主编：《民法总则评注（上）》，法律出版社 2017 年版，第 291 页。

② 杨立新：《中华人民共和国民法典条文要义》，中国法制出版社 2020 年版，第 32 页。

③ 杨大文：《亲属法》，法律出版社 2012 年版，第 289 页。

④ 王利明：《民法总则研究》，中国人民大学出版社 2003 年版，第 371 页；黄薇主编：《中华人民共和国民法典总则编释义》，法律出版社 2020 年版，第 106 页。

二是监护人有正当理由辞去指定监护。监护人在一般情况下，不得抛弃其监护资格，也不得要求辞去监护，但如果确有正当理由使其不能履行监护职责，可以向指定机关提出申请，请求辞去监护资格。

三是有正当理由向法院申请变更监护人并得到法院许可。

四、依申请和依协议变更监护人

本条规定的争议解决的启动方式有两种。一种是依申请变更监护人，由法院受理并作出裁判。另一种是依协议变更监护人，其基础是协议确定监护。协议确定监护属于约定监护的一种，充分体现对具有监护资格人意思自治的尊重。关于监护人的确定，当多名有监护资格的人发生争议时，可以根据《民法典》第 30 条的规定协商，通过充分协商讨论而确定。

两种变更监护人都涉及具有监护资格的人这个概念。所谓具有监护资格的人指的是《民法典》第 27 条、第 28 条规定的各类法定监护人，但未成年子女的父母除外。父母对未成年子女的监护与其他监护人不同，是基于父母和子女之间的特殊身份产生的，在发生监护法律关系相对终止的事实和争议之前，任何人都不能擅自改变父母的监护人身份。①

需要特别指出，依申请和依协议变更监护人，必须由法院作出裁判，这是法院的专属职权，其他机关无权作出相应的裁决。根据《中华人民共和国仲裁法》第 3 条第 1 项的规定，婚姻、收养、监护、扶养、继承纠纷，不能仲裁。由此，因应当终止监护关系的情形发生争议的变更监护，不适用仲裁程序。

五、尊重与维护被监护人意愿和利益

被监护人不具备完全民事行为能力，不能完全表达自己的意愿。在传统监护制度中，被监护人的意愿往往被忽视，优先考虑的是监护人的意思。“罗马法采取的是成年人非自主式监护模式即‘监护和保佐’模式。近现代法典化国家在继受罗马法的同时，对成年人监护逐渐有了自己的再思考。”② 随着现代未成年人监护制度的改革，为切实保障未成年被监护人的利益，强化了对未成年人监护的监督措施。对于成年人监护来说，现代监护制度改革的新理念，旨在追求“尊重本人自我决定权”“维持本人生

---

① 陈甦主编：《民法总则评注（上）》，法律出版社 2017 年版，第 214 页。

② 费安玲：《我国民法典中的成年人自主监护：理念与规则》，载《中国法学》2019 年第 4 期。

活正常化”和“保障障碍者本人”的基本理念。[①]虽然被监护人不能完全表达意愿，但涉及被监护人的人身、财产事务安排时，应当充分考虑并尊重被监护人内心真实意愿；还要尊重成年人在丧失完全行为能力之前所表达的意愿和对其自己丧失行为能力之后所做的安排。本条规定的“人民法院应当尊重被监护人的真实意愿，按照最有利于被监护人的原则作出裁判”，包括主客观两个方面。一方面，在主观上，要尊重被监护人的真实意愿；另一方面，在客观上，监护人的选择应当最有利于被监护人。在审判实务中，应当尽可能穷尽主客观两方面考虑因素，将主客观两方面结合起来作出判断。

关于主观标准和客观标准的关系，需要注意两个问题。一是如何探知被监护人的真实意愿。这主要根据主观标准来判断，强调对监护人真实意愿的探知。监护人的选任不仅是创设法律关系，还包含了许多情感因素的选择。关于情感因素，根据客观标准难以得到充分体现。值得注意的是，被监护人的意愿选择并不是一项法律行为，因被监护人不具备完全行为能力，不直接产生法律效果，还需和客观标准结合起来。二是如何尊重被监护人的真实意愿。尊重被监护人的真实意愿，不能等同于完全按照其意愿执行。被监护人没有选择监护人的决定权，其意愿只是作为一个考虑因素，最终要将最有利于被监护人的原则置于最高位阶。只有当被监护人的真实意愿与这个原则的内在要求不存在明显冲突时，具有监护资格的人才应该在协议确定监护人时对其予以优先考量。[②] 当被监护人的意愿不符合这个原则，也就是在客观上对其并不是最有利的情况下，最终的选择有可能与被监护人的意愿不同。

【相关规定】

《中华人民共和国民法典》

第三十条 依法具有监护资格的人之间可以协议确定监护人。协议确定监护人应当尊重被监护人的真实意愿。

第三十九条 有下列情形之一的，监护关系终止：

（一）被监护人取得或者恢复完全民事行为能力；

（二）监护人丧失监护能力；

---

① 杨立新：《我国〈民法总则〉成年监护制度改革之得失》，载《贵州省党校学报》2017 年第 3 期。

② 陈甦主编：《民法总则评注（上）》，法律出版社 2017 年版，第 215 页。

（三）被监护人或者监护人死亡；

（四）人民法院认定监护关系终止的其他情形。

监护关系终止后，被监护人仍然需要监护的，应当依法另行确定监护人。

（本条由余亚宇撰写）

第十三条　【监护职责委托行使】监护人因患病、外出务工等原因在一定期限内不能完全履行监护职责，将全部或者部分监护职责委托给他人，当事人主张受托人因此成为监护人的，人民法院不予支持。

【条文主旨】

本条是关于特殊情况下的监护职责临时委托、监护人不变的规则。

【条文沿革】

原《民通意见》第 22 条规定，监护人可以将监护职责部分或者全部委托给他人；同时规定了因被监护人的侵权行为需要承担民事责任的，监护人与受托人的归责原则与责任承担。《中华人民共和国未成年人保护法》（下称《未成年人保护法》）第 22 条规定，未成年人的父母或者其他监护人因外出务工等原因在一定期限内不能完全履行监护职责的，应当委托具有照护能力的完全民事行为能力人代为照护；无正当理由的，不得委托他人代为照护。该条要求确定被委托人时，应当综合考虑其道德品质、家庭状况、身心健康状况、与未成年人生活情感上的联系等情况，并听取有表达意愿能力未成年人的意见，特别列举了不得作为被委托人的情形。

《民法典》未明确规定监护职责委托问题，在第 34 条第 4 款规定了临时生活照料义务。该款明确了在紧急情况下“被监护人的生活处于无人照料状态”时居民委员会、村民委员会、民政部门负有的临时生活照料义务，该义务指向的是临时生活照料，不能等同于监护义务。该条吸纳了《民通意见》第 22 条“监护人可以将监护职责部分或者全部委托给他人”规定的立法精神，也与《未成年人保护法》第 22 条规定相衔接。虽然《民法典》没有规定监护职责委托，但本条司法解释认可了特殊情形下监护职责委托的效力，而且特别明确了监护职责委托不等于监护职责移转，监护人不因此发生改变。

【理解与适用】

一、规范宗旨

本条规定的是“因患病、外出务工等原因在一定期限内不能完全履行监护职责”时的临时委托监护。临时委托监护不引起监护关系变更，这是该条解释特别强调的内容。不论监护人是否在身边，只要其仍然是完全民事行为能力人，仍然有监护能力，其就是监护人，不能推卸监护责任。如果监护人不再适宜做监护人，就不是临时委托监护的问题了，可能需要变更监护人。特别强调不涉及监护人主体资格的变更，有两方面意义。一方面，防止受托人通过委托监护的方式变相取得监护人的地位，避免监护法律制度关于监护人选任的相关规定被架空；另一方面，防止监护人作为委托人，通过委托监护的方式推卸自己的监护职责。本条司法解释是把法律中本来蕴含的意思明确地揭示出来，不仅使得法律条文的解释更加明确、实践中的适用更加准确，而且起到了正确的价值观导向作用。

二、监护职责委托的本质属于委托合同

该条解释涉及监护人将自己承担的全部或部分监护职责委托给他人。临时监护职责委托关系的设立，基于监护人作为委托人与受托人之间达成的合意，而该合意的主要内容是对监护职责的委托。从法律性质视角来看，临时监护职责委托属于委托合同的范畴，不涉及监护人主体资格的变更，即监护人将全部或者部分监护职责在一段时间内交给受托人，其监护人的身份不因此发生变化。从委托合同关系视角来看，通过设立委托监护关系发生变化的，只是具体的监护方式，即在监护人与受托人之间设立了权利义务关系；而这种权利义务关系的设定，对监护人与被监护人之间的法律关系不产生任何影响。

三、监护职责委托给他人的方式

将监护职责作为事项委托给他人，实际上是订立了委托合同。在现实生活中，这种委托合同具有高度的人身属性，多发生于亲朋好友等熟人之间，以高度的信赖作为基础。因此，只要监护人作为委托人与受托人之间达成了合意，不一定要求有书面合同。《民法典》中关于应当采用书面合

同的形式的条款，大部分属于倡导性规范。[①] 仔细观察一下，关于书面合同的倡导性规范，大多规范的是对财产关系有重大安排的合同。很多监护职责的委托属于情谊行为，不涉及相关的对价。而且本条涉及的患病、外出务工等原因，有时可能存在情势急迫的因素，来不及进行充分磋商并采取书面形式进行委托。但是，为了避免纠纷，在条件允许的情况下，仍建议当事人采用书面的形式，对被监护人的基本信息、委托期限、委托监护职责的范围、是否具有对价报酬、委托关系解除条件以及违约责任等问题进行明确约定。[②]

四、监护职责委托的限制条件

关于受托人的选任，《未成年人保护法》第22条作出了限制性规定。该条规定的情形是“未成年人的父母或者其他监护人因外出务工等原因在一定期限内不能完全履行监护职责的”。在确定被委托人时，应当综合考虑其道德品质、家庭状况、身心健康状况、与未成年人生活情感上的联系等情况，并听取有表达意愿能力未成年人的意见。具有下列情形之一的，不得作为被委托人：一是曾实施性侵害、虐待、遗弃、拐卖、暴力伤害等违法犯罪行为；二是有吸毒、酗酒、赌博等恶习；三是曾拒不履行或者长期怠于履行监护、照护职责；四是其他不适宜担任被委托人的情形。

考虑到监护职责委托事项的特殊性，双方当事人对委托监护进行约定时，需要注意以下限制条件。一是不能约定无限期的委托，或者限制委托人收回委托事项。本条涉及的前提条件就是“一定期限内不能完全履行监护职责”，而不是永久或者在很长的期限内不能完全履行监护职责。如果真的涉及永久或者长期不能履行监护职责，那就不是委托监护而是变更监护关系问题了。如果双方约定了长期的监护职责委托，那么实质上就是变更了监护人，这也同时违反了监护法律制度关于监护人选任的相关规定。二是不能将涉及被监护人身份权的监护职责委托他人。监护人必须亲自履行有关被监护人身份权的监护职责，即便面临患病、外出务工等情形，也不能委托。例如，受托人不能作为被监护人的代理人，向其配偶提起离婚诉讼，这项权利只能由监护人来代为行使。三是监护职责委托，不妨碍监护人继续履行监护职责。监护人有权随时撤销监护委托，在监护委托期间也有权亲自承担监护人的职责。

---

① 王轶：《论倡导性规范——以合同法为背景的分析》，载《清华法学》2007年第1期。
② 陈甦主编：《民法总则评注（上）》，法律出版社2017年版，第216页。

五、监护人与受托人的法律责任分担

在被监护人实施侵权行为时，监护人与受托人如何分担法律责任？在司法实践中，对于监护职责受托人过错的解释应当按照《民法典》第1188条规定的精神，遵循利益衡平原则。一方面强化受托人的责任，避免其责任虚化，促进其积极审慎地履行监护职责；另一方面不宜过于加重受托人的责任，导致无人愿意承担受托人的职责。利益衡平的最终目的，还是最有利于被监护人的价值导向。

六、临时监护职责委托不同于临时生活照料、临时监护

本条涉及的临时监护职责委托，与《民法典》第34条第4款规定的临时生活照料义务以及临时监护制度相比，虽然三者都有临时生活照料的内容，但是适用前提和法律关系结构有很大差别。临时监护职责委托，是监护人因患病、外出务工等原因在一定期限内不能完全履行监护职责的情形，监护人仍然可以作出委托监护职责的意思表示，与受托人之间达成委托合同关系。临时生活照料义务，是在发生突发事件的紧急情况下，监护人无法作出委托监护职责相关的意思表示，由被监护人住所地的居民委员会、村民委员会或者民政部门承担临时照料的责任。临时监护设立的前提是没有监护人，临时监护属于监护，临时监护人涉及许多行使权利和履行义务的情形。临时监护职责委托的受托人和临时监护人的监护职责，都有保护被监护人的人身权利、财产权利及其他合法权益等方面；但是临时生活照料措施只是安排人员照料被监护人的日常生活。①

【相关规定】

《中华人民共和国民法典》

第三十四条第四款 因发生突发事件等紧急情况，监护人暂时无法履行监护职责，被监护人的生活处于无人照料状态的，被监护人住所地的居民委员会、村民委员会或者民政部门应当为被监护人安排必要的临时生活照料措施。

《中华人民共和国未成年人保护法》

第二十二条 未成年人的父母或者其他监护人因外出务工等原因在一定期限内不能完全履行监护职责的，应当委托具有照护能力的完全民事行

---

① 黄薇主编：《中华人民共和国民法典总则编解读》，中国法制出版社2020年版，第105页。

为能力人代为照护；无正当理由的，不得委托他人代为照护。

未成年人的父母或者其他监护人在确定被委托人时，应当综合考虑其道德品质、家庭状况、身心健康状况、与未成年人生活情感上的联系等情况，并听取有表达意愿能力未成年人的意见。

具有下列情形之一的，不得作为被委托人：

（一）曾实施性侵害、虐待、遗弃、拐卖、暴力伤害等违法犯罪行为；

（二）有吸毒、酗酒、赌博等恶习；

（三）曾拒不履行或者长期怠于履行监护、照护职责；

（四）其他不适宜担任被委托人的情形。

《最高人民法院关于贯彻执行〈中华人民共和国民法通则〉若干问题的意见（试行）》（已失效）

22. 监护人可以将监护职责部分或者全部委托给他人。因被监护人的侵权行为需要承担民事责任的，应当由监护人承担，但另有约定的除外；被委托人确有过错的，负连带责任。

（本条由余亚宇撰写）

四、宣告失踪和宣告死亡

第十四条 【申请宣告失踪的利害关系人】 人民法院审理宣告失踪案件时，下列人员应当认定为民法典第四十条规定的利害关系人：

（一）被申请人的近亲属；

（二）依据民法典第一千一百二十八条、第一千一百二十九条规定对被申请人有继承权的亲属；

（三）债权人、债务人、合伙人等与被申请人有民事权利义务关系的民事主体，但是不申请宣告失踪不影响其权利行使、义务履行的除外。

【条文主旨】

本条是关于申请宣告失踪的利害关系人的认定规则。

【条文沿革】

本条是对《民法典》第 40 条申请宣告失踪的利害关系人范围的补充与细化。《民通意见》第 24 条“申请宣告失踪的利害关系人，包括被申请宣告失踪人的配偶、父母、子女、兄弟姐妹、祖父母、外祖父母、孙子女、外孙子女以及其他与被申请人有民事权利义务关系的人”为该条解释的前身，相较而言，本条扩充了具备申请宣告失踪资格的利害关系人的范围。

【理解与适用】

一、规范宗旨

《民法典》第40条并未将具备申请宣告失踪资格的“利害关系人”的范围及其认定标准予以明确，但若不将其进一步明确，恐生恣意提起宣告失踪之事端，徒增司法资源的过度消耗。本条是对有资格向法院提出宣告失踪申请的适格民事主体即利害关系人之范围及认定依据的规定。利害关系人是启动宣告失踪特别程序的主体，在其向法院提出宣告失踪的申请后，法院将依据法定程序作出宣告失踪的判决，这对失踪人的财产关系乃至社会声誉将产生直接影响。由此观之，对利害关系人的范围及认定标准予以明确，不仅能助益于法院高效、准确地启动宣告失踪的特别程序，促进司法资源的有效利用，同时亦能维护失踪人的财产利益和社会声誉，准确实现宣告失踪的制度价值。

二、向法院提出宣告失踪申请的适格主体：利害关系人

（一）利害关系人的界定

法院作出宣告失踪的判决后，不仅是对下落不明之人失踪的法律事实之确认，而且将发生结束失踪人财产无人管理以及其应当履行的义务不能得到及时履行之状态的法律后果。[①] 因此，由于宣告失踪的法律后果只影响下落不明之人及其利害关系人在私法上的关系，与社会公共利益无涉，因而应当由与失踪人具有私法关系的民事主体向法院提出申请，宣告失踪程序才能得以启动。根据《民法典》第40条的规定，自然人下落不明满二年的，利害关系人可以向人民法院申请宣告该自然人为失踪人。因而，在法律规范的表达上，向法院提出宣告下落不明之人失踪的适格民事主体应为“利害关系人”。在《总则编司法解释》出台之前，对于利害关系人之“关系”的认定，即与失踪人的关系达到什么样的程度才能作为此处的利害关系人，存在不同的见解。有观点认为，该利害关系人系对下落不明之人的财产具有法律上值得保护的利益的主体；[②] 也有观点认为，利害关系人系下落不明之人的配偶、父母、成年子女或者与其关系密切的其他近

---

① 李永军：《民法总则》，中国法制出版社2018年版，第197页。

② 翟远见：《〈民法典〉宣告失踪制度的解释与补充》，载《法律适用》2021年第10期。

亲属；[①] 还有观点认为，利害关系人系与下落不明之人存在具有法律上的权利义务关系之人。[②] 从宣告失踪制度的法律效果来看，宣告失踪制度旨在为失踪人指定财产代管人，了结处于不明确状态的财产关系。因此，对于有资格提出申请宣告失踪的利害关系人之确定，应当围绕着该人是否能够维护失踪人自身的财产利益及维护该利害关系人的财产利益不因失踪之事实而致损害来进行。具言之，构成利害关系人应当满足两个条件：其一，同失踪的自然人具有财产利益关系，此处可以细分为因身份关系而产生的财产利害关系人和由债之相对关系形成的财产利害关系人，前者多指近亲属，后者多指债权人等；[③] 其二，如果不通过宣告失踪程序，则财产利益不能得到满足与维护。同时，值得说明的是，由于利害关系人对于下落不明之人的财产具有"诉的利益"，因此在以提出宣告失踪申请为给付之诉中，其自然为诉讼法上的适格当事人。[④]

（二）利害关系人的范围

根据本条，有资格对符合条件的下落不明之人向法院提出宣告失踪申请的利害关系人有三种类型：（1）被申请人的近亲属，即《民法典》第1045条所规定的"配偶、父母、子女、兄弟姐妹、祖父母、外祖父母、孙子女、外孙子女"。需要特别说明的是，依据《民法典》第1127条第3款和第5款的规定，此处的"子女"应当包括婚生子女、非婚生子女、养子女和有扶养关系的继子女；"兄弟姐妹"应当包括同父母的兄弟姐妹、同父异母或者同母异父的兄弟姐妹、养兄弟姐妹、有扶养关系的继兄弟姐妹。（2）对被申请人有继承权的亲属，亦即《民法典》第1128条规定的作为代位继承人的"子女的直系晚辈血亲""兄弟姐妹的子女"和第1129条规定的尽了主要赡养义务的丧偶儿媳、丧偶女婿。（3）与被申请人有民事权利义务关系的民事主体，尤指与被申请人具有债权债务关系之人，包括被申请人的债权人、债务人、合伙人、受遗赠人、人寿保险合同的受益人等，同时亦包括与下落不明之人具有劳动关系的用人单位。以上三种类型之利害关系人，均在一定程度上与被申请人存在财产上的利害关系，故前述之利害关系人为财产上的利害关系人，不无道理。

---

① 人民法院出版社法信编辑部编：《民法总则观点集成与审判实务指引》，人民法院出版社2017年版，第112页。

② 中国审判理论研究会民事审判理论专业委员会编著：《民法典总则编条文理解与司法适用Ⅰ》，法律出版社2020年版，第85页。

③ 翟远见：《〈民法典〉宣告失踪制度的解释与补充》，载《法律适用》2021年第10期。

④ 江伟、肖建国主编：《民事诉讼法》，中国人民大学出版社2018年版，第120页。

另外，值得注意的是，本条并未明确公权力者（如检察院）能否作为利害关系人向法院提出宣告失踪的申请。但目前无论从主流观点的态度还是文义解释的角度来分析，均难以赋予公权力者利害关系人之地位。但问题也随之而生，如果普遍排除公权力者作为利害关系人之资格，则现有之利害关系人可能怠于向法院提出宣告失踪，导致下落不明之人的财产因疏于管理而面临流失之风险，与之相关的债权债务关系亦将陷入不明确之状态，进而损及债权人之利益。不过，一般而言，自然人下落不明后，其近亲属一般会作为临时管理人接管其财产，但临时管理人的法律地位不明朗、权利义务不清晰，甚或，若自然人不存在近亲属或其他能够对其财产实施管理行为的人员，则此时就可能使得下落不明之人的财产逐渐流失，不利于社会经济秩序的稳定发展。因此，是否有必要以及如何通过解释论的方式赋予公权力者利害关系人之资格，值得进一步考虑。

三、利害关系人是否应当具备完全民事行为能力

对于自然人民事行为能力的判断，更多的是在实体法中，但由于自然人的民事行为能力与诉讼行为能力相对应，即完全民事行为能力人具备诉讼行为能力，可以独立实施诉讼行为，而非完全民事行为能力人则不具备诉讼行为能力，应当由监护人作为法定代理人代为实施诉讼行为，该诉讼行为才能发生法律效力。于是，便有观点认为，申请宣告失踪或宣告死亡的利害关系人应当具备完全行为能力，限制民事行为能力人和无民事行为能力人则不具有申请资格。[①]《民法典》第 40 条规定“利害关系人”是申请宣告失踪的适格主体，由此可以得以明确的是利害关系人具有诉讼权利能力，而利害关系人是否应当具备诉讼行为能力，亦即是否应当为完全民事行为能力人，应当根据《民事诉讼法》的规定予以探明。

在诉讼法上，宣告失踪属于《民事诉讼法》所规定的特别程序，旨在从法律上确认申请人是否享有某项民事权益或确认某项民事法律事实是否存在。在该程序中，法院的角色定位多体现职权主义的价值与功能，即依职权主动收集证据和开展事实调查，尤其是在宣告失踪和宣告死亡等特别程序中，[②] 这就与民事诉讼程序中的当事人主义差别较大。表面上看，似乎可以不要求提起宣告失踪的利害关系人具备诉讼行为能力资格，同时，在《民事诉讼法》第十五章“特别程序”中亦未提及申请宣告失踪的利害关系人是否需要具备诉讼行为能力或若不具备诉讼行为能力时如何去实施

---

① 尹田：《民法典总则之理论与立法研究》，法律出版社 2018 年版，第 226 页。

② 江伟、肖建国主编：《民事诉讼法》，中国人民大学出版社 2018 年版，第 396 页。

相应的诉讼行为。但是，《民事诉讼法》第 184 条的最后一句是："本章没有规定的，适用本法和其他法律的有关规定。"《民事诉讼法》第 60 条规定："无诉讼行为能力人由他的监护人作为法定代理人代为诉讼。法定代理人之间互相推诿代理责任的，由人民法院指定其中一人代为诉讼。"可见，申请宣告失踪的利害关系人应当具备诉讼行为能力，才能够得以独立实施提起相应的宣告失踪的申请行为，然而，若利害关系人为非完全民事行为能力人，则其并不具备诉讼行为能力，应当由其监护人作为法定代理人代其向法院提起宣告失踪的申请。[①]

四、申请宣告失踪的利害关系人有无顺位限制

经过利害关系人向法院提起宣告失踪的申请，法院应当启动相应的特别程序，在审理的过程中，若认定被申请人符合"下落不明"和"下落不明达到法定期间"两个法定条件，便可以据此作出宣告失踪的判决。判决作出后，失踪人的财产将由财产代管人代为管理，原有的财产关系发生变化。于是，这或将影响其他利害关系人的利益，遂有观点认为，如果几个利害关系人对是否申请该公民失踪意见不一致的，其申请权的行使按以下顺序：（1）配偶；（2）父母、子女；（3）兄弟姐妹、祖父母、外祖父母、孙子女、外孙子女；（4）其他有民事权利义务关系的人。[②] 但同时，也有反对的观点认为，宣告失踪的申请可由利害关系人中的一人提出或多人共同提出，且没有先后顺序的区别。[③] 关于是否有必要对申请宣告失踪的利害关系人设置顺位限制，从法律效果来看，还是要考察如果不设置顺位限制，是否就必然无法约束利害关系人任意启动宣告失踪制度，甚或是，利害关系人在申请宣告失踪无顺位限制的约束下是否会妨害被申请人及相关利益关系人的利益。宣告失踪制度的目的主要是保护失踪人的财产利益，助益于了结不确定的债权债务关系，使得失踪人的财产有财产管理人而为妥善之管理行为，对明确、到期的债务进行清偿，追索明确及到期的债权，以稳定失踪人的财产关系并保障利害关系人的财产利益。由此可以看出，在法理上，利害关系人申请宣告失踪，并不受顺序的限制。从本条的

---

① 翟远见：《〈民法典〉宣告失踪制度的解释与补充》，载《法律适用》2021 年第 10 期。

② 人民法院出版社法信编辑部编：《民法总则观点集成与审判实务指引》，人民法院出版社 2017 年版，第 112 页。

③ 杨立新主编：《中华人民共和国民法典释义与案例评注·总则编》，中国法制出版社 2020 年版，第 104 页；崔建远、韩世远、申卫星等：《民法总论》，清华大学出版社 2019 年版，第 112 页。

表达方式来看，依次列有三个类型的利害关系人——“（一）被申请人的近亲属”“（二）依据民法典第一千一百二十八条、第一千一百二十九条规定对被申请人有继承权的亲属”“（三）债权人、债务人、合伙人等与被申请人有民事权利义务关系的民事主体，但是不申请宣告失踪不影响其权利行使、义务履行的除外”——且未在类型上规定先后次序，亦未在类型内部规定先后次序。故而，可以认为，三个类型的利害关系人之间，以及三个类型利害关系人内部的不同主体之间，亦不存在先后顺序。因此，本条所列之利害关系人既可以单独申请，也可以同时申请，而且没有顺序上的限制，即便这些利害关系人就是否宣告失踪发生冲突，只要符合受理的条件，法院也应当受理。

【相关规定】

《中华人民共和国民法典》

第四十条　自然人下落不明满二年的，利害关系人可以向人民法院申请宣告该自然人为失踪人。

第一千零四十五条　亲属包括配偶、血亲和姻亲。

配偶、父母、子女、兄弟姐妹、祖父母、外祖父母、孙子女、外孙子女为近亲属。

配偶、父母、子女和其他共同生活的近亲属为家庭成员。

第一千一百二十八条　被继承人的子女先于被继承人死亡的，由被继承人的子女的直系晚辈血亲代位继承。

被继承人的兄弟姐妹先于被继承人死亡的，由被继承人的兄弟姐妹的子女代位继承。

代位继承人一般只能继承被代位继承人有权继承的遗产份额。

第一千一百二十九条　丧偶儿媳对公婆，丧偶女婿对岳父母，尽了主要赡养义务的，作为第一顺序继承人。

《中华人民共和国民事诉讼法》

第一百九十条　公民下落不明满二年，利害关系人申请宣告其失踪的，向下落不明人住所地基层人民法院提出。

申请书应当写明失踪的事实、时间和请求，并附有公安机关或者其他有关机关关于该公民下落不明的书面证明。

第一百九十二条　人民法院受理宣告失踪、宣告死亡案件后，应当发出寻找下落不明人的公告。宣告失踪的公告期间为三个月，宣告死亡的公告期间为一年。因意外事件下落不明，经有关机关证明该公民不可能生存的，宣告死亡的公告期间为三个月。

公告期间届满，人民法院应当根据被宣告失踪、宣告死亡的事实是否得到确认，作出宣告失踪、宣告死亡的判决或者驳回申请的判决。

（本条由覃榆翔撰写）

第十五条 【财产代管人的诉讼地位】 失踪人的财产代管人向失踪人的债务人请求偿还债务的，人民法院应当将财产代管人列为原告。

债权人提起诉讼，请求失踪人的财产代管人支付失踪人所欠的债务和其他费用的，人民法院应当将财产代管人列为被告。经审理认为债权人的诉讼请求成立的，人民法院应当判决财产代管人从失踪人的财产中支付失踪人所欠的债务和其他费用。

【条文主旨】

本条是关于财产代管人诉讼地位的认定规则。

【条文沿革】

本条是对《民法典》第43条财产代管人职责的补充，明确了财产代管人在诉讼中的诉讼地位及其情形。关于财产代管人诉讼地位的认定规则，最早见于《民通意见》第32条："失踪人的财产代管人拒绝支付失踪人所欠的税款、债务和其他费用，债权人提起诉讼的，人民法院应当将代管人列为被告。失踪人的财产代管人向失踪人的债务人要求偿还债务的，可以作为原告提起诉讼。"本条便是在《民通意见》的基础上形成的。

【理解与适用】

一、规范宗旨

本条是对《民法典》财产代管人制度的补充和完善。财产代管人是失踪人财产的管理人，对失踪人的财产享有一定的处分权。当自然人被宣告失踪后，为防止失踪人的财产由于无人看管而毁损、灭失，应当设置财产代管人以管理失踪人的财产。财产代管人应当妥善管理失踪人的财产，及时介入与失踪人财产有关的争议，而当以诉讼程序解决相应的纠纷时，就需要对财产代管人的诉讼地位作出明确规定，进而明确财产代管人的诉讼权利与诉讼义务，便于诉讼的正常进行，及时了结相应的债权债务关系，保障失踪人和利害关系人的财产利益，助益于社会经济秩序的稳定。

二、财产代管人的概念

财产代管人制度是宣告失踪制度的核心。宣告失踪制度旨在了结失踪人财产无人管理以及其应当履行的义务不能得到及时履行的不确定状态，以保护失踪人和其利害关系人财产利益。其中，失踪人财产的代管人将发挥主要的作用。宣告失踪判决的作出，意味着失踪人早已无法实际管理以原住所地为中心的法律事务，从而致使与失踪人相关联的一切财产关系陷入不明确的状态，此时，亟须具有完全民事行为能力且具有财产代管能力的民事主体对失踪人的财产实施管理行为并维护失踪人的财产权益，以稳定相应的法律关系，维护失踪人及利害关系人之利益，实现宣告失踪制度的立法价值。简言之，宣告失踪的法律效果主要是产生失踪人的财产代管人。

三、财产代管人的范围和确定

（一）财产代管人的范围

财产代管人的职责是对失踪人的财产实施管理行为，避免失踪人财产失于管理的不利和损失。但如果不对财产代管人的范围进行合理的规范，则可能会导致财产代管人滥用自己的权利，过度干预和破坏失踪人的财产。通过对《民法典》第 42 条的体系解释，“失踪人的财产由其配偶、成年子女、父母或者其他愿意担任财产代管人的人代管”。若前述主体就由谁代管存在争议，或者不存在前述主体，或者前述主体均不具备完全民事行为能力的，或者虽然具备完全民事行为能力，但是缺乏财产代管能力的，则需要根据《民法典》第 42 条第 2 款的规定，由法院指定的人代为管理失踪人的财产。此处需要说明的是，财产代管人的代管能力与完全民事行为能力并非等同，完全民事行为能力只是财产代管能力的充分条件，只有在具备完全民事行为能力的基础上，同时拥有对财产加以管理的能力的，才能最终得以成为财产代管人。[①] 在财产代管人的范围上，《民法典》第 42 条与原《民法总则》第 42 条的规定无异，即财产代管人包括近亲

---

① 王利明主编：《中国民法典释评》，中国人民大学出版社 2020 年版，第 108 页。

属、朋友，也包括“有关组织”。[①] 所谓的有关组织，是指在一定情况下承担监护义务的居民委员会、村民委员会等组织，如《民法典》第31条第3款所指的情形。

（二）财产代管人的确定

无论是《民法典》还是《总则编司法解释》，均未提及财产代管人的确定方式和时点，但对于财产代管人的确定关涉到法院在处理关于失踪人的财产诉讼纠纷时当事人为谁的问题。有鉴于此，当法院在宣告自然人失踪时，应当遵循有利于保护失踪人财产的原则与尊重失踪人意思自治的原则，为失踪人确定财产代管人，以避免因法院仅宣告失踪而不为失踪人指定财产代管人而生困扰。应当说明的是，此时并非对财产代管人的指定，而是对其的确定，因而与《民法典》第42条第2款的法院指定财产代管人的情形不同。另外，由于《民法典》第42条亦未规定财产代管人确定的顺序以及应当由一个人担任还是允许数人共同担任财产代管人的问题，因此法院在法律所规定的人选范围内，应采取主客观相结合的标准，亦即适格人选在主观上愿意且客观上有利于保护失踪人的财产，进而确定失踪人的财产代管人。同时，法院可根据个案的实际情况，确定财产代管人为一人或者是数人。[②]

（三）无须另行确定财产代管人之情形

虽然法院对于财产代管人之确定并无法定的优先顺位，但是在以下两种情形，应当优先指定相应的主体为财产代管人，以实现有利于保护失踪人财产的原则与尊重失踪人的意思自治原则。第一种情形：无民事行为能力人、限制民事行为能力人失踪的，若其原已有监护人，则依据《民法典》第34条第1款规定：“监护人的职责是代理被监护人实施民事法律行为，保护被监护人的人身权利、财产权利以及其他合法权益等。”监护人在被监护人下落不明期间，或者是被宣告失踪之后，应当履行财产代管人的职责，即由失踪人原有的监护人担任其财产的管理人。第二种情形：失踪人在失踪前就指定有概括财产管理人或者其相应的财产已由财产管理人管理，而该财产管理人能恪尽职守，维护失踪人的利益的，出于遵循意思自治原则的要求，法院不应当另行确定他人为财产代管人。[③] 对于这两种

① 李适时主编：《中华人民共和国民法总则释义》，法律出版社2017年版，第122页；王利明、杨立新、王轶、程啸：《民法学（上）》，法律出版社2020年版，第86页。

② 陈甦主编：《民法总则评注（上）》，法律出版社2017年版，第310页。

③ 翟远见：《〈民法典〉宣告失踪制度的解释与补充》，载《法律适用》2021年第10期。

情形，法院在确定失踪人的财产代管人时，除非监护人或概括财产管理人表达不愿意担任财产代管人之意思，否则应当将监护人或概括财产管理人直接确定为财产代管人。

四、财产代管人的法律地位及职责

《民法典》第43条对财产代管人的职责作了概括性的规定，即财产代管人应当妥善管理失踪人的财产，维护失踪人的财产权益。同时，依据本条，失踪人的财产代管人有向失踪人的债务人请求清偿债务的权利，而其亦负有从失踪人的财产中向失踪人的债权人支付失踪人所欠的债务和其他费用的义务。当自然人被宣告失踪后，虽然其财产由财产代管人管理，但与失踪人的财产有关的物权法律关系和债权法律关系并未发生主体上的变更。具言之，当失踪人的财产由财产代管人代管时，此时存在两层法律关系：第一层法律关系是财产代管人以失踪人之财产所实施的民事法律行为对失踪人发生效力；第二层法律关系是基于法律规定而在财产代管人与失踪人的财产及财产权益之间所形成的管理关系。细分析之：

第一层法律关系可通过“法定代理说”予以解释，即财产代管人是依据法律规定而享有代理失踪人管理财产的权利，[①] 财产代管人在其所管理的失踪人财产及所维护的失踪人财产权益范围内，具备失踪人的代理人资格，行使法定代理权，[②] 而对于该代理关系可参照适用有关法定代理人的相关规定。当财产代管人行使管理权并与第三人发生法律关系时，其应当以失踪人之名义而为之，行为的法律后果由失踪人承担。

第二层法律关系主要系指基于法律规定而使得财产代管人对失踪人之财产所产生的管理职责。依据法律规定，财产代管人应当妥善管理失踪人的财产并维护其财产权益，其因故意或者重大过失给失踪人财产造成损失的，应承担赔偿责任。由此可见，财产代管人与失踪人之间就财产的管理形成法定之债，而在法律适用上可参照保管合同的有关规定，即财产代管人作为无偿保管人，对失踪人之财产应尽到善良管理人的注意义务。详言之，以善良管理人的注意义务管理失踪人的财产，对失踪人的财产实施有限度的积极管理行为和消极管理行为。积极管理行为指的是为保护失踪人利益实施的利用、改良等经营行为和处分行为；[③] 消极管理行为则是指保

---

① 张新宝：《中华人民共和国民法总则释义》，中国人民大学出版社2017年版，第82页；梁慧星：《民法总论》，法律出版社2017年版，第111页。

② 梁慧星：《民法总论》，法律出版社2017年版，第111页。

③ 陈甦主编：《民法总则评注（上）》，法律出版社2017年版，第314页。

证失踪人的财产不受到减少、损毁和灭失的管理行为，[①] 如本条所列举的“向失踪人的债务人请求偿还债务”、接受失踪人之债务人的履行等。

五、财产代管人参加诉讼的依据及诉讼权利与义务

在明晰了财产代管人的法律地位及其职责后，对于财产代管人为何能够以原告或者被告的身份参加与失踪人财产相关的诉讼以及其享有哪些诉讼权利和义务，将一并得到明晰。本条明确了当财产代管人履行职责时，若进入诉讼程序，其拥有原告或者被告身份的当事人诉讼地位。由于财产代管人对失踪人之法定代理的法律地位，其并非失踪人在失踪之前所形成的民事法律关系的主体，因而从诉讼法的角度上来说，财产代管人成为给付之诉中的适格当事人需要另寻理论基础。

有观点认为，基于财产代管人的法定代理地位，其将作为法定代理人参与到与失踪人之财产有关的诉讼中。[②] 如果财产代管人是作为法定代理人参与到诉讼中，其作为全权代理人，有权行使失踪人在诉讼中原本应当享有的一切诉讼权利并履行相应的诉讼义务，具体而言，财产代管人在不损害失踪人的合法利益的前提下，可以实施起诉、上诉、反诉等诉讼权利，甚或有权处分失踪人的实体权利。该理论虽然能够使得财产代管人在诉讼中享有广泛的权利，同时亦不改变失踪人诉讼所涉之法律关系中的当事人地位，在一定程度上，能够为财产代管人进入与失踪人财产有关的诉讼程序提供一个合理的解释，但是难以解释为何财产代管人是以诉讼当事人（原告、被告）的身份参与相关的诉讼。

其实，由于失踪人失踪的法律事实，其业已无法实际参与到与之财产所涉之诉讼中，而由于财产代管人是失踪人财产的实际管理者，在制度上将财产代管人作为当事人直接参与诉讼，才是最为合理、最为方便，也最能保护失踪人权益的。[③] 此种制度安排的理论基础便是诉讼担当理论。所谓诉讼担当，是指本来不是法律关系主体的第三人，因对他人的权利或法律关系享有法律所规定的管理权，而以当事人的地位，就该法律关系所产生的纠纷行使诉讼实施权，所受判决的效力及于原民事法律关系的主体。财产代管人基于法律的规定对失踪人之财产享有管理权，同时亦是基于法律的当然认可，代替作为诉讼标的的权利义务主体的失踪人享有诉讼标的的诉讼实施权，具有当事人的诉讼地位，享有当事人的诉讼权利并履行当

---

① 王利明主编：《中国民法典释评》，中国人民大学出版社 2020 年版，第 110 页。

② 梁慧星：《民法总论》，法律出版社 2017 年版，第 111 页；张素华：《〈民法总则草案〉（三审稿）的进步与不足》，载《东方法学》2017 年第 2 期。

③ 张鸣起主编：《民法总则专题讲义》，法律出版社 2018 年版，第 142 页。

事人的诉讼义务。

【相关规定】

《中华人民共和国民法典》

第四十二条 失踪人的财产由其配偶、成年子女、父母或者其他愿意担任财产代管人的人代管。

代管有争议，没有前款规定的人，或者前款规定的人无代管能力的，由人民法院指定的人代管。

第四十三条 财产代管人应当妥善管理失踪人的财产，维护其财产权益。

失踪人所欠税款、债务和应付的其他费用，由财产代管人从失踪人的财产中支付。

财产代管人因故意或者重大过失造成失踪人财产损失的，应当承担赔偿责任。

第八百九十七条 保管期内，因保管人保管不善造成保管物毁损、灭失的，保管人应当承担赔偿责任。但是，无偿保管人证明自己没有故意或者重大过失的，不承担赔偿责任。

（本条由覃榆翔撰写）

第十六条 【申请宣告死亡的利害关系人】人民法院审理宣告死亡案件时，被申请人的配偶、父母、子女，以及依据民法典第一千一百二十九条规定对被申请人有继承权的亲属应当认定为民法典第四十六条规定的利害关系人。

符合下列情形之一的，被申请人的其他近亲属，以及依据民法典第一千一百二十八条规定对被申请人有继承权的亲属应当认定为民法典第四十六条规定的利害关系人：

（一）被申请人的配偶、父母、子女均已死亡或者下落不明的；

（二）不申请宣告死亡不能保护其相应合法权益的。

被申请人的债权人、债务人、合伙人等民事主体不能认定为民法典第四十六条规定的利害关系人，但是不申请宣告死亡不能保护其相应合法权益的除外。

【条文主旨】

本条是关于申请宣告死亡的利害关系人的认定规则。

【条文沿革】

本条是对《民法典》第46条的补充与完善。本条出台之前，《民通意见》第25条对提起宣告死亡申请的适格主体作了明确且同时规定了申请宣告死亡的适格主体在提出申请时具有优先顺位的限制："申请宣告死亡的利害关系人的顺序是：（一）配偶；（二）父母、子女；（三）兄弟姐妹、祖父母、外祖父母、孙子女、外孙子女；（四）其他有民事权利义务关系的人。申请撤销死亡宣告不受上列顺序限制。"相较而言，本条限缩了能够提起宣告死亡的利害关系人的范围，将利害关系人的范围明确限定为近亲属以及尽了抚养义务的丧偶儿媳、丧偶女婿。值得注意的是，本条虽然明确规定了与被申请人具有其他民事权利义务关系的民事主体，即其债权人、债务人、合伙人等，不具备申请宣告死亡的利害关系人之资格，但也留下了"不申请宣告死亡不能保护其相应合法权益的除外"的例外空间。可以看出，本条较《民通意见》第25条而言，旨在缩小申请宣告死亡的利害关系人的范围。

【理解与适用】

一、规范宗旨

《民法典》第46条只规定了利害关系人可以对自然人提起宣告死亡申请的法定条件，但并未就利害关系人的认定标准和范围作出明确规定。宣告死亡制度旨在将以失踪人为一方民事主体的包括财产关系和人身关系在内的法律关系予以了结，即宣告死亡的判决将引起失踪的自然人在法律上死亡的效果：其婚姻关系消灭、继承开始等人身关系和财产关系的消灭与变动，从而了结因自然人长期失踪而导致的财产关系和人身关系不稳定的状态，以维护利害关系人的权益并保障社会秩序的稳定。故此，本条就申请宣告死亡的利害关系人的范围作出明确规定，有利于利害关系人为自身的合法利益，在自然人下落不明达到法定期间时，向法院提起宣告死亡的申请，避免法律关系一直处于悬而未决的状态，同时亦能为法院提供判断利害关系人的标准和范围，助益于法院依法启动宣告死亡的特别程序，保障利害关系人的合法利益，维护社会经济秩序的稳定，实现宣告死亡的制度价值。

二、宣告死亡的特别程序由利害关系人提起

宣告死亡与宣告失踪的制度目的都是解决由于自然人长期下落不明而带来的法律关系不稳定的问题，但宣告死亡又与宣告失踪存在构成要件和法律后果上的巨大差别。宣告失踪虽然可以通过对失踪人的财产设立财产代管人以稳定其一部分财产关系，但是如果自然人失踪状态长期存在，宣告失踪制度则难以从根本上消除因自然人长期下落不明而引起的财产关系和人身关系的不稳定状态，以及因该状态给其婚姻家庭关系带来的严重影响。因此，民法上规定的宣告死亡制度，便是要解决因自然人长期失踪而带来的法律关系不稳定的状态，即通过宣告死亡，使得被申请人原有的人身关系与财产关系发生与自然死亡相同的法律后果。与宣告失踪的特别程序启动方式相同，宣告死亡特别程序的启动亦需由与被申请人的生存或死亡的法律后果有利害关系的民事主体提出。① 但从比较法上看，法国法上的宣告失踪与我国法上的宣告死亡法律效果等同，而法国民事立法就规定检察院为申请宣告失踪的适格主体，故而，有学者认为，在失踪人无利害关系人，或虽有利害关系人但其不提出死亡宣告，而不申请宣告死亡会造成国家或者集体利益损害的，为公共利益之考量，应当赋予检察院等公共机构提出申请宣告死亡的主体资格。② 但《总则编司法解释》并未涉及该方面，这可能是出于以下两个方面的考量：第一，《民法典》明确采用“利害关系人”的概念术语，而无法从文义解释将利害关系人的范围扩及公法主体，故不宜通过司法解释的形式另行扩大；第二，宣告死亡的判决将导致被宣告人人身关系的消灭，若允许公法主体根据民法上的宣告死亡制度规范提起申请，恐有碍与被宣告人具有人身关系之利害关系人的合法权益。

三、申请宣告死亡的利害关系人之范围

本条将宣告死亡的利害关系人的范围限制为被申请人的近亲属，对其尽了抚养义务的丧偶儿媳、丧偶女婿，以及在一定条件下，被申请人的债权人、债务人、合伙人等民事主体。宣告死亡的利害关系人一般认为是与被申请人具有人身关系之人，而将与申请人只具有财产关系的人尽量排除

---

① 张鸣起主编：《民法总则专题讲义》，法律出版社 2018 年版，第 154 页。

② 翟远见：《论宣告死亡及其撤销在婚姻上的效力》，载《中国法学》2021 年第 2 期。该文作者认为，《法国民法典》规定的宣告失踪与我国《民法典》规定的宣告死亡具有相同的制度效果，而法国民事立法将检察院作为申请宣告失踪的适格主体，有鉴于此，我国亦可考虑将检察机关作为申请宣告死亡的适格主体。

在外，[1] 但依然为其留有可提起申请宣告死亡的制度空间。由此可见，与宣告失踪相比，若利害关系人与被申请人之“关系”的性质仅仅是财产关系，其提起宣告死亡申请的可能性微乎其微，究其原因，宣告死亡的法律效力范围要强于宣告失踪，即自然人一旦被宣告死亡，将产生消灭其既有财产关系和人身关系的效力，该效力不仅及于申请人，且及于其他任何人，因此需要对申请宣告死亡的利害关系人之范围予以限定。与此同时，本条第2款和第3款中，以“不申请宣告死亡不能保护其相应合法权益的”作为除配偶、父母、子女以及尽了主要赡养义务的丧偶儿媳、丧偶女婿外的其他民事主体提起宣告死亡的前提条件。如果其他的民事主体通过其他途径能够保护其权益的，则不允许提起申请宣告死亡的程序。究其原因，这是为了最大限度地保护与被申请人具有密切人身关系的利害关系人的合法权益，毕竟，宣告死亡所引起的法律效果与自然死亡相同，而与被申请人具有密切人身关系的利害关系人对于宣告死亡的判决的利益影响也最为密切，其应当是宣告死亡制度最需要保护的利益主体。至于其他利害关系人，能通过其他途径保护自身利益的，应当首先采用其他途径。比如，债权人通过诉讼中的缺席判决，或者申请宣告债务人失踪，待确定财产代管人后，可以向财产代管人追索债权的，就无须通过宣告债务人死亡来实现其债权。

四、利害关系人申请宣告死亡有无顺位限制

通过历史维度的考察，宣告死亡的利害关系人之间具有顺位限制是源自《民通意见》第25条，该条规定了宣告死亡的利害关系人之间具有优先顺位：第一顺位是配偶；第二顺位是父母、子女；第三顺位是兄弟姐妹、祖父母、外祖父母、孙子女、外孙子女；第四顺位是其他有民事权利义务关系的人，即兜底条款。当前序顺位的利害关系人存在但不提出宣告死亡的申请时，后序顺位的利害关系人则无法提出宣告死亡的申请。配偶作为被宣告死亡的第一顺序申请人，其目的就是优先保护配偶的身份利益、伦理利益和情感利益，[2] 而位于后序的利害关系人与被宣告人在人身关系的密切程度上随着位序的靠后而逐步降低。很显然，这是由于宣告死亡的法律后果将引起被宣告人人身关系和财产关系的消灭，故而顺位限制的初衷便是对具有人身关系的利害关系人权益之保护。但是，自该规定出

---

① 最高人民法院民法典贯彻实施工作领导小组主编：《中华人民共和国民法典总则编理解与适用（上）》，人民法院出版社2020年版，第265页。

② 姚新华：《民法总论》，中国政法大学出版社2018年版，第61页。

台后，就有许多不同的意见。有观点认为，不宜对宣告死亡的利害关系人规定顺位，其原因在于，顺位在先之人不申请将导致失踪人长期不被宣告死亡、与之相关的法律关系久置不决的结果——这种结果显然对利害关系人的利益影响甚大，与法律规定宣告死亡的初衷相悖。[①] 而在《民法总则》制定的过程中，反对利害关系人具有顺位限制的意见更是较为普遍，于是《民法总则》并未将《民通意见》第 25 条的制度精神吸收进来，而是采取不规定利害关系人申请宣告死亡具有顺位限制，包括没有赋予被申请人配偶以优先权的立法模式，[②] 进而使得《民法典》亦不再对申请宣告死亡的利害关系人加以顺位限制。[③]

本条解释亦未承继《民通意见》第 25 条对于申请宣告死亡的利害关系的顺位限制，但为平衡各方当事人的利益，在司法实践中应当引入《民法典》第 132 条关于不得滥用民事权利的规定精神对利害关系人申请宣告死亡作必要限制。基于禁止权利滥用原则，纵使是利害关系人范围内的民事主体向法院提起宣告死亡之申请，该利害关系人的资格也将受到限制，即排除该利害关系人申请宣告死亡的权利。有法院的判决认为，即便向法院提出宣告失踪的申请人与被申请人具有利害关系，但如果申请人同时作为涉嫌诈骗失踪人财产的嫌疑人且该刑事案件尚无结论的，也应当对该申请人的资格加以限制。[④] 同时，如果债权人的主张完全能够通过宣告失踪获得救济，但却申请宣告死亡，损害了他人身份利益的，属于权利滥用行为，法院对此也不应予以支持。

不过，笔者认为，本条实质上规定了申请宣告死亡的利害关系人的顺位限制。本条第 2 款规定了唯有符合被申请人的配偶、父母、子女均已死亡或者下落不明，或者不申请宣告死亡不能保护其利益的情形下，被申请人的配偶、父母、子女之外的其他近亲属才有提起宣告死亡的主体资格；而被申请人的债权人、债务人、合伙人等民事主体一般来说不具有申请宣告死亡的主体资格，但是如果不申请宣告死亡就不能保护其相应的合法利益，则具有申请宣告死亡的主体资格。由此可知，本条实质上规定了提起宣告死亡主体资格的主体顺位。

---

① 张燕、仲伟珩：《论民法总则宣告死亡制度的规则冲突与解释适用》，载《中国应用法学》2018 年第 4 期。

② 张鸣起主编：《民法总则专题讲义》，法律出版社 2018 年版，第 155 页。

③ 黄薇主编：《中华人民共和国民法典总则编释义》，法律出版社 2020 年版，第 120 页。

④ 陕西省西安市新城区人民法院（2018）陕 0102 民特监 1 号民事裁定书，载中国裁判文书网，https：//wenshu. court. gov. cn/website/wenshu/181107ANFZ0BXSK4/index. html？ docId = 5921d2c48c664a038a65a9a7011680b3，最后访问时间：2022 年 3 月 24 日。

位于第一顺位的是被申请人的配偶、父母、子女以及尽了主要赡养义务的丧偶儿媳或丧偶女婿，即当被申请人满足《民法典》第 46 条的法定条件时，前述主体即可向法院提出宣告死亡的申请。

位于第二顺位的是除了第一顺位以外的其他近亲属，当且仅当被申请人的配偶、父母、子女死亡或者处于下落不明的状态时，或者不申请宣告死亡不能保护其相应合法权益时，才能提出申请。关于"被申请人的配偶、父母、子女均已死亡或者处于下落不明"的理解，应当是被申请人的配偶、父母、子女均处于死亡或者处于下落不明的状态。所谓"不申请宣告死亡不能保护其相应合法权益"，是指在自然人尚有配偶或者父母、子女的情况下，其他近亲属不应具有申请宣告死亡的资格。主要理由在于，如果被申请人的配偶或者父母、子女尚未死亡，则根据继承编的规定，自然人死亡后的第一顺序继承人不包括除配偶、子女和父母外的其他近亲属，此种情况下其他近亲属与自然人的身份关系利益是很弱的，或者说不能构成利害关系人，所以本不应作为申请人。但由于其他近亲属此时有亟须保护的合法权益，而不通过宣告死亡就不能达到有效保护的目的，那么就应当允许其他近亲属提出宣告死亡的申请。

位于第三顺位的是除了上述民事主体之外，与被申请人具有权利义务关系的债权人、债务人、合伙人等。实际上，本条第 3 款虽然将被申请人的债权人、债务人、合伙人等民事主体不应当作为利害关系人作为原则规定，但同时也保留了该类型的民事主体能够被认定为利害关系人资格之例外情形。比如，有些家属为冒名领取养老金而不愿意申请宣告死亡，此时该失踪人所在的单位具备向法院提出宣告死亡的申请的利害关系人资格。① 但是，如果失踪人的单位能够通过解除劳动合同或者通过宣告失踪维护其自身利益的，则不应当具备利害关系人资格。② 另外，值得说明的是，第三顺位人根据本条第 3 款提起宣告死亡的申请，如果此时配偶、父母、子女要阻止债权人申请宣告被申请人死亡，可通过向债权人清偿被申请人与债权人的债务的途径，消灭被申请人与债权人之间的债权债务关系，以排除债权人向法院提出宣告被申请人死亡的权利，进而达到保持被申请人原有的人身关系不变的目的。

在以上的利害关系人中，在同一顺位中的利害关系人既可以单独提

---

① 张素华：《〈民法总则草案〉（三审稿）的进步与不足》，载《东方法学》2017 年第 2 期。

② 最高人民法院民法典贯彻实施工作领导小组主编：《中华人民共和国民法典总则编理解与适用（上）》，人民法院出版社 2020 年版，第 265 页。

起，也可以一同提起且同一顺位的利害关系人之间无优先次序。如果部分申请宣告死亡而部分申请宣告失踪或者不同意宣告死亡的，则应当宣告死亡。①

五、利害关系人诉讼权利的保障

宣告死亡的判决具有对世效力，即被宣告人现有的人身关系和财产关系将发生变动，将对其他利害关系人的利益产生影响。因此，为了尽量减少利害关系人未能参与程序却要受不利判决约束的情况，其他利害关系人参与程序、发表意见之机会亦应当受到保障。

在宣告死亡的判决作出后，利害关系人提出异议，法院审查后可以作出新的判决，裁定撤销或者改变原判决、裁定；异议不成立的，裁定驳回。② 依据《民诉法司法解释》第 372 条第 1 款规定，适用特别程序作出的判决、裁定，当事人、利害关系人认为有错误的，可以向作出该判决、裁定的人民法院提出异议。人民法院经审查，异议成立或者部分成立的，作出新的判决、裁定撤销或者改变原判决、裁定；异议不成立的，裁定驳回。由此规定可以解读出，法院可以依法受理对宣告死亡判决的异议案件，且异议案件由原审法院进行审查。

【相关规定】

《中华人民共和国民法典》

第四十六条 自然人有下列情形之一的，利害关系人可以向人民法院申请宣告该自然人死亡：

（一）下落不明满四年；

（二）因意外事件，下落不明满二年。

因意外事件下落不明，经有关机关证明该自然人不可能生存的，申请宣告死亡不受二年时间的限制。

第一千零四十五条 亲属包括配偶、血亲和姻亲。

配偶、父母、子女、兄弟姐妹、祖父母、外祖父母、孙子女、外孙子女为近亲属。

配偶、父母、子女和其他共同生活的近亲属为家庭成员。

第一千一百二十八条 被继承人的子女先于被继承人死亡的，由被继承人的子女的直系晚辈血亲代位继承。

---

① 王利明、杨立新、王轶、程啸：《民法学（上）》，法律出版社 2020 年版，第 89 页。

② 姚建军：《宣告死亡案件异议的审查》，载《人民司法》2019 年第 5 期。

被继承人的兄弟姐妹先于被继承人死亡的，由被继承人的兄弟姐妹的子女代位继承。

代位继承人一般只能继承被代位继承人有权继承的遗产份额。

第一千一百二十九条 丧偶儿媳对公婆，丧偶女婿对岳父母，尽了主要赡养义务的，作为第一顺序继承人。

《中华人民共和国民事诉讼法》

第一百九十一条 公民下落不明满四年，或者因意外事件下落不明满二年，或者因意外事件下落不明，经有关机关证明该公民不可能生存，利害关系人申请宣告其死亡的，向下落不明人住所地基层人民法院提出。

申请书应当写明下落不明的事实、时间和请求，并附有公安机关或者其他有关机关关于该公民下落不明的书面证明。

（本条由覃榆翔撰写）

第十七条 【战争期间下落不明申请宣告死亡的期间】 自然人在战争期间下落不明的，利害关系人申请宣告死亡的期间适用民法典第四十六条第一款第一项的规定，自战争结束之日或者有关机关确定的下落不明之日起计算。

【条文主旨】

本条是关于利害关系人对战争期间下落不明的自然人申请宣告死亡的期间的计算规则。

【条文沿革】

本条是《民通意见》第 27 条规定的延续。《民通意见》第 27 条规定："战争期间下落不明的，申请宣告死亡的期间适用民法通则第二十三条第一款第一项的规定。"《民法通则》第 23 条规定："公民有下列情形之一的，利害关系人可以向人民法院申请宣告他死亡：（一）下落不明满四年的；（二）因意外事故下落不明，从事故发生之日起满二年的。战争期间下落不明的，下落不明的时间从战争结束之日起计算。"由此可知，本条延续了《民通意见》第 27 条的规范要旨，即战争期间下落不明的，利害关系人申请宣告死亡的期间为下落不明之人下落不明满四年。

【理解与适用】

一、规范宗旨

陷入战争的自然人可能流离失所，踪迹难寻。但为了尽早了结因自然人的失踪而带来的与其相关的财产关系和人身关系不稳定的状态，需要宣告死亡制度的介入，对下落不明之人的利害关系人的合法权益形成有效的保护。本条即对因战争而下落不明之人的利害关系人提出宣告死亡申请的期间的明示，旨在将自然人在战争期间下落不明的期间明确为战争结束之日起满四年或者有关机关确定的下落不明之日起满四年。唯有该期间届至，下落不明的自然人的利害关系人才能够向法院提出宣告自然人死亡的申请。

二、对将战争期间下落不明的期间设定为满四年的理解

本条将宣告死亡的满四年的普通期间而非因意外事件宣告死亡的满二年的期间作为战争期间下落不明的期间，有其道理。战争的发生具有一定偶然性，同时亦非下落不明之人的意志所能引起，因而从一定程度上来说，战争或许应该被当作意外事件，而且，战争的发生使得下落不明之人的存活概率大幅度降低，若将战争与意外事件等同视之，则提出宣告死亡的期间不受满四年的限制，而是减少为满二年即可。从时间成本来看，可能更有利于保护利害关系人的利益。此外，从战争与意外事件的概念来看，战争的概念范畴似乎可以被囊括在意外事件的概念范畴之中，其理由在于，战争属于大规模的武装斗争，其发生往往与普通人的意志无关，而且在信息社会的时代中，其发生具有一定的偶然因素和突发性，因而从这个层面上来说，将战争归为意外事件，似无大碍。①

但实际上，严格地说，战争发生前可能具有一定的征兆，而自然人对此可以作出一定程度的应对，此时并不像意外事件那样具有突发性、偶然性等特征，不一定会让人难以应付和措手不及。此外，由于战争引致的社会秩序的混乱、联系上的中断需要较长的时间恢复，同时，如果宣告死亡所设定的下落不明的时间过短，则容易诱发利害关系人的道德风险，进而损害下落不明之人的人身和财产的利益。由于宣告死亡本身就是一种推定死亡，至于何时能够被宣告死亡则是一种价值判断的问题，因此将申请宣

---

① 刘黎：《民法总则对宣告死亡制度的发展与完善》，载《人民司法（应用）》2018 年第 34 期。

告死亡的期间明确为自战争结束之日或者有关机关确定的下落不明之日起满四年，应当是更为适宜的做法。

三、四年期间的具体计算方法

《民法典》第41条及本条均提出了四年期间的计算起点为战争结束之日起或有关机关确定的下落不明之日起。同时，《民法典》第201条第1款规定："按照年、月、日计算期间的，开始的当日不计入，自下一日开始计算。"因此，将战争结束的当日与有关机关确定的下落不明之日的下一日作为四年期间的第一日。

（一）战争结束之日起的次日

与一般情况的宣告失踪的下落不明之日的计算起点不同，由于战争本非正常状态，因而因战争致使自然人失去音讯、下落不明的，只有在战争结束之后计算才较为合理。至于战争结束之日如何确定，一般来说，可以根据战争各方的停战声明，如具有停止阶段性冲突的停火协议、休战协议、和平协议等达成的当日，以及国家机关作出有关停战公告之日，当然，也可以根据标志性战争实践的发生或者结束予以确定。①

（二）有关机关确定的下落不明之日的次日

在战争期间，如果某人下落不明，即便战争状态尚未结束，但如果确定无法联系到该人，有关机关也可以确定该人下落不明的时间起算点。同时，有的战争持续时间较长，一概以战争结束之日作为某人下落不明的起算点，也不利于保护其利益。因此，本条明确了有关机关确定下落不明的时间点，从而使在战争期间确定某人下落不明的时间的规则更为灵活。②

本条未对有关机关的范围予以明确解释，但是，如果下落不明之人属于参加军事行动的人员，则自军队组织确定的下落不明之日起计算。③ 因为如果自然人是在战争之中的船舶沉没、房屋倒塌等情势下发生的下落不明，则军队组织对该事件的发生是可以知晓的，所以从军队组织确定的下落不明之日起即可计算，而无须待战争结束才开始期间的计算，这对于利害关系人合法权益的保护更为恰当。概言之，军队人员下落不明的，由军队组织中的有权机关对下落不明的人予以认定；军队人员以外的人员下落不明的，由具备相应权力或职责的民政部门或公安部门予以认定。④

---

① 陈甦主编：《民法总则评注（上）》，法律出版社2017年版，第302页。

② 王利明主编：《中国民法典释评》，中国人民大学出版社2020年版，第106页。

③ 张鸣起主编：《民法总则专题讲义》，法律出版社2018年版，第135页。

④ 最高人民法院民法典贯彻实施工作领导小组主编：《中华人民共和国民法典总则编理解与适用（上）》，人民法院出版社2020年版，第242页。

【相关规定】

《中华人民共和国民法典》

第四十一条 自然人下落不明的时间自其失去音讯之日起计算。战争期间下落不明的，下落不明的时间自战争结束之日或者有关机关确定的下落不明之日起计算。

第四十六条 自然人有下列情形之一的，利害关系人可以向人民法院申请宣告该自然人死亡：

（一）下落不明满四年；

（二）因意外事件，下落不明满二年。

因意外事件下落不明，经有关机关证明该自然人不可能生存的，申请宣告死亡不受二年时间的限制。

《中华人民共和国民事诉讼法》

第一百九十一条 公民下落不明满四年，或者因意外事件下落不明满二年，或者因意外事件下落不明，经有关机关证明该公民不可能生存，利害关系人申请宣告其死亡的，向下落不明人住所地基层人民法院提出。

申请书应当写明下落不明的事实、时间和请求，并附有公安机关或者其他有关机关关于该公民下落不明的书面证明。

第一百九十二条 人民法院受理宣告失踪、宣告死亡案件后，应当发出寻找下落不明人的公告。宣告失踪的公告期间为三个月，宣告死亡的公告期间为一年。因意外事件下落不明，经有关机关证明该公民不可能生存的，宣告死亡的公告期间为三个月。

公告期间届满，人民法院应当根据被宣告失踪、宣告死亡的事实是否得到确认，作出宣告失踪、宣告死亡的判决或者驳回申请的判决。

（本条由覃榆翔撰写）

五、民事法律行为

第十八条　【民事法律行为的其他形式】当事人未采用书面形式或者口头形式，但是实施的行为本身表明已经作出相应意思表示，并符合民事法律行为成立条件的，人民法院可以认定为民法典第一百三十五条规定的采用其他形式实施的民事法律行为。

【条文主旨】

本条是关于民事法律行为的“其他形式”的规则。

【条文沿革】

《民法通则》第56条规定：“民事法律行为可以采取书面形式、口头形式或者其他形式。法律规定用特定形式的，应当依照法律规定。”《合同法》第10条延续了《民法通则》的规定：“当事人订立合同，有书面形式、口头形式和其他形式。法律、行政法规规定采用书面形式的，应当采用书面形式。当事人约定采用书面形式的，应当采用书面形式。”《民法总则》第135条规定：“民事法律行为可以采用书面形式、口头形式或者其他形式；法律、行政法规规定或者当事人约定采用特定形式的，应当采用特定形式。”后被吸收成为《民法典》的第135条。《民法典》第469条第1款“当事人订立合同，可以采用书面形式、口头形式或者其他形式”，是第135条民事法律行为形式自由在合同领域的体现。

《民通意见》第65条“当事人以录音、录像等视听资料形式实施的民事行为，如有两个以上无利害关系人作为证人或者有其他证据证明该民事行为符合民法通则第五十五条的规定，可以认定有效”与第66条“一方当事人向对方当事人提出民事权利的要求，对方未用语言或者文字明确表示意见，但其行为表明已接受的，可以认定为默示。不作为的默示只有在法律有规定或者当事人双方有约定的情况下，才可以视为意思表示”，均是对民事法律行为的形式进行的司法解释。此外，《合同法司法解释二》第2条“当事人未以书面形式或者口头形式订立合同，但从双方从事的民事行为能够推定双方有订立合同意愿的，人民法院可以认定是以合同法第十条第一款中的‘其他形式’订立的合同。但法律另有规定的除外”是本条司法解释的原型，在原本仅调整合同的基础上，扩展到全部的民事法律行为。无论是已有的民事立法还是最高人民法院的司法解释，均承认民事主体实施的法律行为形式自由，这是私法自治原则在法律行为形式上的体现。

【理解与适用】

一、规范宗旨

任何的民事法律行为均需有一定的外在表现形式作为民事法律行为内容的载体，如此才能进行外部识别并确定当事人之间的权利义务关系。关于民事法律行为的形式，与民事法律行为的内容一样，属于当事人意思自治的内容，采取形式自由的基本规则。《民法典》第135条承认民事法律行为可以采用书面形式、口头形式，也可以采用其他形式。书面形式与口头形式比较容易理解，且其中一部分内容，如合同书、电子数据等形式在《民法典》中也有相应的规定。但是关于“其他形式”，司法实践中就是否成立民事法律行为存有疑义，有必要进行厘清。本条涉及的是行为本身表明主体的相关意思（默示）的情形。

二、默示成立法律行为

民事法律行为的核心构成是意思表示，没有意思表示就不会成立民事法律行为，此乃民事法律行为的共同构成要件。当事人如何将内心的意思表示于外，实际上决定了民事法律行为的外在形式。意思表示可以是明示，也可以是默示。在《民法典》之前，我国民事立法对明示没有确定的规定，但《民通意见》第66条规定“对方未用语言或者文字明确表示意见，但其行为表明已接受的，可以认定为默示”，实际上区分了明示与默示，即用语言或者文字明确表示意见，是明示；用行为表示意见的，是默示。与此相对应，在对民事法律行为的形式没有特殊要求（要式行为）的情形下，使用语言或者文字进行意思表示，成立的民事法律行为采口头形式或者书面形式，使用行为进行意思表示的，就是本条所涉及的“其他形式”，即以默示的意思表示成立民事法律行为。

《民法典》第140条第1款规定：“行为人可以明示或者默示作出意思表示。”依照民事法律行为的一般原理，在对民事法律行为没有特殊形式要求的场合，当事人之间通过非语言、非文字达成意思表示一致，当然成立民事法律行为。此时该民事法律行为既非口头形式，亦非书面形式，应属《民法典》第135条与本条司法解释涉及的其他形式成立的民事法律行为。《民通意见》第66条规定，“一方当事人向对方当事人提出民事权利的要求，对方未用语言或者文字明确表示意见，但其行为表明已接受的，可以认定为默示”，允许当事人通过默示成立法律行为。例如，在合同领域，可以根据当事人的行为推定意思表示而成立的合同，也被称为默示合同。[①] 经常提及的默示合同的例子，如《民法典》第734条第1款规定的租赁期限已经届满的，“承租人继续使用租赁物，出租人没有提出异议的”，原租赁合同继续有效，即双方当事人通过各自的行为作出了意思表示。除此之外，司法实践中还存在超市自助寄存、ATM自助存取款[②]等案件，均认可当事人之间的合同关系。以默示或者说行为成立合同，也是通过要约与承诺的意思表示一致实现，只存在意思表示形式上的差异。[③]

三、不作为成立法律行为

（一）不作为的默示

从上述意思表示与民事法律行为形式之间的关系可以看出，意思表示

---

① 默示合同的概念在学理与实务中均得到承认，参见黄薇主编：《中华人民共和国民法典总则编释义》，法律出版社2020年版，第358页；最高人民法院研究室编著：《最高人民法院关于合同法司法解释（二）理解与适用》，人民法院出版社2009年版，第23页；王利明、杨立新、王轶、程啸：《民法学》，法律出版社2017年版，第163页。也有学者将此种合同的形式称为推定形式，参见王利明：《合同法研究（第一卷）》，中国人民大学出版社2015年版，第506页；崔建远：《合同法》，北京大学出版社2016年版，第78页；韩世远：《合同法总论》，法律出版社2018年版，第114页。

② 四川省高级人民法院（2017）川民再第429号民事判决书，载中国裁判文书网，https：//wenshu. court. gov. cn/website/wenshu/181217BMTKHNT2W0/index. html？pageId＝7c1ee6ffb1537c6ecdd5bf0a1197bf4c&s21＝（2014）%E4%B8%89%E4%B8%AD%E6%B0%91%E7%BB%88%E5%AD%97%E7%AC%AC04751%E5%8F%B7，最后访问时间：2022年4月11日。

③ 学理上也有学者将这种合同称为事实合同（概念来自德国学者Günter Haupt），意指合同的成立并不要求当事人的意思表示，仅根据生活特定事实过程就可以成立合同。该理论自20世纪提出后，一直存有争议。著名民法学者谢怀栻先生认为，通过一定事实而成立合同关系的情形，看来似乎与当事人的意思表示无关，但究其实际，在这些事实（行为）的背后，莫不仍存在当事人的意思表示。参见谢怀栻等：《合同法原理》，法律出版社2000年版，第37页。

的外在表示形式基本上决定了民事法律行为的形式。对民事法律行为的形式有特殊要求的，单纯的意思表示并不能成立法律行为。就本条中行为人“实施的行为”本身表明作出意思表示的，实践中还存在不同的情形需要单独分析。通常所见的默示意思表示或者法律行为，均是上述的自助停车、自助存包以及 ATM 自助存取款等情形，当事人实施了积极的行为，比较容易认定其存在意思表示。差异仅在于，既不是口头形式也不是书面形式，而是以行为的形式。但实际上当事人没有积极的行为，而仅有消极的行为（不作为），如果能够表达意思表示，也属于默示，也能够成立民事法律行为。①

（二）单纯的沉默

《民通意见》第 66 条后一句是“不作为的默示只有在法律有规定或者当事人双方有约定的情况下，才可以视为意思表示”，此处涉及的当事人不作为的情形，与上文中不作为的默示并不相同。《民通意见》这里的“不作为的默示”显然是指另一种当事人没有积极行为的情形，即单纯的沉默。②

相比于默示，沉默不仅仅是当事人没有行为，更甚至是当事人“无意表达”。《民法典》第 140 条第 2 款规定，“沉默只有在有法律规定、当事人约定或者符合当事人之间的交易习惯时，才可以视为意思表示”，否则沉默不构成任何意思表示，也不能成立法律行为。例如，当事人之间可以约定一方当事人沉默的，视为同意并订立合同。此时，若当事人没有任何反对意见，则在当事人之间订立合同。需要注意的是，沉默必须是双方当事人事前约定的意思表示形式。仅一方当事人告知对方，“你不反对的话，就是同意”，并不能改变对方当事人沉默的性质，不会产生任何法律效力。当然，如果法律规定或者依照交易习惯，沉默被拟制为意思表示的，沉默就当然能够产生意思表示的法律效力。

四、民事法律行为成立的判断

在适用本条时，要注意把握“其他形式”与民事法律行为成立的关

---

① 此时，当事人的消极行为作为默示的意思表示，与沉默相比最主要的区别是，默示的意思表示仍适用意思表示的基本规则。例如，在订立合同时，默示的意思表示仍是需要受领的意思表示，只有到达对方当事人时，才能产生法律上的效力。参见韩世远：《合同法总论》，法律出版社 2011 年版，第 109 页。

② 司法实践中，很早就认识到“不作为的默示”是有歧义的概念表述，因此经常在后面加上“即沉默”“或沉默”此类表述，以区分于默示的意思表示。参见江苏省高级人民法院（2009）苏民三终字第 0250 号民事判决书，载《最高人民法院公报》2010 年第 6 期（总第 164 期）。

系。对其他形式的解释，重在形式。当事人未以书面形式或者口头形式作出意思表示，但从当事人的行为能够推定意思表示的，可以认定为《民法典》第135条中的以“其他形式”成立的民事法律行为。这里解释的是“其他形式”，至于民事法律行为是否成立，取决于当事人从事的行为能否表明意思表示，能否符合民事法律行为成立的要件。以合同为例，从双方的行为能够推定出合同主要内容或者说能够推定出合同主要条款，又不需要其他成立要件（如要物或者要式）的，合同成立。当事人的行为有意思表示，但是无法达成合同必要一致内容的，[①] 显然也无法成立合同。

五、与《民法典》第490条之间的关系

《民法典》第490条规定：“当事人采用合同书形式订立合同的，自当事人均签名、盖章或者按指印时合同成立。在签名、盖章或者按指印之前，当事人一方已经履行主要义务，对方接受时，该合同成立。法律、行政法规规定或者当事人约定合同应当采用书面形式订立，当事人未采用书面形式但是一方已经履行主要义务，对方接受时，该合同成立。”该条在合同形式的问题上，整合了《合同法》第36条与第37条的规定，是合同在形式上有缺陷时是否能够成立的判断依据。《民法典》第490条与第135条、本条司法解释有一定的交叉，需要明确各自的适用范围。

首先，《民法典》第135条以及本条司法解释的适用范围显然更广，[②] 是调整抽象民事法律行为的形式，具有普遍适用性；而第490条仅针对合同的形式，属于具体的民事法律行为。其次，《民法典》第135条以及本条司法解释是针对“其他形式”，即当事人的行为可以成立“其他形式”的民事法律行为；而第490条适用于双方当事人在合同形式上违反了法律规定或者约定，出现了形式缺陷的情形。在仅仅是双方当事人约定采用书面形式或者合同书形式订立合同的情形，当事人没有采用书面形式或者合同书，一方已经履行主要义务，对方接受的，实际上是双方当事人决定以“其他形式”订立了合同，变更了双方当事人原有的书面形式或者合同书形式的合意。《民法典》第135条以及本条司法解释对此种情形亦得适用。

依据法律规定需采用书面形式或者合同书形式方可成立的合同，当事人没有采用法定形式的，合同不成立。此时，依照《民法典》第490条，

---

① 依据《合同法司法解释二》第1条，只要双方当事人的意思表示包含了订立合同的必要内容——当事人名称或者姓名、标的和数量，合同即告成立。因此，缺少上述内容的意思表示或者就上述内容没有达成一致的意思表示，不能成立民事法律行为。

② 最高人民法院研究室编著：《最高人民法院关于合同法司法解释（二）理解与适用》，人民法院出版社2009年版，第27页。

主要义务的履行与接受是通过当事人的履行行为弥补了合同形式上的缺陷，判定合同已经成立。对此种情形，《民法典》第135条没有适用的空间。

【相关规定】

《中华人民共和国民法典》

第一百三十五条 民事法律行为可以采用书面形式、口头形式或者其他形式；法律、行政法规规定或者当事人约定采用特定形式的，应当采用特定形式。

第一百四十条 行为人可以明示或者默示作出意思表示。

沉默只有在有法律规定、当事人约定或者符合当事人之间的交易习惯时，才可以视为意思表示。

第四百九十条 当事人采用合同书形式订立合同的，自当事人均签名、盖章或者按指印时合同成立。在签名、盖章或者按指印之前，当事人一方已经履行主要义务，对方接受时，该合同成立。

法律、行政法规规定或者当事人约定合同应当采用书面形式订立，当事人未采用书面形式但是一方已经履行主要义务，对方接受时，该合同成立。

（本条由乌兰撰写）

第十九条 【重大误解的认定】 行为人对行为的性质、对方当事人或者标的物的品种、质量、规格、价格、数量等产生错误认识，按照通常理解如果不发生该错误认识行为人就不会作出相应意思表示的，人民法院可以认定为民法典第一百四十七条规定的重大误解。

行为人能够证明自己实施民事法律行为时存在重大误解，并请求撤销该民事法律行为的，人民法院依法予以支持；但是，根据交易习惯等认定行为人无权请求撤销的除外。

【条文主旨】

本条是关于重大误解的认定及效力规则。

【条文沿革】

《民法通则》第59条就规定有“行为人对行为内容有重大误解的，有权请求人民法院或者仲裁机关对法律行为予以变更或撤销”，《合同法》第54条也作了类似规定。《民法典》第147条在此基础上规定“基于重大误解实施的民事法律行为，行为人有权请求人民法院或者仲裁机构予以撤销”，该规定虽然对于重大误解的法律效力作了限缩，但仍然沿袭了“重大误解”这一用语。①

本条规定是针对《民法典》第147条进行的解释，是在《民通意见》第71条②的基础上予以较大调整修改而成。

【理解与适用】

一、规范宗旨

民事法律行为作为实现私法自治的工具，有助于当事人按照自己的意愿通过意思表示明确彼此之间的权利义务关系。但是，如果意思表示的内容与当事人的真实意愿不符，则以此意思表示确立的权利义务关系就非当事人意思自治的结果，这种情形下就有必要赋予当事人以矫正的机会。也正因如此，《民法典》第147条将重大误解作为民事法律行为可撤销的事由。但是，本条并未明确重大误解的内涵和外延，包括但不限于重大误解涉及的具体因素、构成要件、重大误解法律后果的例外以及举证责任等，由此可能导致司法实践在具体认定重大误解时因缺乏共识而导致同（类）案异判，故有必要对重大误解涉及的具体因素、构成要件、效力以及举证责任进行细化解释与明确。

---

① 近代民法多数立法例承继罗马法上的意思表示“错误”理论，结合本国或者本地区实际进行改良，基本确立了意思表示“错误”的法律后果是法律行为可撤销。有学者认为，我国民法中的“重大误解”大体上相当于域外立法例上的意思表示“错误”，而“重大误解”这一用语似乎是受苏联民法的影响。参见杨代雄：《〈民法典〉第147条（重大误解）评注》，载《师大法学》2019年第2期。也有学者认为，不易查清我国为何放弃“错误”而代之以“重大误解”，或许是因为“错误”具有明显的对错评价色彩，而“误解”相对柔和，具有可宽恕性；也或许是因为使用与旧时代不同的语汇作为新时代的潜台词。参见陈甦主编：《民法总则评注（下）》，法律出版社2017年版，第1050页。为我国司法实践适用上的便利，本书采《民法典》“重大误解”的用语，不刻意区分。

② 《民通意见》第71条规定，行为人因对行为的性质、对方当事人、标的物的品种、质量、规格和数量等的错误认识，使行为的后果与自己的意思相悖，并造成较大损失的，可以认定为重大误解。

二、重大误解所涉错误认识的具体类型

理论和立法例上对于错误认识应当涉及的具体类型,[①] 尤其是对于是否应区分动机错误与内容错误,[②] 一直未达成共识。我国司法实践中对此也莫衷一是。[③] 因《民法通则》第59条规定有“行为人对行为内容有重大误解”的字样，在《民法通则》时代，对于重大误解涉及的错误认识，一般解释为内容错误。对于动机错误，原则上不应将其认定为重大误解所涉具体类型的范畴。一方面，动机错误存在于内心，非他人可以窥知，如果允许表意人撤销可能会害及交易安全，故因意思表示形成的错误带来的风险应由表意人自己承担。[④] 另一方面，从民事法律行为理论上来看，动机存在于意思表示之外，并非意思表示的构成要素，除非将其表示于外，成为意思表示的内容，否则不应因此错误影响相应民事法律行为的效力。当然，也有学者采取折中的态度，认为“着眼于法的确定性与正当性的平衡以及意思自治与信赖保护的平衡，仍然应该区分动机错误与表示错误，动机错误原则上不产生撤销权……某些情形中的动机错误也可以产生撤销权，对此，应该设置比较严格的条件”[⑤]。

《民法典》第147条未明确重大误解所涉及的错误认识具体类型，但也没有如《民法通则》第59条用“对行为内容有重大误解”的字样予以限定，这是否意味着在《民法典》时代重大误解所涉及的错误认识的具体类型不再局限于内容错误了呢?[⑥]《总则编司法解释》第19条第1款沿袭了《民通意见》第71条的规定，用了列举加兜底概括的方式将“对行为的性质、对方当事人或者标的物的品种、质量、规格、价格、数量等”确

---

① 如动机错误、表示错误、内容错误、传达错误、受领人错误等各种类型。

② 肯定说的观点可参阅朱庆育:《民法总论》，北京大学出版社2016年版，第271页；否定说的观点可参阅龙俊:《论意思表示错误的理论构造》，载《清华法学》2016年第5期。

③ 有认为动机错误导致民事法律行为可撤销的，如高某某与童某某、朱某某保证合同纠纷案，江苏省高级人民法院（2014）苏商再提字第0014号民事判决书，载中国裁判文书网，https://wenshu.court.gov.cn/website/wenshu/181107ANFZ0BXSK4/index.html?docId=cf587a1ab05143389dc9ec62b5712a81，最后访问时间：2022年4月11日；也有认为动机错误不导致民事法律行为可撤销的，如北京市某建筑工程有限公司与王某、北京某时装有限公司等房屋拆迁安置补偿合同纠纷案，北京市高级人民法院（2017）京民终408号民事判决书，载中国裁判文书网，https://wenshu.court.gov.cn/website/wenshu/181107ANFZ0BXSK4/index.html?docId=b909fe4d873a4eb281cca9cf00111692，最后访问时间：2022年4月11日。

④ 王泽鉴:《民法总则》，中国政法大学出版社2001年版，第372~373页。

⑤ 杨代雄:《〈民法典〉第147条（重大误解）评注》，载《师大法学》2019年第2期。

⑥ 的确也有学者认为这一变化就意味着不再将重大误解的对象局限于“行为内容”。参见武腾:《民法典编纂背景下重大误解的规范构造》，载《当代法学》2019年第1期。

定为重大误解涉及的错误认识的具体类型。这一沿袭一定意义上也意味着在《民法典》时代，重大误解涉及的认识错误类型仍然主要针对内容错误，[①] 兹逐一简析。

第一，对行为的性质的误解，如将借用误以为是赠与。

第二，对对方当事人的误解，如将张三误认为李四。对当事人的性别、年龄、职业、健康状况、信用等特性的误解是否也属于对对方当事人的误解，理论和实践中存在争议。一般认为，应结合法律行为的类型进行具体判定，不能一概而论。如果当事人的这些特征对于意思表示的作出具有相当的重要性，此时误解就属于对对方当事人的误解。例如，在司法实践中，就有法院支持当事人因对健康状况有误解而主张行使撤销权。[②]

第三，对标的物的误解，如将玻璃杯误认为水晶杯。对标的物的品种、质量、规格、价格、数量等的误解，均属于对标的物的误解，其中的列举属于示范性列举，“等”字具有兜底的功能，说明是非封闭性列举，也方便实践中进行扩张解释。

三、重大误解的构成要件

（一）民事法律行为已经成立

如果当事人并无意思表示，法律行为并未成立，自然无须判断该意思表示是否构成重大误解，更无须据此进一步确定依意思表示成立的民事法律行为是否可撤销。对于民事法律行为是否已经成立，则根据是否具备民事法律行为的成立要件进行判断。

（二）行为人存在错误认识

所谓行为人存在错误认识，包括下列要素：

1. 表示的内容与表意人的意思不一致。在表意人作出表示后，表示的受领人对该表意人表示的内容的理解，可能与表意人的意思一致，也可能不一致。此时，立于一个理性当事人的角度判断确定表示的意义，如果判

---

① 例外情形则另外规定。例如，对于传达错误情形下的法律适用问题，根据《总则编司法解释》第20条的规定，可以适用本条规定处理。而传达错误，实质上属于表示错误范畴。

② 例如，在李某某、薛某某机动车交通事故责任纠纷案中，法院即认为，对于双方达成的赔偿协议书，虽系自愿达成，但因原告对其伤情存在重大误解，故不予采信。参见山东省临沂市中级人民法院（2021）鲁13民终9061号民事判决书，载中国裁判文书网，https：//wenshu. court. gov. cn/website/wenshu/181107ANFZ0BXSK4/index. html？docId =7e08f1055b2e46b580a4ae0d00f41809，最后访问时间：2022年4月11日。

断的结果是该内容与表意人的意思不一致，则可能认定为重大误解。[①] 相反，如果立于一个理性当事人的角度，不可能对意思存在不一致的理解，则不应认定为重大误解。[②]

2. 表意人并非有意导致表示的内容与其意思不一致。重大误解在本质上是无意地造成意思与表示的内容不一致。也就是说，无论是表意人、受领人还是第三人有意地造成意思与表示的内容不一致，均不应认定构成重大误解。具体而言，如果表示的内容与表意人的意思不一致是由表意人或者受领人的单独的故意造成的，则可能构成欺诈，相应适用《民法典》第 148 条的规定。如果表示的内容与表意人的意思不一致是由第三人故意造成且受领人对此知道或应当知道，则构成第三人欺诈，相应适用《民法典》第 149 条的规定。[③] 如果表示的内容与表意人的意思不一致是由表意人与受领人合谋造成，则可能构成通谋虚伪表示，相应适用《民法典》第 146 条的规定。在司法实践中，认定该要素需要注意下列三个问题：

其一，对于在表意人很难证明是由受领人或第三人故意造成自己的意思与表示不一致，即难以证明受领人或者第三人构成欺诈的情形下，是否允许表意人以重大误解为由请求撤销民事法律行为这一问题，司法实践有

---

① 例如，在蔡某某与庄某某合同纠纷案中，法院考虑到蔡某某在签订合同时的年龄为 91 岁，对蔡某某在签订合同时不了解合同内容因而陷入错误认识的主张予以采信。参见河南省郑州市中级人民法院（2017）豫 01 民初 5353 号民事判决书，载中国裁判文书网，https：//wenshu. court. gov. cn/website/wenshu/181107ANFZ0BXSK4/index. html？docId = 2fa7067bc8944f05b1ffa96600e0e55b，最后访问时间：2022 年 4 月 11 日。

② 例如，在赵某、李某某等合伙协议纠纷案中，法院即认为，当事人作为具有完全民事行为能力的民事主体，应当承担审慎审查义务，对于签订和解协议产生的法律效力和后果也应具有充分的认识，故认定其提出的签订和解协议时存在重大误解的理由不成立。参见河南省安阳市中级人民法院（2021）豫 05 民终 4956 号民事判决书，载中国裁判文书网，https：//wenshu. court. gov. cn/website/wenshu/181107ANFZ0BXSK4/index. html？docId = 58c331898365447fa412ae2a00691ff1，最后访问时间：2022 年 4 月 11 日。

③ 例如，在广东某产业投资有限公司与新疆某畜牧生物工程股份有限公司股权转让纠纷案中，即存在由第三人欺诈造成重大误解的情形。参见新疆维吾尔自治区高级人民法院（2020）新民终 138 号民事判决书，载中国裁判文书网，https：//wenshu. court. gov. cn/website/wenshu/181107ANFZ0BXSK4/index. html？docId = 16a1f0a8a2c14288bbcfabeb0125d99f，最后访问时间：2022 年 4 月 11 日。

不同的态度。[①] 对此，从保护表意人的角度，遵循诚信原则，持肯定态度为宜，更何况该表意人本质上也属于“行为人存在错误认识”中的行为人。

其二，对于在表示的内容与表意人的意思不一致是由表意人单独造成的情形下，是否需要表意人具有过失才构成重大误解的问题，应理解为不必要，即表意人是否对于造成表示的内容与表意人的意思不一致存在过失，并不影响重大误解的构成。

其三，重大误解与欺诈存在竞合适用的可能。例如，表意人以欺诈手段，使受领人在违背真实意思的情况下作出意思表示，此时受领人当然可以依欺诈主张撤销民事法律行为；但就同一事实，受领人无法证明表意人进行了欺诈，但的确可以认定是由于表意人的行为导致表示的内容与表意人的意思不一致，此时也不排除受领人可以重大误解为由请求撤销民事法律行为。对此，司法实践中的案例也不鲜见。[②]

3. 表示的内容与意思不一致的情形是重大的

本条是在《民通意见》第 71 条的基础上修改而成。相较于第 71 条，除了文字的细微修改之外，本条将原条文中的“使行为的后果与自己的意思相悖，并造成较大损失”修改为“按照通常理解如果不发生该错误认识行为人就不会作出相应意思表示”。“按照通常理解如果不发生该错误认识行为人就不会作出相应意思表示”，就意味着并非所有的表示内容与表意人的意思不一致的情形一律都属于重大误解。这一要件中的“重大”，应当包括下列两个要素：

（1）表示的内容与表意人的意思显著不一致。如果表示的内容与表意

---

① 在司法实践中，对此有不同看法。例如，在高某某与童某某、朱某某保证合同纠纷案中，法院即支持了当事人的主张。参见江苏省高级人民法院（2014）苏商再提字第 0014 号民事判决书，载中国裁判文书网，https://wenshu.court.gov.cn/website/wenshu/181107ANFZ0BXSK4/index.html?docId=cf587a1ab05143389dc9ec62b5712a81，最后访问时间：2022 年 4 月 11 日。但是，也有法院持相反的观点。例如，在某木业经营部与湖南某林业有限责任公司买卖合同纠纷案中即如此。参见湖南省高级人民法院（2014）湘高法民二终字第 50 号民事判决书，载中国裁判文书网，https://wenshu.court.gov.cn/website/wenshu/181107ANFZ0BXSK4/index.html?docId=2a8ca3c2d05f4fa9a54e81895863adcd，最后访问时间：2022 年 4 月 11 日。

② 如王某某与汪某某等合同撤销权纠纷再审案，参见甘肃省高级人民法院（2014）甘民提字第 21 号民事裁定书，载中国裁判文书网，https://wenshu.court.gov.cn/website/wenshu/181107ANFZ0BXSK4/index.html?docId=3626f7d7713c42f9aedfe92832d451eb，最后访问时间：2022 年 4 月 11 日；某木业经营部与湖南某林业有限责任公司买卖合同纠纷案，参见湖南省岳阳市中级人民法院（2013）岳中民二初字第 24 号民事判决书，载中国裁判文书网，https://wenshu.court.gov.cn/website/wenshu/181107ANFZ0BXSK4/index.html?docId=bd5e0c5c1a544fa28bf67cd851d112c5，最后访问时间：2022 年 4 月 11 日。在行为人以欺诈为由诉请撤销民事法律行为但又无法证明构成欺诈时，法院直接以重大误解为由裁判撤销民事法律行为。

人的意思只是轻微不一致，从保障交易安全的角度出发，无须赋予行为人撤销民事法律行为的权利。只有当表示的内容与表意人的意思显著不一致，按照通常理解如果行为人知道真实情况就不会作出相应意思表示的，才有必要允许其以重大误解为由撤销民事法律行为。

（2）表示的内容与表意人的意思不一致，按照通常理解，如果不发生该错误认识，行为人就不会作出相应的意思表示。对于重大误解的构成中是否要求表示的内容与表意人的意思不一致给表意人造成较大损失的问题，无论是《民法通则》第 59 条、《合同法》第 54 条，还是《民法典》第 147 条，对构成重大误解均未独立要求“表示的内容与表意人的意思不一致给表意人造成较大损失”的要件，理论上也有观点认为无须将给表意人造成较大损失作为“一项独立的构成要件”。[①] 但需要注意的是，作为对《民法通则》第 59 条予以解释的《民通意见》第 71 条却规定有“并造成较大损失”的字样。也就是说，在《民法通则》时代的司法实践中，构成第 59 条中的“重大误解”，需要表示的内容与表意人的意思不一致给行为人造成较大损失。[②] 那么，对《民法典》第 147 条予以解释的《总则编司法解释》第 19 条的规定没有沿用“并造成较大损失”的字样，是否意味着不再有“较大损失”的要求了呢？《民通意见》第 71 条规定“并造成较大损失”，主要是基于将重大误解作为民事法律行为可撤销事由这一制度的设置目的考虑：虽然表示的内容明显背离表意人的意思，但行为人按照错误的表示内容履行也并不会给其造成较大损失，从保护交易安全、秩序以及当事人合理信赖的角度出发，一般情况下就没有启动允许行为人撤销民事法律行为这一法律武器予以矫正的必要。本条规定将《民通意见》第 71 条中的“并造成较大损失”替换为“按照通常理解如果不发生该错误认识行为人就不会作出相应意思表示”。毋庸置疑，“造成较大损失”显然是“按照通常理解如果不发生该错误认识行为人就不会作出相应意思表示”的可能情形之一。从这个意义上看，本条的表达可以涵盖更多判断误解是否重大的情形。也正基

---

① 韩世远：《重大误解解释论纲》，载《中外法学》2017 年第 3 期。

② 实践中不乏这样的案例，如王某某、张某某等与高某、陈某股权转让纠纷案，参见河北省高级人民法院（2016）冀民终 501 号民事判决书，载中国裁判文书网，https：//wenshu. court. gov. cn/website/wenshu/181107ANFZ0BXSK4/index. html? docId = c8e41b5c1c1e45e5a80f0fa3a452568b，最后访问时间：2022 年 4 月 11 日；方某某诉刘某某合同纠纷案，参见陕西省西安市中级人民法院（2018）陕 01 民终 11409 号民事判决书，载中国裁判文书网，https：//wenshu. court. gov. cn/website/wenshu/181107ANFZ0BXSK4/index. html? docId = 5346d15a26b94c9ba19da9dc00bc7835，最后访问时间：2022 年 4 月 11 日。

于此，在《民法典》实施后，无论是地方法院，[①] 还是最高司法机关，[②] 都有基于“造成较大损失”来判断是否构成重大误解的判决。

与《民法通则》及《合同法》的规定相比，《民法典》第147条对重大误解的法律后果的规定作了重大调整，主要是将重大误解的法律后果由“可变更、可撤销”改为“可撤销”，以贯彻意思自治原则。[③] 依《民法典》第147条以及《总则编司法解释》第19条第2款第1句的规定，享有撤销权的是“行为人”，重大误解的法律后果是行为人有权请求撤销该民事法律行为。此处的“行为人”应解释为发生基于重大误解实施民事法律行为的人。需要注意的是，本条第2款第2分句还作了例外规定，即“根据交易习惯等认定行为人无权请求撤销的除外”。这一规定意味着即便满足了上述三项构成要件，构成重大误解，行为人也并不必然享有撤销权，这主要是基于社会生活发展的复杂性考虑。例如，在拍卖纠纷中，如果当事人对于拍卖中有关拍卖标的存在错误认识，认定是否属于重大误解时，就有必要结合当事人之间有关风险分配的约定以及交易习惯、当事人的过错等予以认定。[④] 再如，对于古董、工艺品等古玩类商品及宝石、原

① 例如，在周某、王某等合伙协议纠纷案中，以合伙关系仅存续17天为由要求撤销合伙协议的主张并不符合重大误解所要求的错误认识及较大损失的条件。参见辽宁省沈阳市中级人民法院（2021）辽01民终14442号民事判决书，载中国裁判文书网，https://wenshu.court.gov.cn/website/wenshu/181107ANFZ0BXSK4/index.html?docId=e644dd2e7c4c4541b46eadea0015320a，最后访问时间：2022年4月11日。

② 例如，在北京某国际文化交流服务有限公司、江西某文化发展有限公司与某省展览中心、某省美术馆等房屋租赁合同纠纷案中，最高人民法院认为，一般而言，因重大误解而签订的合同，对于合同自身或合同标的物的本质、性质存在误解，直接影响到当事人享有权利、承担义务以及合同目的的实现，或合同一旦履行会导致误解方遭受重大损失。参见最高人民法院（2021）最高法民申7102号民事判决书，载中国裁判文书网，https://wenshu.court.gov.cn/website/wenshu/181107ANFZ0BXSK4/index.html?docId=f4f24b8872304f29a989adf70122d851，最后访问时间：2022年4月11日。

③ 在《民法总则》制定过程中，这一变化得到学界多数意见的肯定。可参阅尹田：《〈民法总则（草案）〉中法律行为制度的创新点之评价》，载《法学杂志》2016年第11期。但也有学者认为，部分保留可变更法律行为制度并对其加以补充完善的做法比较可行。可参阅朱广新：《论法律行为的可变更问题》，载《法学》2017年第2期。

④ 例如，在张某、某林场拍卖合同纠纷案中，法院认为，某林场依照拍卖法的规定发布了拍卖公告、拍卖规则、竞买须知，并在拍卖须知中声明不承担瑕疵担保责任，张某作为竞买人，应当对案涉山场林木隐蔽瑕疵及林木价值作出专业、理性的判断，其未能预见该瑕疵自身存在过错，属于正常商业风险，应由其自身承担。参见江西省吉安市中级人民法院（2020）赣08民终280号民事判决书，载中国裁判文书网，https://wenshu.court.gov.cn/website/wenshu/181107ANFZ0BXSK4/index.html?docId=182794adf7764461b0aeac87003529f8，最后访问时间：2022年4月11日。

石等特殊商品的交易，则需要尊重该领域的交易习惯。① 同样，在委托理财合同领域，消费者在追求高收益的同时应当谨慎对存在的风险作出评估与预计，只要双方签订的委托理财合同是真实意思之表示，就不得任意主张因重大误解撤销该合同。②

【相关规定】

《中华人民共和国民法典》

第一百四十七条 基于重大误解实施的民事法律行为，行为人有权请求人民法院或者仲裁机构予以撤销。

（本条由刘智慧撰写）

第二十条 【意思表示的误传】行为人以其意思表示存在第三人转达错误为由请求撤销民事法律行为的，适用本解释第十九条的规定。

【条文主旨】

本条是关于意思表示误传的法律适用规则。

【条文沿革】

我国《民法通则》未对意思表示的误传予以规定，但《民通意见》第77条规定有“意思表示由第三人义务转达，而第三人由于过失转达错误或

① 例如，在何某、王某、某省人民检察院买卖合同纠纷案中，法院认为，案涉标的物为古玩，属于特殊商品，不同于一般商品交易，有特殊的民间交易规则，在王某先行交付案涉标的物、何某确认后予以付款的情况下，其以案涉交易构成重大误解为由主张撤销双方买卖合同，与事实不符，不予支持。参见浙江省高级人民法院（2019）浙民再226号民事判决书，载中国裁判文书网，https://wenshu.court.gov.cn/website/wenshu/181107ANFZ0BXSK4/index.html?docId=74258bfc54ae43578125ab7c009b0ae8，最后访问时间：2022年4月11日。

② 例如，在刘某、周某民间委托理财合同纠纷案中，法院认为，在高风险的证券等金融市场中，投资风险无法避免，绝对的只盈不亏的情形不可能存在，原告作为具有一定经济实力的完全民事行为能力人理应知晓这个道理，否则有悖常理。参见贵州省贵阳市中级人民法院（2020）黔01民再72号民事判决书，载中国裁判文书网，https://wenshu.court.gov.cn/website/wenshu/181107ANFZ0BXSK4/index.html?docId=cbe6a07310f742b19511ac92016c1cbc，最后访问时间：2022年4月11日。

者没有转达，使他人造成损失的，一般可由意思表示人负赔偿责任。但法律另有规定或者双方另有约定的除外”。

《民法典》亦未直接规定意思表示的误传，亦即本条并未针对《民法典》的具体条文予以解释，也未沿袭《民通意见》第77条的规定，为新增内容。

【理解与适用】

一、规范宗旨

在非面对面缔结法律关系的交易实践过程中，需要进行意思传送，因此也就存在利用传达人来传达信息的情形。通过传达人传达意思表示，就可能面临由于传达人的过错，致使传达人转达给受领人的意思不同于行为人（表意人）的意思的情形，此即意思表示的误传。对于传达人的传达出现错误的情形下表意人的权利以及责任承担问题，理论未达成共识，《民法典》未着笔墨，之前的司法实践存在同（类）案异判现象，有必要对此予以明确。

本条规定旨在明确在因传达人的传达错误而使行为人的意思与受领人收到的意思不符的情形下，行为人意欲以其意思表示存在第三人转达错误为由请求撤销民事法律行为时的法律适用问题。

二、意思表示的误传的构成条件

传达，是指行为人（表意人）的意思由传达者转达给相对人的行为。意思表示的误传，亦称传达错误，是指意思表示成立后，表意人使用传达方式表达其意思表示时，因传达人传达不实而发生错误。

（一）行为人（表意人）已作出待传达的意思表示

这是传达错误产生的前提。如果行为人（表意人）未作出意思表示，就不会有传达的过程，也就无所谓意思表示的误传。

（二）应当由传达人传达意思表示

鉴于传达行为是一种事实行为，而非法律行为，所以无须对传达人的行为能力作出要求。即便是一个没有行为能力的人，其只要能将行为人（表意人）的意思表示传达给受领人，即可以成为法律意义上的“传达人”。

（三）表意人的意思被传达人转达错误

在行为人（表意人）的意思表示形成后，行为人（表意人）基于对传达人的信赖，委托传达人进行意思表示的传送，在这个意思传输过程中，由于传达人自身的过错导致转达错误。在实践中，转达错误可能是形式上的错误，[1] 也可能是内容上的错误，但适用本条的错误应当仅指内容上的错误，即由于传达人的失误，导致传达人的转达的意思表示与表意人的真实的意思表示不一致。例如，王二欲与李四签订一份购买彩色电视机的合同，委托张三告知李四，张三在向李四转达时误转述为购买彩色打印机。认定这个要件需要注意下列两个方面：

其一，传达错误是在意思传输受领阶段发生的。意思表示的错误可能发生于意思形成阶段、意思表达阶段、意思传输受领阶段和意思理解阶段中的任一阶段，只有在意思传输受领过程中出现错误，才可能构成法律意义上的传达错误。

其二，传达错误是由于传达人自身的原因造成，而非行为人（表意人）或受领人的原因造成，亦非行为人（表意人）或受领人的错误，如果是后者，则可以直接适用意思表示错误规则。

（四）传达人传达错误为传达人的无意导致

传达人相当于行为人（表意人）的传递“工具”，所以传达人不可以有自己的意思，也非假称他人的意思，其即便传达错误，也是因其无意所致。有学者曾经指出，传达人传达的是表意人已经成立的意思表示，经传达人传递至相对人所收到的表示与表意人的意思不符，此为传达的风险。因为传达的风险通常属于表意人支配的范围，表意人固然有撤销法律行为的机会，但也应对相对人承担补偿信赖损失的责任。但是，这仅仅针对传达人无意进行的错误传达。如果传达人故意变更意思表示，为不正确的传达，甚至故意擅自以自己的意思表示代替表意人的表示，则其实质上已经进行独立的意思表示，不再属于意思表示误传，因此其地位也就不再是传达人而转为无权代理人，此时就不能再适用传达错误的规则，而应转而类推适用无权代理的规则，由传达人对善意的相对人负损害赔偿责任。[2] 当然，表意人委托他人传达其意思表示，造成传达人故意误传之风险，则表意人也理应承担此传达错误的法律后果。

三、传达错误所涉法律关系

在涉及传达错误的法律关系中，存在行为人（表意人）、作为传达人的第三人及受领人三方主体，这就形成了三组关系：行为人（表意人）与

---

① 即由于传达人失误，使传达行为在形式上发生错误，但表意人的意思表示的内容未发生错误。例如，将表意人给甲的信函误传给乙，把给乙的信函误传给甲，正好弄反。

② 黄立：《民法总则》，中国政法大学出版社 2002 年版，第 304 页；王泽鉴：《债法原理》，中国政法大学出版社 2001 年版，第 368 页。

传达人之间的关系、行为人（表意人）与受领人之间的关系，以及传达人与受领人之间的关系。

（一）行为人（表意人）与传达人之间的关系

行为人（表意人）与传达人之间的关系是基于传达行为本身而言，是行为人（表意人）与受领人之间的关系以及传达人与受领人之间的关系的始点。对于这一法律关系的性质，理论上有委托代理和委托合同两种分歧定性。[①] 委托合同为通说，兹分析如下。

首先，委托代理仅是受托人处理委托事务的一种手段。委托代理人的代理行为不包括事实行为，而委托人基于委托合同处理委托事务的行为可以包括事实行为。在传达中，传达者只是将行为人（表意人）的意思转达给相对人，并不能作出自己独立的意思表示，因而属于事实行为。

其次，在委托代理中，委托合同仅仅存在于委托人和受托人之间，受托人会对外发生法律关系。在传达中，传达行为只发生于行为人（表意人）与传达者之间，是一种对内关系。例如，行为人（表意人）欲通过快递公司将其意思表示传达给相对人，其将文件交付快递公司，快递公司将文件送达，就传达行为而言，这只是行为人（表意人）与快递公司之间的关系，与相对人无关。

最后，委托代理关系的成立以被代理人的授权行为为前提，而代理权的授予属于单方法律行为；但委托合同应当与当事人双方意思表示一致，属双方法律行为。当然，在实践中，如果委托人所委托的事务包括对外为法律行为时，一般也会有代理权的授予。此时，委托合同也就成为委托代理的基础关系。在传达中，传达行为的成立是基于行为人（表意人）与传达者的意思表示一致，而非表意人的单方授权。而且，传达人并不处于代理人地位而作出效果及于行为人（表意人）的意思表示，仅仅是替委托人（表意人）传达一项已经由委托人作出的意思表示。

既然传达行为使得行为人（表意人）与传达人之间形成委托合同关系，而委托可以是有偿的，也可以是无偿的，故以传达行为是否有偿为标准，可以将传达行为分为有偿传达和无偿传达：有偿传达是指行为人（表意人）对传达人的传达行为支付相应对价；无偿传达是指行为人（表意人）未对传达人的传达行为支付对价。

当然，以上分析是在传达人的误传非属故意的情形下讨论。如果传达

---

① 尽管委托代理和委托合同均建立在当事人彼此信赖的基础上，也均为利用他人来实现自己行为目的的法律形式，但我国学界通说是将二者区分开来的。

人的误传是故意的，则可能构成无权代理或者表见代理。

（二）行为人（表意人）与受领人之间的关系

无论行为人（表意人）是否利用传达人传达其意思表示，其最终目的是将自己的某种意思表达给受领人，在双方之间形成民事权利义务关系。对这一法律关系而言，其不会因为作为传达人的第三人的介入而发生任何改变。因为传达人在缔结这一法律关系的过程中只是充当一个将行为人（表意人）的意志传递给受领人的角色，所以这一法律关系中的主体仍是行为人（表意人）与受领人。

（三）传达人与受领人之间的关系

受领人作为行为人（表意人）意思表示的接收方，是其与行为人（表意人）形成的法律关系的一方主体，而传达人仅承担将行为人（表意人）的意思准确无误地转达给受领人的任务，既不会为受领人增设新的权利义务，也不会对行为人（表意人）和受领人之间的权利义务产生直接影响，故除非传达人故意传达错误，否则传达人与受领人之间不发生直接的权利义务关系。

四、意思表示误传的法律后果

（一）行为人（表意人）的撤销权

根据本条，“行为人以其意思表示存在第三人转达错误为由请求撤销民事法律行为的，适用本解释第十九条的规定”，这一规定明确了在意思表示误传情形下，行为人行使撤销权的法律适用问题，实质上赋予了在意思表示误传情形下，行为人（表意人）撤销意思表示的权利，就如同撤销其自己所作的有错误的表示一样。不少国家的民法也明确规定传达错误是可以撤销的，并利用错误规则给予行为人（表意人）以救济。①

在传达错误的责任承担问题上，如果从私法自治的角度，应当允许行为人（表意人）在传达错误的情形下撤销其意思表示；但从保护第三人的信赖利益的角度，一则有必要对允许撤销的条件予以限制，二则应对相对人的信赖利益予以保护。例如，根据本条规定，对于传达错误的意思表示可以适用《总则编司法解释》第19条的规定，即意味着这样的意思表示属于可撤销的意思表示。而《总则编司法解释》第19条规定中的误解需要达到“重大”的程度，同样，行为人以其意思表示存在第三人转达错误

---

① 例如，《德国民法典》第120条规定：“意思表示因传达人或传达机关传达不实时，得按第119条关于因错误而为意思表示所规定的同样要件撤销之处理”；《瑞士债法典》第27条规定：“合同成立后，因为送信人或者其他人的原因造成要约或者承诺传递错误的，适用有关错误的规定。”

为由请求撤销民事法律行为的，其中的转达错误也必须达到重大的程度。[①]与此同时，基于交易安全和利益衡量的角度，行为人（表意人）行使撤销权后，当然也应赔偿相对人的信赖利益损失。[②]

（二）传达错误后传达人的责任问题

在传达错误可归责传达人的情形下，如果传达错误导致的风险完全在行为人（表意人）与相对人（受领人）之间分配，显然可能有失公平。因此，在传达错误的责任体系中，必须考量应当由传达人承担责任的情形。《民通意见》第77条是我国最早对传达错误的法律后果予以明确的规则。根据该规定，“意思表示由第三人义务转达，而第三人由于过失转达错误或者没有转达，使他人造成损失的，一般可由意思表示人负赔偿责任。但法律另有规定或者双方另有约定的除外”。本条虽然对无偿、过失转达错误情形下对相对人的责任承担进行了规定，但并未明确传达人需要承担责任的情形。不过，“法律另有规定或双方另有约定的除外”一语倒也给出了再解释的空间。相较《民通意见》第77条，《总则编司法解释》第20条从赋予行为人（表意人）撤销权的角度明确了意思表示误传情形下，行为人行使撤销权的法律适用问题，但对于传达人的责任问题，仍未置一语。

对于传达人的责任，在理论上历来就有不同解读。有学者认为，就行为人与传达人之间的关系，可以适用关于委任之规定；就传达人与受领人之间的关系，可以适用关于侵权行为之规定。[③] 有学者认为，传达人在传达过程中发生错误，在性质上，视为表意人的错误，在归责上，误传人的责任一般由表意人承担。[④] 也有学者认为，应当区别传达的不同情形并使之产生不同的后果：第三人无偿为表意人传达意思表示的，即使对传达错误或没有传达有过失，给他人造成损失的，也不负赔偿责任，而由表意人负责。但第三人故意传达错误或为表意人有偿传达但对传达错误又有过失

---

① 如传达中发生的错误是法律关系缔结的决定性要素，可能影响整个法律关系的成立或者履行等。

② 这在立法例上也有据可循。例如，《德国民法典》第122条规定：“（1）意思表示根据第118条的规定无效，或者根据第120条的规定撤销时，如果该意思表示系应向另一方作出，表意人应赔偿另一方，其他情况下为有效而受到的损害，但赔偿数额不得超过另一方或者第三人于意思表示有效时所受的利益数额。（2）如果受害人明知或者因为过失不知意思表示无效或者撤销的原因，表意人不负赔偿责任。”

③ 龙卫球：《民法总论》，中国法制出版社2001年版，第560页；史尚宽：《民法总论》，中国政法大学出版社2001年版，第402页。

④ 魏振瀛：《民法》，北京大学出版社2007年版，第152页。

时，给他人造成损害的，应由第三人负赔偿责任。[①]

综合来看，对于传达错误后传达人的责任，应基于传达错误所涉当事人之间的法律关系具体分析确定。兹作如下分析：

首先，如果传达人的误传是故意的，则可能构成无权代理或者表见代理。如果传达人的故意误传足以使相对人相信行为人（表意人）有此意思表示且相对人无过错时，则构成表见代理，相对人有权选择由行为人（表意人）或者传达人承担责任。如果相对人选择了由行为人（表意人）承担责任，行为人（表意人）在承担责任后有权向故意误传的传达人追偿；如果传达人的故意误传只是构成狭义的无权代理，且行为人（表意人）对传达人的行为追认的，由行为人（表意人）承担该行为的法律后果；如果行为人（表意人）不予追认，则传达人的故意传达错误属无效民事法律行为，由传达人对相对人的损失承担责任；如果传达人的故意误传给行为人（表意人）也造成损失的，还应向行为人（表意人）承担赔偿责任。

其次，如果传达人的误传是非故意的，但对传达错误有过失，则传达人只可能与行为人（表意人）成立法律关系，其与相对人不发生直接的法律关系。如前所论，行为人（表意人）与传达人之间是委托合同关系，故应适用委托合同的相关规则，在行为人（表意人）对因误传造成的损失对相对人承担责任后，对传达人的责任应分情况认定：如果传达人的传达是无偿的，除非传达人有重大过失，否则传达人无须对传达错误承担责任；如果传达人的传达是有偿传达，但因为传达人没有尽到准确、及时地将信息传达给相对人的义务，则是对合同义务的违反，理应承担违约责任，除非其对传达错误存在不可抗力等不可归责因素，否则应对因此给行为人（表意人）造成的损失承担全部责任。

（三）电子传达错误的问题

随着网络信息产业的迅速发展，利用网络电子系统传递信息成为常态，而因电子系统发生故障导致发出去的信息有错误等问题也日益增多。对于这种情形下的传达错误应如何处理的问题，《联合国国际合同使用电子通信公约》以及一些立法例都有所关注。例如，《联合国国际合同使用电子通信公约》即对电子通信中发生的输入错误问题予以明确规定，符合特定情形的当事人有权撤回电子通信中发生输入错误的部分。[②] 2018 年颁

① 梁慧星：《民法总论》，法律出版社 2001 年版，第 197 页。

② 《联合国国际合同使用电子通信公约》第 14 条第 1 款，载联合国网站，https://www.un.org/zh/documents/treaty/files/A-RES-60-21.shtml，最后访问时间：2022 年 4 月 24 日。

布的《中华人民共和国电子商务法》对电子错误问题未予规定，在目前的立法背景下，对于因电子传达错误引发的纠纷，司法实践中仍需要借助《民法典》的原则性规定，结合电子传达错误的特殊性作出裁决。具体而言，可以分以下几种情形作类型化处理：

首先，应尊重当事人的意思自治。对于因计算机故障等导致电子传达错误的法律效力及损失承担方法，如果当事人事先有约定或者事后达成协议，一般依当事人的意思予以认定。

其次，如果当事人事先没有约定且事后未能达成协议，则可以根据当事人在发送、接收或者执行电子信息指示时的可归责程度（如当事人的过错大小）认定责任。

再次，如果电子错误的发生是不可抗力等原因所致，当事人均无可归责因素，则可以根据纠纷的实际情况由当事人依公平原则分担损失。

最后，如果电子错误的发生可归责于网络经营者，网络经营者未按照法定或者约定的标准提供服务以致电子信息传达错误，则应由网络经营者承担责任。

【相关规定】

《中华人民共和国电子商务法》

第四十八条 电子商务当事人使用自动信息系统订立或者履行合同的行为对使用该系统的当事人具有法律效力。

在电子商务中推定当事人具有相应的民事行为能力。但是，有相反证据足以推翻的除外。

第五十五条 用户在发出支付指令前，应当核对支付指令所包含的金额、收款人等完整信息。

支付指令发生错误的，电子支付服务提供者应当及时查找原因，并采取相关措施予以纠正。造成用户损失的，电子支付服务提供者应当承担赔偿责任，但能够证明支付错误非自身原因造成的除外。

第五十七条 用户应当妥善保管交易密码、电子签名数据等安全工具。用户发现安全工具遗失、被盗用或者未经授权的支付的，应当及时通知电子支付服务提供者。

未经授权的支付造成的损失，由电子支付服务提供者承担；电子支付服务提供者能够证明未经授权的支付是因用户的过错造成的，不承担责任。

电子支付服务提供者发现支付指令未经授权，或者收到用户支付指令未经授权的通知时，应当立即采取措施防止损失扩大。电子支付服务提供者未及时采取措施导致损失扩大的，对损失扩大部分承担责任。

（本条由刘智慧撰写）

第二十一条 【欺诈的认定】故意告知虚假情况，或者负有告知义务的人故意隐瞒真实情况，致使当事人基于错误认识作出意思表示的，人民法院可以认定为民法典第一百四十八条、第一百四十九条规定的欺诈。

【条文主旨】

本条是关于欺诈的认定规则。

【条文沿革】

本条是针对《民法典》第148条和第149条中“欺诈”的认定进行的解释。《民通意见》第68条曾经针对《民法通则》第58条第1款第3项中的“欺诈行为”作出解释：“一方当事人故意告知对方虚假情况，或者故意隐瞒真实情况，诱使对方当事人作出错误意思表示的，可以认定为欺诈行为。”本条是在该规定的基础上进行调整修改而成。

【理解与适用】

一、规范宗旨

为了有效地遏制欺诈行为，维护市场经济秩序和消费者、其他经营者的合法权益，必须准确地界定欺诈。由于《民法典》未对欺诈作出统一的界定，学界对欺诈的界定也未形成一致的认识，易造成理论上和司法实践中的混乱，因而有必要对欺诈的认定进行细化解释与明确。

二、欺诈行为的构成要件

对于欺诈，理论上有多种界定。[①] 需要说明的是，“欺诈行为”与“因受欺诈而成立的民事法律行为”原本是两个完全不同的概念：前者应

---

① 许德风：《欺诈的民法规制》，载《政法论坛》2020年第2期。

当是针对欺诈人故意实施的单方行为；后者应当是包括欺诈人和受欺诈人双方的行为，即既要有欺诈人的故意欺诈，还要有受欺诈人因受欺诈而产生的错误认识，并基于此错误认识而作出不真实的意思表示。然而，本条规定解释的“欺诈”，是《民法典》第148条和第149条规定的“欺诈”，即受欺诈人可以因此主张撤销民事法律行为的“欺诈”，也即针对的是后者的含义。根据本条规定，要认定为属于可撤销法律行为事由的欺诈，应当具备下列四个构成要件。

（一）行为人存在欺诈故意

这是认定欺诈的主观方面的要件。人的行为受人的意识和意志支配，行为人在主观方面的欺诈故意对欺诈行为起着引发、支配和制约的作用。如果行为人不存在主观方面的欺诈故意，行为人的行为便不可能被认定为本条中的欺诈。

认定行为人的行为是否符合该要件需要注意的是，欺诈的主观方面只能由故意构成，过失不能构成欺诈。① 所谓欺诈故意，是指行为人明知自己的欺诈行为可能会使他人陷于错误认识并基于这种错误认识而作出不真实的意思表示的结果，并且希望或者放任这种结果发生的主观心理态度。

根据行为人的认识和意志因素，可以将欺诈故意分为直接故意和间接故意：直接故意，是指行为人明知自己的欺诈行为必然或者可能会引起他人上当受骗的结果，并且希望这种结果发生的心理态度，即这种情形下行为人存在积极追求使他人上当受骗的心理状态。间接故意，是指行为人明知自己的欺诈行为可能会引起他人上当受骗的结果，并且放任这种结果发生的心理态度，即这种情形下行为人只能认识到使他人上当受骗的可能性，而不能认识到其必然性，行为人所持的是消极的、放纵他人上当受骗结果发生的心理态度。需要说明的是，无论行为人的主观心理状态是直接故意还是间接故意，都不影响对于欺诈行为的认定。

当然，需要注意的是，主观总是见之于客观的，如果要求受欺诈人证明行为人具有欺诈的故意，对受欺诈人而言是相当困难的，为此，在举证责任方面需要特别考虑。

（二）行为人实施了欺诈行为

这是认定欺诈的客观方面的构成要件。如果没有客观方面的欺诈行为存在，就意味着行为人欺诈的故意并未在客观上给相对人造成或者可能造成危害，也就不存在需要启动可撤销行为制度保护的法律关系。当然，本

① 当然，过失可能构成行为人对相对人的侵权行为。

条中作出欺诈行为的行为人，包括当事人之外的第三人。

社会生活的纷繁复杂决定了欺诈行为的表现形式也多种多样。根据本条规定，欺诈行为包括故意告知虚假情况和故意隐瞒真实情况两种情形：

1. 故意告知虚假情况。在这种情形下，行为人是以积极的行动实施的欺诈，是作为的欺诈行为，是最常见的欺诈形式，如将残次品说成优等品。这里的“故意告知虚假情况”，既包括以口头方式告知，也包括以书面或行为等其他方式的告知。在这种情形下，行为人积极地通过编造虚假事实、提供误导信息等方式使对方陷入错误认识，违反了交易磋商过程中的普遍性不作为义务，可能对相对人的意思决定自由造成严重侵害，属于欺诈行为。

2. 故意隐瞒真实情况。在这种情形下，行为人只是以消极地不提供重要交易信息而实施欺诈，是不作为的欺诈行为使相对人陷入错误认识。例如，卖方明知其出售的商品存在隐蔽瑕疵，依法律规定、诚信原则或者交易习惯有义务告知消费者而不告知。

对于消极的不作为能否构成欺诈行为，理论上素有争论。在《牛津法律大辞典》的解释中，民法上的欺诈有两种情形：其一，是一种虚伪陈述或图谋欺骗的行为，通常以故意作虚假陈述，或者作出其本人并不相信其真实性的陈述，或者不顾其是否真实而作出的陈述等方式构成，并意图（并且事实上如此）使受骗人引以为据。其二，欺诈同样也可以以隐瞒真相或故意不作出其理应作出的陈述方式构成。[①] 其中的第二种情形，实际上就是肯定了消极不作为的欺诈行为。我国学界对此也有过争论。[②]《民通意见》第 68 条中的“故意隐瞒真实情况”以及《合同法》第 42 条第 2 项前段中的“故意隐瞒与订立合同有关的重要事实”，实际上也是肯定了消极的不作为可以构成欺诈。

对于这种情形，相较于《民通意见》第 68 条的规定，本条将“故意隐瞒真实情况”修改为“负有告知义务的人故意隐瞒真实情况”，明确了行为人故意隐瞒真实情况构成欺诈的，应当以其负有告知义务为前提。之所以作如此限制，主要是基于这样的考虑：在交易实践中，交易双方当事人之间存在利益冲突，除非行为人负有主动告知的义务，否则应由相对人亲自搜寻对己方有利的交易信息，不能随意将行为人消极地不提供重要交易信息的行为简单地认定为欺诈行为。需要注意的是，这里的告知义务可

---

① 《牛津法律大辞典》，光明日报出版社 1988 年版，第 350 页。

② 韩世远：《合同法总论》，法律出版社 2011 年版，第 137 页及以下。

以来源于法律规定、诚信原则、交易习惯等。

需要注意的是，在实践中，应将以上作为和不作为的两种欺诈行为，与行为人对自己主观意见的陈述区分开来。一般认为，对于行为人对自己主观意见的陈述是否可以构成欺诈的问题，可以与不作为欺诈行为等同的标准予以认定，即主要看依法律规定、诚信原则或者交易习惯，是否有义务告知相对人。①

（三）受欺诈人产生错误认识并基于错误认识作出意思表示

对于判断受欺诈方是否“产生错误认识并基于错误认识作出意思表示”的判断标准问题，理论上有根据主观标准或者根据客观标准两种观点：主观标准是依特定受欺诈人的年龄、知识水平、经验技能等具体情况来判断；客观标准是依一个理性的普通人为标准来判断。从司法的确定性角度来看，为避免恣意为断，依客观标准为宜。

需要注意的是，对于认定欺诈是否应当具备给受欺诈人造成损害结果的要件，理论上有不同观点。通说认为，只要受欺诈人产生错误认识并基于错误认识作出意思表示即可，本条的表达显然采取了通说的观点。之所以如此规定，主要是考虑到欺诈行为从根本上违反了诚信原则等法律的基本原则，即使未给受欺诈人造成实际损害，也具有一定危害性。同时，在实践中，欺诈行为可能产生于多个领域，如合同欺诈、保险欺诈、广告欺诈、金融欺诈等。如果一定要给受欺诈人造成损害结果才算是欺诈行为，对遏制这些欺诈行为是极为不利的。

（四）行为人的欺诈行为与受欺诈人的错误认识以及基于错误认识作出意思表示存在因果关系

本条中“致使”“基于”的表达，意味着构成《民法典》第 148 条或者第 149 条中的欺诈，需要将行为人的欺诈行为与受欺诈人产生错误认识以及基于错误认识作出意思表示存在因果关系作为构成要件之一。也就是说，如果行为人有欺诈的故意，也进行了欺诈行为，但受欺诈人并未因此产生错误认识，其意思表示也非基于错误认识作出，或者说受欺诈人虽然有错误认识，其意思表示也是基于错误认识而作出，但其错误认识并非因欺诈行为产生，均不构成作为可撤销行为事由的欺诈。

---

① 胡长清：《中国民法总论》，中国政法大学出版社 1997 年版，第 248 页。

【相关规定】

《中华人民共和国民法典》

第一百四十八条 一方以欺诈手段，使对方在违背真实意思的情况下实施的民事法律行为，受欺诈方有权请求人民法院或者仲裁机构予以撤销。

第一百四十九条 第三人实施欺诈行为，使一方在违背真实意思的情况下实施的民事法律行为，对方知道或者应当知道该欺诈行为的，受欺诈方有权请求人民法院或者仲裁机构予以撤销。

（本条由刘智慧撰写）

第二十二条 【胁迫的认定】以给自然人及其近亲属等的人身权利、财产权利以及其他合法权益造成损害或者以给法人、非法人组织的名誉、荣誉、财产权益等造成损害为要挟，迫使其基于恐惧心理作出意思表示的，人民法院可以认定为民法典第一百五十条规定的胁迫。

【条文主旨】

本条是关于胁迫的认定规则。

【条文沿革】

本条是针对《民法典》第150条中的“胁迫”的认定进行的解释。

《民通意见》第69条曾经针对《民法通则》第58条第1款第3项中的“胁迫”行为作出解释：“以给公民及其亲友的生命健康、荣誉、名誉、财产等造成损害，或者以给法人的荣誉、名誉、财产等造成损害为要挟，迫使对方作出违背真实的意思表示的，可以认定为胁迫行为。”本条是在该规定的基础上进行调整修改而成。

【理解与适用】

一、规范宗旨

鉴于民事活动的复杂性，《民法典》不宜对胁迫作出统一的封闭性界定，[①] 理论上和实务中对胁迫的界定也未形成完全一致的认识，易造成理论上和司法实践中的混乱。为了有效地遏制胁迫行为，维护市场经济秩序和消费者、其他经营者的合法权益，有必要对胁迫的认定进行细化解释与明确，对实践中较为常见的胁迫情形进行列举式规定，以指导司法实践，最大限度地避免同案异判。

二、胁迫行为的构成

对于胁迫，理论上出现过多种界定。需要说明的是，原本“胁迫行为”与“因受胁迫而成立的民事法律行为”是两个完全不同的概念：前者应当是针对胁迫行为人故意实施的单方行为；后者应当是包括胁迫行为人和受胁迫人双方的行为，即既要有胁迫行为人的胁迫，还要有受胁迫人因受胁迫而产生恐惧心理，并基于此恐惧心理而作出不真实的意思表示。然而，本条规定解释的“胁迫”，是《民法典》第150条规定的“胁迫”，即受胁迫人可以因此主张撤销民事法律行为的“胁迫”，也即针对的是后者的含义。根据本条规定，要认定为属于可撤销法律行为事由的胁迫，应当具备下列四个构成要件。

（一）行为人具有胁迫的故意[②]

这是认定胁迫的主观方面的要件。人的行为受人的意识和意志支配，行为人在主观方面的胁迫故意对胁迫行为起着引发、支配和制约的作用。如果行为人不存在主观方面的胁迫故意，行为人的行为便不可能被认定为本条中的胁迫。

与欺诈相同，胁迫的主观方面也只能由故意构成，过失不能构成胁迫。所谓胁迫的故意，是指行为人明知自己的胁迫行为可能会使他人产生恐惧心理并基于这种恐惧心理而作出不真实的意思表示的结果，但希望这种结果发生的主观心理态度。也就是说，行为人具有使被胁迫人产生恐惧

---

① 贾东明：《〈中华人民共和国民法总则〉释解与适用》，人民法院出版社2017年版，第381页。

② 对于是否将胁迫的故意作为胁迫的构成要件，理论上也有不同观点，通说持肯定观点。参见王轶：《论我国合同法中的“胁迫”》，载《四川大学学报（哲学社会科学版）》2019年第1期。

心理的意思，并具有希望被胁迫人基于恐惧心理而作出意思表示的目的。当然，与欺诈一样，主观总是见之于客观的，如果要求受胁迫人证明行为人具有胁迫的故意，对受胁迫人而言是相当困难的，为此，在举证责任方面需要特别考虑。

（二）行为人实施了胁迫行为

这是认定胁迫的客观方面的构成要件。如果没有客观方面的胁迫行为存在，就意味着行为人胁迫的故意并未在客观上对相对人造成影响，也就不存在需要启动可撤销行为制度保护的法律关系。当然，本条中作出胁迫行为的行为人，也包括当事人之外的第三人。①

胁迫行为，是指胁迫行为人对于受胁迫人表示施加危害的行为。胁迫行为在社会生活中的表现形式也多种多样。无论是在法制史上，还是在立法例上，胁迫行为的内涵都是一个发展的概念。②《民通意见》第69条依受胁迫人为公民抑或法人，将其内涵规定为“以给公民及其亲友的生命健康、荣誉、名誉、财产等造成损害”或者“以给法人的荣誉、名誉、财产等造成损害为要挟”。相较于《民通意见》第69条的规定，本条仍然以受胁迫人的类型区分规定胁迫行为的内涵，但作了两个方面的改变：一是根据《民法典》总则编对于民事主体的分类规定的变化，不再以公民和法人予以区分，而是区分自然人与法人、非法人组织；二是在胁迫的内容方面，涵盖的范围更广，更便于司法者根据实际情况作出自由裁量。根据本条规定，依受胁迫人的类型不同，可以将胁迫行为分为两类：一是以给自然人及其近亲属等的人身权利、财产权利以及其他合法权益造成损害为要挟；二是以给法人、非法人组织的名誉、荣誉、财产权益等造成损害为要挟。从胁迫行为的内容来看，可以包括人身权利、财产权利和其他合法权益，兹逐一分析。

---

① 根据《民法典》第150条的规定，对于第三人的胁迫行为，不论受胁迫人的合同相对人是否知道或应否知道，均可以作为受胁迫人撤销法律行为的事由。但要注意的是，这一点与第三人欺诈情形略有不同。之所以作出差异安排，主要是考虑到与欺诈相比，胁迫的危害性更大，有必要对受胁迫人予以更高保护。正如拉伦茨先生所指出的：“法律坚决反对采取胁迫行为对表意人意志施加非法影响的做法；因此，即使相对人对胁迫既一无所知，亦无法知道，他也不应受到保护。”参见［德］卡尔·拉伦茨：《德国民法通论（下）》，谢怀栻等译，法律出版社2003年版，第542页。

② 例如，无论是大陆法系还是英美法系，早期的立法例上都不承认“经济胁迫”。而在我国，不仅本条规定作为综合性的解释在《民通意见》第69条的基础上作了较大变化，而且，对于不同法律关系领域的“胁迫”，也应根据实际情况予以特别考虑。例如，与《民法典》同步实施的《最高人民法院关于适用〈中华人民共和国民法典〉婚姻家庭编的解释（一）》第18条对于婚姻家庭领域的“胁迫”就作了特别规定。

1. 以对民事主体的人身权利造成损害相要挟。在罗马法上，对于自然人的胁迫，曾经有身体胁迫和精神胁迫之分：前者如甲以强力执乙之手在合同文件上签字，乙无力摆脱；后者如甲以伤害乙之子为由迫使乙在合同文件上签字，乙虽不情愿，但为保全孩子不受伤害而签字。在前者之情形下，因乙根本无签约的意思，故其签字不发生立约效力，自然也无赋予乙撤销权之必要。在后者的情形下，受胁迫人虽有成立法律行为的意思，但行为的内容非其所愿，意思表示存在瑕疵，为保护其利益，立法允许其撤销其瑕疵的意思表示。[①] 也即对于身体胁迫，并不通过可撤销行为制度调整，对于精神胁迫，则有可撤销行为制度适用的空间。从我国立法来看，并未区分过身体胁迫与精神胁迫，无论是以对自然人及其近亲属等的生命、健康、荣誉、名誉等人身权利造成损害相要挟，还是以对法人、非法人组织的名誉、荣誉造成损害相要挟，均属于以对民事主体的人身权利造成损害相要挟，一并予以规制。

2. 以对民事主体的财产权利造成损害相要挟。在立法例上，曾经有"经济胁迫"的概念，一般是指以民事主体因为对经济损害的担忧相威胁而迫使其作出在其自由意志之下不会作出的行为。[②] 我国立法并未采用"经济胁迫"的概念，而是无论以对自然人及其近亲属等的财产权益造成损害相要挟，还是以对法人、非法人组织的财产权利造成损害相要挟，均属于以对民事主体的财产权利造成损害相要挟，一并予以规制。

3. 以对民事主体的其他合法权益造成损害相要挟。这属于兜底性规定。依《民法典》第126条的规定，"民事主体享有法律规定的其他民事权利和利益"，即不论是权利还是利益，都受到法律保护。如果不属于本条规定列举的人身权利或者财产权利，也不属于现行法规定的人身权利或者财产权利，司法者仍可以视行为人据以要挟的内容是否属于受要挟人的合法权益以及对其的影响程度对行为人的行为是否属于胁迫行为进行判断。由此可见，如此规定增加了本规则的灵活性和前瞻性，既赋予司法者一定的自由裁量空间，也契合《民法典》为新型民事权益的保护预留空间、保持私权保护开放性的立法态度。

---

① ［意］彼德罗·彭梵得：《罗马法教科书》，黄风译，中国政法大学出版社1992年版，第74～76页。

② See Black's Law Dictionary 354 (Abridged Sixth Edition 1991). 另可参见杨祯：《英美契约法论》，北京大学出版社1997年版，第239页；尹田：《法国现代合同法》，法律出版社1995年版，第96～97页。

（三）受胁迫人基于恐惧心理作出意思表示

这是基于受胁迫人的角度赋予受胁迫人撤销权的基础。如果胁迫人有胁迫的故意，也有胁迫的行为，但受胁迫人并未因此产生恐惧心理，或者即便产生恐惧心理也并非基于恐惧心理而作出意思表示，则受胁迫人也不得以受胁迫为由撤销法律行为。认定当事人的行为是否符合这一要件，需要注意下列两个问题：

其一，作为可撤销法律行为撤销事由的胁迫行为是否需要以行为的违法性作为构成要件。对于这一问题，在理论上和实务中存在不同态度。早有学者认为应当将违法性作为胁迫的构成要件，提出在罗马法时即已如此，[①] 且被不少国家立法例所接受，而且即便行为的目的或手段分别而言均属合法，但二者的结合有悖于公序良俗的，同样也可以构成违法，如以告发他人犯罪为威胁强迫他人签订合同；[②] 但同时也有学者认为，以行为违法性为构成胁迫的要件太过严格，只要施加的要挟不当即可构成胁迫。[③] 从本条规定来看，并不要求胁迫行为必须具有违法性，只要受胁迫人因受胁迫而产生恐惧心理，并基于其恐惧心理作出意思表示，即可认定行为人的行为符合本要件。我国司法实践中也有案例支持这一观点。[④]

其二，胁迫行为是否必须重大。对于这一问题，理论上早有不同看法，但通说认为无须强调重大。[⑤] 从本条规定来看，并未特别强调胁迫行为的危害必须重大，但“迫使其基于恐惧心理作出意思表示的”一语，意味着该胁迫行为需要达到迫使受胁迫人产生恐惧心理并基于这种恐惧心理作出意思表示的程度。当然，对于是否达到这一程度的判断标准，理论上也有根据主观标准或者根据客观标准两种观点：主观标准是依特定受胁迫人的年龄、知识水平、经验技能等具体情况来判断；客观标准是依一个理

---

① 在罗马法上，认为合法行为即使让相对人感到恐惧也不构成助迫。参见周枏：《罗马法原论（下册）》，商务印书馆 1994 年版，第 593～594 页。

② 梁慧星：《民法总论》，法律出版社 2007 年版，第 179～180 页；王利明：《合同法研究（第一卷）》，中国人民大学出版社 2002 年版，第 644 页。

③ 王家福：《中国民法学·民法债权》，法律出版社 1991 年版，第 347 页。

④ 例如，在刘某某与戴某合同纠纷案中，再审申请人以检举揭发再审被申请人为由要求对方进行钱款给付，法院认为，虽然检举揭发他人的违法行为是法律赋予公民的合法权利，但再审申请人为实现个人目的以此要挟对方作出违背自己真实意思的行为，其行为仍可以认定为胁迫。湖南省长沙市中级人民法院（2014）长中民再终字第 00370 号民事判决书，载中国裁判文书网，https://wenshu.court.gov.cn/website/wenshu/181107ANFZ0BXSK4/index.html?docId=7cc4b9612960436f86c4a73477c74a56，最后访问时间：2022 年 4 月 11 日。

⑤ 王家福：《中国民法学·民法债权》，法律出版社 1991 年版，第 347 页；王利明：《合同法研究》，中国人民大学出版社 2011 年版，第 653 页。

性的普通人为标准来判断。对此，胁迫与欺诈相较而言，胁迫行为更值得启动法律对受胁迫人予以救济，而且，越是心智方面脆弱的人，越需要得到更强有力的保护。因此，对于胁迫行为的认定，依主观标准为断更为适宜，只要胁迫行为使受胁迫人在主观上产生恐惧心理并基于恐惧心理而作出意思表示即可，无须探究一个理性的第三人在这种情形下是否会产生恐惧心理以及恐惧的程度如何。

（四）行为人的胁迫行为与受胁迫人产生恐惧心理以及基于恐惧心理作出意思表示存在因果关系

在因果关系这一要件方面，胁迫的构成需要两层因果关系：相对人因胁迫而产生恐惧心理，并且因该恐惧心理而作出意思表示。因此，如果受胁迫人并未因胁迫而产生恐惧心理，或者虽然产生恐惧心理，但并非因胁迫行为所致，或者虽有恐惧心理，但并未因此作出意思表示，则均不构成《民法典》第150条所称的胁迫。

【相关规定】

《中华人民共和国民法典》

第一百五十条 一方或者第三人以胁迫手段，使对方在违背真实意思的情况下实施的民事法律行为，受胁迫方有权请求人民法院或者仲裁机构予以撤销。

（本条由刘智慧撰写）

第二十三条 【民事法律行为不成立的法律后果】民事法律行为不成立，当事人请求返还财产、折价补偿或者赔偿损失的，参照适用民法典第一百五十七条的规定。

【条文主旨】

本条明确了关于民事法律行为不成立的法律后果及法律适用问题。

【条文沿革】

2019年《全国法院民商事审判工作会议纪要》（下称《九民纪要》）

第32条[①]明确规定了民事法律行为不成立的法律后果。《民法典》第157条[②]在《民法通则》第61条第1款[③]以及《合同法》第58条[④]规定的基础上，结合《九民纪要》第32条的规定，明确了民事法律行为无效、被撤销或者确定不发生效力的法律后果。本条则属于对于《民法典》第157条的补充性解释。

【理解与适用】

一、规范宗旨

虽然《民法典》第157条扩充了对其适用范围，将《合同法》第58条中“合同无效或者被撤销后”改为“民事法律行为无效、被撤销或者确定不发生效力后”，但其中的“确定不发生效力”仅是指民事法律行为附生效条件或者需经行政机关批准等情形，该民事法律行为是由于所附条件不成就或者相关事项未获批准而最终不能生效，还是也包括民事法律行为不成立而不发生效力？如果是前者，就意味着不论是“无效、被撤销”，还是“确定不发生效力”，均无法涵盖民事法律行为不成立的情形。如果是后者，则回应了对民事法律行为不成立的规范需求。因为即使民事法律行为因双方当事人的意思表示不一致而不能成立，当事人也完全可能因为不知民事法律行为不成立的事实而进行交付标的物、支付价款、提供劳务

---

① 该条规定：“《合同法》第58条就合同无效或者被撤销时的财产返还责任和损害赔偿责任作了规定，但未规定合同不成立的法律后果。考虑到合同不成立时也可能发生财产返还和损害赔偿责任问题，故应当参照适用该条的规定。在确定合同不成立、无效或者被撤销后财产返还或者折价补偿范围时，要根据诚实信用原则的要求，在当事人之间合理分配，不能使不诚信的当事人因合同不成立、无效或者被撤销而获益。合同不成立、无效或者被撤销情况下，当事人所承担的缔约过失责任不应超过合同履行利益。比如，依据《最高人民法院关于审理建设工程施工合同纠纷案件适用法律问题的解释》第2条规定，建设工程施工合同无效，在建设工程经竣工验收合格情况下，可以参照合同约定支付工程款，但除非增加了合同约定之外新的工程项目，一般不应超出合同约定支付工程款。”

② 《民法典》第157条规定：“民事法律行为无效、被撤销或者确定不发生效力后，行为人因该行为取得的财产，应当予以返还；不能返还或者没有必要返还的，应当折价补偿。有过错的一方应当赔偿对方由此所受到的损失；各方都有过错的，应当各自承担相应的责任。法律另有规定的，依照其规定。”

③ 《民法通则》第61条第1款规定：“民事行为被确认为无效或者被撤销后，当事人因该行为取得的财产，应当返还给受损失的一方。有过错的一方应当赔偿对方因此所受的损失，双方都有过错的，应当各自承担相应的责任。”

④ 《合同法》第58条规定：“合同无效或者被撤销后，因该合同取得的财产，应当予以返还；不能返还或者没有必要返还的，应当折价补偿。有过错的一方应当赔偿对方因此所受到的损失，双方都有过错的，应当各自承担相应的责任。”

等行为，并因此丧失对财产的占有或者受到其他损失，而受领给付一方继续占有财产或者保留利益就丧失法律依据，此时也存在返还财产、折价补偿、损害赔偿等问题。

目前，对于这一问题，理论上和实务中一直未达成共识，[①] 故有必要对此进行细化解释与明确。如《民法典》第 157 条的规范意图，本条亦旨在使当事人的利益状态“恢复至各方当事人在民事法律行为实施前的状态”[②]。

二、法律行为不成立的法律后果

根据本条规定，在民事法律行为不成立的情形下，除非法律另有规定，[③] 否则当事人[④]可以参照适用《民法典》第 157 条的规定请求返还财产、折价补偿或者赔偿损失。兹逐一分析。

（一）返还财产请求权

基于我国未承认物权行为无因性的立场，一般认为这一请求权的基础是物的返还请求权与不当得利请求权的合体，并非独立的请求权基础。[⑤] 其存在的前提为财产还存在且没有被第三人合法取得或者设定负担，即财产还有返还的可能。如果财产已经灭失或者财产虽然存在但已经被第三人合法取得，均属于不能返还，前者属于事实不能，后者属于法律不能。在财产已经没有返还可能的情形下，当事人主张返还财产请求权的，法院不应支持。在适用这一法律后果时还应注意以下问题：

1. 本条规定中财产的范围。本条中的财产可以是房屋、汽车等有形财产，也可以是基于他物权、知识产权等形成的财产性利益。

2. 当事人相互返还的问题。双方当事人都因为不成立的法律行为而取得财产的，应当相互返还。在实践中，通常是标的物返还与价款返还互为对待给付，此时双方应当相互返还。如果一方在占有标的物期间有使用情形的，一般应当支付使用费；与此同时，占有价款等资金的一方也应当支

---

① 例如，有学者认为，“‘确定不发生效力’既包括效力待定法律行为终未获追认、已成立终未获审批的情形，也包括法律行为未成立的情形”。参见叶名怡：《〈民法典〉第 157 条（法律行为无效之法律后果）评注》，载《法学家》2022 年第 1 期。

② 黄薇：《中华人民共和国民法典释义（上）》，法律出版社 2020 年版，第 310 页。

③ 这里的“法律另有规定”，主要是针对特别法对于有名合同的特殊规定。

④ 这里的“当事人”，可以是民事法律行为的一方当事人，也可以是民事法律行为的双方当事人。

⑤ 许德凤：《论合同违法无效后的获益返还》，载《清华法学》2016 年第 2 期。当然，也有反对的声音认为，这本身就是独立的请求权基础。参见丁宇翔：《返还原物请求权研究》，法律出版社 2019 年版，第 240 页。

付资金占用费，在符合抵销条件时，可以相互抵销。[①] 对于如借款合同这样的民事法律行为，专以金钱支付为标的，资金占用方原则上应当返还利息，且原则上参照同期银行贷款利率进行返还。[②]

3. 标的物的孳息应否返还的问题。对此，因民事法律行为的不成立，受领标的物交付的当事人对于标的物的占有属于无权占有，而《民法典》明确规定无论是善意占有还是恶意占有，占有人均无权获得孳息，故占有人不仅应当返还标的物，还应当返还孳息。当然，在占有人为善意占有时，其有权请求行使返还请求权的当事人支付其因维护该不动产或动产支出的必要费用。

4. 财产返还中的财产增值或者贬值问题。如果因民事法律行为不成立需要进行财产返还时，要充分考虑财产增值或者贬值的因素，尤其是涉及股权、房屋等财产的，司法者应当综合考虑市场因素、受让人的经营或者添附等行为与财产增值或者贬值之间的关联性，在当事人之间合理分配或者分担，避免一方因法律行为不成立而获益。[③]

（二）折价补偿请求权

在标的物已经灭失或已经被他人合法取得、设定负担或在性质上不可能返还[④]等而使得财产无法返还或没有必要返还的情形下，当事人即丧失返还财产请求权，但此时可以主张折价补偿请求权。一般认为，这一请求权的产生基础是不当得利请求权。适用这一法律后果需要注意的是，不仅在财产无法返还的情形下，当事人可以主张折价补偿请求权，而且在已经没有必要返还的情形下，当事人也可以主张折价补偿请求权。所谓没有必要返还，实践中一般是指虽然还能够返还，但返还财产已经不符合经济原则，或者不利于双方争议的解决。[⑤] 在实践中，判断是否还有返还的必要，一般应当由司法者进行综合判定，也可以由当事人合意确定，但不能简单

---

① 《九民纪要》第34条。

② 最高人民法院民事审判第二庭：《〈全国法院民商事审判工作会议纪要〉理解与适用》，人民法院出版社2019年版，第264页。

③ 《九民纪要》第33条。

④ 如当事人接受的是劳务，在性质上无法恢复原状，或者当事人通过使用对方无形资产获益等，均只能折价补偿。

⑤ 例如，在孙某某、王某房屋买卖合同纠纷案中，法院结合案件的履行事实及合同目的以及相互返还可能导致的后果，认为案涉房屋不宜返还，且不返还也有利于消除双方的对立情绪。参见湖北省襄阳市中级人民法院（2018）鄂06民终1054号民事判决书，载中国裁判文书网，https：//wenshu. court. gov. cn/website/wenshu/181107ANFZ0BXSK4/index. html？docId＝17958ea8605249a390e0a8f10141118a，最后访问时间：2022年4月11日。

地由当事人选择。

在折价补偿的标准问题上，理论上和实务中有主观说和客观说的不同观点。客观说认为可以市场价作为判断标准，[①] 主观说认为可以当事人的合同约定价或者转售价等作为判断标准。[②] 我国近来的司法实践偏向主观说，一般以当事人交易时约定的价款为折价补偿的基础，同时考虑当事人在标的物灭失或者由他人合法取得时的获益情况，抑或标的物灭失时当事人获得的保险金或者其他赔偿金等，进行综合确定，对获益高于或者低于价款的部分在当事人之间进行分配或者分担。[③]

（三）赔偿损失请求权

一般认为，这一请求权的基础为缔约过失责任。[④] 在民事法律行为不成立，仅返还财产或者折价补偿不足以弥补损失时，一方还可以向有过错的另一方请求损害赔偿。适用这一法律后果需要注意下列三个方面：

其一，赔偿损失请求权与财产返还或者折价补偿请求权可以并行。

其二，赔偿损失请求权适用过错责任原则，即当事人只有在有过错的情况下才承担赔偿责任，如果没有过错，即便造成了对方损失也无需承担责任。如果各方都有过错，应当各自承担相应的责任。[⑤]

其三，鉴于缔约过失责任的目的主要在于保护当事人的合理信赖，故而赔偿损失的范围为信赖利益的损失。在具体确定损害赔偿范围时，既要根据当事人的过错程度合理确定责任，也要考虑在确定财产返还范围时已经考虑过的财产增值或者贬值因素，避免发生双重获利或者双重受损的现象发生。[⑥]

---

① 叶名怡：《〈民法典〉第157条（法律行为无效之法律后果）评注》，载《法学家》2022年第1期。

② 如在石某某、李某合同纠纷案中，二审法院认为，鉴于本案并不存在标的物灭失或者转售时的获益情况，故李某应以双方交易时约定的价款向石某某折价补偿。参见广西壮族自治区桂林市中级人民法院（2020）桂03民终956号民事判决书，载中国裁判文书网，https://wenshu.court.gov.cn/website/wenshu/181107ANFZ0BXSK4/index.html?docId=95804745535b44548d0babfa00368964，最后访问时间：2022年4月11日。

③ 《九民纪要》第33条。

④ 孙维飞：《〈合同法〉第42条（缔约过失责任）评注》，载《法学家》2018年第1期。

⑤ 例如，在郭某某、黄某某等房屋买卖合同纠纷案中，二审法院认定双方当事人均有过错，故酌定双方对所造成的损失各承担一半责任。参见广东省广州市中级人民法院（2021）粤01民终11714号民事判决书，载中国裁判文书网，https://wenshu.court.gov.cn/website/wenshu/181107ANFZ0BXSK4/index.html?docId=1e5f35b5513140248de8ae1400a942b8，最后访问时间：2022年4月11日。

⑥ 《九民纪要》第35条。

三、参照适用的安排

本条中“参照”一词，表明《总则编司法解释》认为《民法典》第157条中的“确定不发生效力”并不包括民事法律行为不成立而不发生效力。也就是说，认为民事法律行为不成立已超出《民法典》第157条之文义的可能范围，才将此“参照适用”该规定。

【相关规定】

《中华人民共和国民法典》

第一百五十七条 民事法律行为无效、被撤销或者确定不发生效力后，行为人因该行为取得的财产，应当予以返还；不能返还或者没有必要返还的，应当折价补偿。有过错的一方应当赔偿对方由此所受到的损失；各方都有过错的，应当各自承担相应的责任。法律另有规定的，依照其规定。

（本条由刘智慧撰写）

第二十四条 【民事法律行为附不可能条件】民事法律行为所附条件不可能发生，当事人约定为生效条件的，人民法院应当认定民事法律行为不发生效力；当事人约定为解除条件的，应当认定未附条件，民事法律行为是否失效，依照民法典和相关法律、行政法规的规定认定。

【条文主旨】

本条是关于民事法律行为附不可能条件的效力规则。

【条文沿革】

本条是对《民法典》第158条的补充与细化。《民法典》第158条规定：“民事法律行为可以附条件，但是根据其性质不得附条件的除外。附生效条件的民事法律行为，自条件成就时生效。附解除条件的民事法律行为，自条件成就时失效。”《民通意见》第75条规定：“附条件的民事行为，如果所附的条件是违背法律规定或者不可能发生的，应当认定该民事行为无效。”[①]《民通意见》第75条的规定在处理上有过于简单之嫌，即对附不法条件和不能条件的民事法律行为不区分生效条件和解除条件一律认定为无效。因此，《总则编司法解释》对《民通意见》第75条有关内容进行了调整。本条未对不法条件进行规定，仅对《民法典》第158条有关“附生效条件的民事法律行为，自条件成就时生效。附解除条件的民事法律行为，自条件成就时失效”的内容就附不能条件情形进行了补充与细化。

【理解与适用】

一、规范宗旨

附条件的民事法律行为属于民事法律行为存在附款的情形。民事法律行为的附款，是当事人通过条件或期限的设置控制法律行为生效或失效时间的手段，是对法律行为效力的发生或消灭所加的限制。[②] 当事人实施法律行为，建立在对法律效果实现形势判断的基础上。当事人对特定法律效果的需求，往往以某些约定的事实的发生或不发生为前提，但由于未来的不确定性，在约定时，事实发生与否，难以预知。通过这种附款，控制法律行为的生效或失效时间，可以冲销未来不确定性所带来的风险。附款分为条件附款与期限附款两类，具有预先分配危险的功能并可以起到引导相对人行为的作用。两者的区别在于，条件附款中事件的成就“与否”是不确定的，纯粹的期限附款中事件本身是确定的。[③]

附不可能条件的民事法律行为，是指当事人在民事法律行为中约定一定的条件，并以该不可能发生条件的出现为民事法律行为效力发生或者解除的根据。由于约定的条件不可能发生，因此要从真实的意思表示出发，判断其产生的法律效果。本条关于民事法律行为附不可能条件的规定主要是打破附不可能条件的外观局限，回归到当事人真实的意思表示上。民事法律行为所附条件不可能发生，当事人约定为生效条件的，当事人的真实意思是不希望民事法律行为发生效力，因此法院应当认定该民事法律行为不发生效力；当事人约定为解除条件的，打破外观而探寻当事人的真实意

---

① 附条件的民事法律行为，基于所附条件为不真正条件的具体情况不同，可以分为法定条件、既成条件、必成条件、不法条件、不能条件以及矛盾条件等。

② “民事法律行为”概念与大陆法系经典民法典中的“法律行为”的含义一致。参见张鸣起：《〈中华人民共和国民法总则〉的制定》，载《中国法学》2017年第2期。

③ ［德］卡尔·拉伦茨：《德国民法通论》，王晓晔、邵建东、程建英、徐国建、谢怀栻译，法律出版社2013年版，第683页。

思，当事人不希望该民事法律行为因条件成就而解除，法院应当认定该民事法律行为未附条件，至于民事法律行为是否失效，要依照相关法律、行政法规的规定认定。

二、不可能条件的理解

条件是指民事法律行为效力的发生或者消灭，系于将来客观上不确定事实的成就与否。条件制度是民法总则管控法律风险的制度之一，是当事人对其意思表示效力所附加的限制，构成意思表示（法律行为）的一部分，有此附款的法律行为，称为附条件的法律行为。[①] 条件成就必须是可能的，是针对客观上不确定的事实才有意义。当条件成就时，法律状态随条件成就而改变。若为生效条件，法律行为生效，期待权变为完整权；若为解除条件，法律行为效力终结。条件不成就的效力是，若为生效条件，法律行为停止，终局不生效，期待权消灭；若为解除条件，法律行为效力维持，终局有效。

不可能条件在学理上又被称为“不能条件”，是指以客观上不能成就的事实为内容的条件。[②] 不能条件是不真正条件的一种。例如，甲乙约定：“若长江北流，房屋契约开始生效。”因为长江流向主要受地势影响，我国地势西高东低，这一客观情况决定了长江自西向东流，而不可能向北流。法律规定民事法律行为可以附条件，目的就是以所附的条件来确定或者限制民事法律行为的效力。这是商品经济和市场经济发展的要求，是由社会生活复杂性、多样性所决定的。[③] 探寻法律行为的要旨，在于根据行为人意志发生相应法律效果，故为实现私法自治的工具。附不可能条件的法律行为，徒具条件的外观，而不具条件实质，无法起到管控法律风险的立法目的，也不能实现当事人对其意思表示效力所附加限制的目标。

三、附不可能条件的分类

根据条件的类型不同，可以把民事法律行为所附条件分为生效条件与解除条件。生效条件的效力特点是，当条件成就，法律行为生效。因生效条件具有延缓法律行为生效时间的功能，故又被称为延缓条件。解除条件与生效条件对于法律行为效力的控制方向相反。解除条件的效力特点是，当条件成就，法律行为失效。

基于上述分类，民事法律行为附不可能条件也可以分为两类：附不可

---

① 王泽鉴：《民法总则》，北京大学出版社 2009 年版，第 396 页。

② 王泽鉴：《民法总则》，北京大学出版社 2009 年版，第 401 页。

③ 杨立新：《民法总则》，法律出版社 2020 年版，第 270 页。

能条件约定为生效条件与附不可能条件约定为解除条件。判断民事法律行为效力的关键在于对当事人真实意思表示的解释。打破附不可能条件民事法律行为在外观上的限制，从实质出发，回归到当事人真实的意思表示上。附不可能条件为生效条件的，当事人的真实意思表示是希望民事法律行为永远不发生效力。附不可能条件为解除条件的，当事人的真实意思表示是不想该法律行为由于条件成就而被解除。两种类型对应的当事人意思表示不同，相应的法律效果不同，因此要分类判断，分别处理。

四、附不可能条件为生效条件的法律效果

附生效条件的法律行为，在条件成就之前，法律行为的效力处于停止状态。例如，“如果明天下雨，甲将向乙购买十把雨伞”。此时，甲与乙的买卖契约已经成立，但是由于明天是否下雨属于条件，该条件尚无法确定，因此契约是否生效要等到明天是否下雨而定。此约定的条件为生效条件，该民事法律行为是附生效条件的民事法律行为。

但是，当民事法律行为所附的生效条件为不可能条件，这便是在民事法律行为上附加了一个不真正的条件。对于不可能发生的事实，法律行为依然以此为条件者，法律状态确定无法随条件成就而改变，该民事法律行为永远无法生效。在外观上，看似是生效条件，但实质上，期待权无法转变为完整权。打破形式外观，探寻当事人真实的意思表示，以不可能发生的事实作为生效条件，当事人并非出于不想使它立即生效而延缓民事法律行为生效时间的意思，而是从一开始就不想该法律行为生效。

因此，本条对民事法律行为所附生效条件不可能发生的情形作出明确规定，“民事法律行为所附条件不可能发生，当事人约定为生效条件的，人民法院应当认定民事法律行为不发生效力”。由此可见，将不可能条件约定为生效条件的实质是，该民事法律行为在约定时，当事人的真实意思表示是通过附加一个不可能发生的条件作为民事法律行为的附款，让民事法律行为永远不发生效力，实质上是不希望民事法律行为生效，因此法院对于这种情况，应当认定为法律行为不发生效力。

五、附不可能条件为解除条件的法律效果

与生效条件不同，解除条件对于民事法律行为效力的控制方向相反，当解除条件成就，法律行为失效。解除条件不成就，法律行为引起的法律效果一直存在。① 同样以下雨情景为例，“甲借了乙十把雨伞，如果明天下

---

① ［德］卡尔·拉伦茨：《德国民法通论》，王晓晔、邵建东、程建英、徐国建、谢怀栻译，法律出版社2013年版，第704页。

雨，甲要归还从乙处借得的十把雨伞”。这种情况下，对于明天是否下雨依然应当是不确定的。而借伞的契约已经成立并生效，如果明天下雨，则该契约失去效力，故为解除条件。解除条件是指民事法律行为中所确定的民事权利和民事义务应当在所附条件成就时失去法律效力的条件，是决定民事法律行为的法律效力是否终止的条件。当行为人在进行交易时，就在民事法律行为中附上一种条件，约定当这种条件成就时，该项民事法律行为的效力即告终止，原来确定的民事法律行为权利和义务立即终止。[①]

当民事法律行为所附的解除条件为不可能条件，是在民事法律行为上附加了一个不真正的解除条件。由于解除条件又叫失效条件，在解除条件发生，民事法律行为已经发生效力的情况下，民事法律行为的效力即告终止，不再发生效力。解除条件不可能发生，法律行为效力无法因解除条件成就而终结。因此，在外观上，看似是解除条件，但当打破形式外观，回归当事人真实的意思表示，实质上其从一开始就不想该法律行为由于条件成就而被解除。解除条件“无效”的，不是民事法律行为，而是解除条件本身，法院应当认定未附条件。

附不可能条件为解除条件的法律效果与其作为生效条件的法律效果不同，应当予以区别对待。对该法律行为的法律效果的判断，不能当然认定该民事法律行为失效。因此本条规定，要结合相关法律、行政法规的规定进行判断。如果结合相关法律、行政法规的规定，该民事法律行为不存在影响其效力实现的法律障碍，则法律行为有效。当存在影响民事法律行为效力实现的法律障碍时，则法律行为可能出现效力待定、可撤销以及失效等情况。

由此可见，不可能条件约定为解除条件的实质是，如果所附解除条件不可能发生，则法律行为永远不会因解除条件成就而失效，该条件没有存在的意义，该民事法律行为未附条件。再结合相关法律、行政法规的规定，判断是否存在法律障碍，方可确定该民事法律行为的法律效果。

【相关规定】

《中华人民共和国民法典》

第一百四十三条 具备下列条件的民事法律行为有效：

（一）行为人具有相应的民事行为能力；

（二）意思表示真实；

---

① 杨立新：《民法总则》，法律出版社 2020 年版，第 271 页。

（三）不违反法律、行政法规的强制性规定，不违背公序良俗。

第一百五十八条 民事法律行为可以附条件，但是根据其性质不得附条件的除外。附生效条件的民事法律行为，自条件成就时生效。附解除条件的民事法律行为，自条件成就时失效。

（本条由祝远石撰写）

六、代　理

第二十五条　【单独行使代理权】数个委托代理人共同行使代理权，其中一人或者数人未与其他委托代理人协商，擅自行使代理权的，依据民法典第一百七十一条、第一百七十二条等规定处理。

【条文主旨】

本条是关于共同代理中单独行使代理权的法律效力的规定。

【条文沿革】

《民通意见》第 79 条第 1 款规定："数个委托代理人共同行使代理权的，如果其中一人或者数人未与其他委托代理人协商，所实施的行为侵害被代理人权益的，由实施行为的委托代理人承担民事责任。"但是此条仅规范了代理人对被代理人承担的民事责任，并没有涉及代理行为的法律效力。

《民法总则》与《民法典》均规定了共同代理，仅要求共同代理人应当共同行使代理权，对共同代理人中的一人或几人单独行使代理权的法律效力，也没有涉及。

本条对《民法典》第 166 条进行补全，明确了共同代理中一人或者几人单独行使代理权时，代理行为的法律效力。

【理解与适用】

一、规范宗旨

本条规范是对《民法典》第 166 条规定的共同代理制度的进一步完

善。代理制度存在的价值是被代理人法定或者自愿通过他人的法律行为参与民事交往，以弥补自己能力上的不足，或者节省交易时间与成本。对于意定代理而言，选择几个代理人完成代理授权事项，是被代理人意思自治的内容。但是各个代理人之间的关系、代理权行使等因共同代理抑或数个代理而有不同。在数个代理人的情形，判断共同代理还是数个代理的标准在被代理人授权，但是共同代理中如何行使代理权、单独行使代理权的法律效力、对被代理人的民事责任则是共同代理法律制度中的应有内容。

鉴于《民法典》第 166 条仅要求共同代理人共同行使代理权，是不完全规范，有必要对违反行为的法律效力与责任承担进一步明确，以统一司法实践中的法律适用。

二、共同行使代理权

本条规范适用的前提是“数个委托代理人共同行使代理权”，即意定共同代理。共同代理是两个或者两个以上的代理人就同一委托事项共同进行代理，需要共同行使代理权。被代理人选择共同代理，要求两个或者两个以上的代理人共同行使代理权，完成代理行为，其目的是借助各代理人之间的相互制约以确保其自身利益的实现。因此，共同代理人必须共同行使代理权才能实现其制度价值。如果允许其中一个或数个代理人不经其他代理人同意，单独行使代理权，将使共同代理的目的落空。

与共同代理经常混淆的是数个授权的代理，或者称为集合代理①，是被代理人将同一事项的代理权分别授予两个或者两个以上的代理人，各代理人可以为被代理人利益分别进行代理行为，本质上是数个单独代理的集合，只不过代理事项为同一事项。在数个授权代理中，代理人享有单独的代理权，有权独立行使并完成代理行为。

在有数个代理人时，认定共同代理还是集合代理的依据仍然是被代理人的授权意思表示。一般而言，被代理人就同一代理事项对多人同时授权，且明确各代理人同时行使代理权的，应属共同代理无疑。被代理人就同一代理事项对多人分别授权，且未限制各代理人的权限的，应认定为集合代理，各代理人可以单独行使代理权，发生有权代理的法律效力。除上述情形外，实践中比较常见的是被代理人对多人授权，没有明确是共同代理还是单独代理，也没有限制各代理人的权限的，应当认定为共同代理还是集合代理的问题。依照《民法典》第 166 条的文义，在被代理人没有特

---

① 王泽鉴：《债法原理》，北京大学出版社 2013 年版，第 285 页。

别的意思表示时，应当“共同行使代理权”，即属于共同代理。①

《民法典》第166条规定：“数人为同一代理事项的代理人的，应当共同行使代理权，但是当事人另有约定的除外。”所谓共同行使代理权，是指共同代理人行使代理权时应共同为之，共同完成代理行为。至于如何共同完成，在被代理人与各代理人之间有约定的情况下，依照约定方式完成。在没有约定的情况下，则应当允许数个代理人之间共同约定。全部代理人就共同完成代理事项，行使共同代理权没有达成一致意见的，代理行为就应当由全体共同代理人一致作出。全部代理人达成一致意见，推举共同代理人中的一人或者数人从事代理行为，与共同代理目的不违背的②，也应认为属于共同行使。最高人民法院在其相关文献中认为：“原则上讲，在法律没有禁止性规定或者代理人与被代理人之间没有特别约定排除的情况下，这种协商分工不宜认定为无效，但也要看是否违背被代理人在进行委托代理时的真实意思表示以及不同行业领域的惯常做法。委托共同代理的目的通常是发挥数个代理人的能力、特长，如果最终代理人之间通过协商变更为其中一人代理时，这时实际上构成了变相的转委托，有违被代理人最大利益的要求，确有违反忠实义务之嫌。因此，在这种情况下，代理人通常应当更要及时将有关情况向被代理人履行报告义务，以征得被代理人同意为原则，在行业惯例有不同做法或者紧急情形下除外。”③

三、擅自行使代理权的行为

共同代理人需共同行使代理权，此乃共同代理的价值所在。一个或者数个代理人擅自行使代理权，是指行为人违反了被代理人与代理人之间或者共同代理人之间就行使代理权达成的约定，或者在没有约定的情形下，未经其他共同代理人同意就擅自行使代理权，以被代理人的名义参与民事交往的行为。如果共同代理人中的一人或数人擅自行使代理权，完成代理

---

① 此种情形属于共同代理抑或集合代理，各地立法例存在差异：瑞士、奥地利均认定为共同代理，需要全部代理人共同行使代理权；意大利、荷兰等认定为集合代理，各代理人有权单独完成代理行为。从文义解释的角度来看，《民法典》第166条将没有特别意思表示的数个代理人从事同一事项认定为共同代理。参见黄薇主编：《中华人民共和国民法典总则编释义》，法律出版社2020年版，第483页。此外，已有司法判例支持各代理人共同行使代理权，例如宁波海事法院（2013）甬海法商初字第301号民事判决书，载中国裁判文书网，https：//wenshu. court. gov. cn/website/wenshu/181107ANFZ0BXSK4/index. html? docId = 9bc832b8779a42ed972560575cc6327a，最后访问时间：2022年4月11日。

② 王泽鉴：《债法原理》，北京大学出版社2013年版，第285页。

③ 最高人民法院民法典贯彻实施工作领导小组主编：《中华人民共和国民法典总则编理解与适用（下）》，人民法院出版社2020年版，第831页。

行为，此时行为人显然超越了其所拥有的代理权范围（就代理事项，不享有独立代理权），属于超越代理权，构成无权代理。

本条属于转引规范，将《民法典》第171条、第172条等关于无权代理、表见代理的规范引入共同代理人中一人或者数人擅自行使代理权的情形，用以确定此时行为人代理行为的对外效力。也只有在代理行为的对外效力确定的前提下，才能进一步讨论行为代理人的责任承担问题。而这点恰恰是《民法通则》《民通意见》以及《民法典》均没有涉及的内容，因此本条对共同代理制度进行了极大的完善。

超越代理权的行为属于无权代理行为无疑。但是广义上的无权代理还包括表见代理，因此还有进一步区分行为人的代理行为的必要。如果相对人有合理的理由相信代理行为为全体共同代理人共同的行为，或者行为代理人享有单独代理权的，并且相对人善意无过失，可以认定为表见代理，由被代理人承担代理行为的法律效果。[①] 如果行为人的行为以及交易相对人的主观状态等不能满足表见代理的构成要件，那么行为人的代理行为可能成立狭义的无权代理，此时代理行为处于效力待定状态，需要等待被代理人的追认（《民法典》第171条第1款）。

四、对被代理人的责任

共同代理人中的一人或者数人未经其他共同代理人同意，擅自单独行使代理权，给被代理人造成损害的，需要承担民事责任。依通常情形，此种损害多是发生在表见代理，由被代理人承受行为代理人的代理行为导致。[②]《民通意见》第79条第1款规定："数个委托代理人共同行使代理权的，如果其中一人或者数人未与其他委托代理人协商，所实施的行为侵害被代理人权益的，由实施行为的委托代理人承担民事责任。"因被代理人与代理人之间存在基础关系，被代理人受损后可以依据基础关系要求代理人承担民事责任。例如，《民法典》第166条与本条均将此种基础关系限定为委托合同，依据《民法典》第932条的规定，两个以上的受托人共同处理委托事务的，对委托人承担连带责任。当然，被代理人也可以向行为代理人主张侵权责任。

如果交易相对人明知共同代理存在，行为代理人擅自作出的意思表示

---

① 关于表见代理的认定，在此次司法解释中也有相应的内容，参见《总则编司法解释》第28条。

② 可能产生"民事责任"的，是当第三人善意且符合表见代理要件时，被代理人将因为代理人之一的意思表示而被迫承受行为效果，该代理人可能因为代理权滥用或违反内部基础关系之约定而负损害赔偿之责。

因缺乏共同意思表示的要件而未成立，此时行为代理人与相对人之间的法律行为不成立，也不存在损害被代理人利益而承担民事责任的情形。

五、对法定共同代理的适用

无论是《民法典》第 166 条还是本条司法解释，均是针对委托代理中的共同代理行为进行规范。民事代理制度因代理权的来源不同，可以区分为法定代理与意定代理两种，而后者即《民法典》中的委托代理。对于法定代理（《民法典》第 163 条）而言，也存在共同代理的情形，如父母均是未成年子女的法定代理人。法定共同代理人应如何行使代理权，我国《民法典》未作出明确规定。但是从共同代理的性质而言，宜认为与委托共同代理一样，需要由共同代理人共同行使代理权。但是在父母一方不能行使代理权时，则可以由他方单独行使。[①] 因此，基于同样的制度目的和利益状况，对法定共同代理应类推适用《民法典》第 166 条以及本条司法解释。

六、当事人另有约定的除外

对共同代理人应当共同行使代理权，《民法典》第 166 条最后存在但书“当事人另有约定的除外”。在当事人另有约定的情形，可以排除共同行使代理权的要求，由一个或者部分数个代理人行使代理权。因此，当事人另有约定，本条司法解释也被同时排除适用。

【相关规定】

《中华人民共和国民法典》

第一百六十六条　数人为同一代理事项的代理人的，应当共同行使代理权，但是当事人另有约定的除外。

第一百七十一条　行为人没有代理权、超越代理权或者代理权终止后，仍然实施代理行为，未经被代理人追认的，对被代理人不发生效力。

相对人可以催告被代理人自收到通知之日起三十日内予以追认。被代理人未作表示的，视为拒绝追认。行为人实施的行为被追认前，善意相对人有撤销的权利。撤销应当以通知的方式作出。

行为人实施的行为未被追认的，善意相对人有权请求行为人履行债务或者就其受到的损害请求行为人赔偿。但是，赔偿的范围不得超过被代理人追认时相对人所能获得的利益。

---

① 陈甦主编：《民法总则评注（下）》，法律出版社 2017 年版，第 1178 页。

相对人知道或者应当知道行为人无权代理的，相对人和行为人按照各自的过错承担责任。

第一百七十二条 行为人没有代理权、超越代理权或者代理权终止后，仍然实施代理行为，相对人有理由相信行为人有代理权的，代理行为有效。

（本条由乌兰撰写）

第二十六条 【紧急情况下的复代理】由于急病、通讯联络中断、疫情防控等特殊原因，委托代理人自己不能办理代理事项，又不能与被代理人及时取得联系，如不及时转委托第三人代理，会给被代理人的利益造成损失或者扩大损失的，人民法院应当认定为民法典第一百六十九条规定的紧急情况。

【条文主旨】

本条是关于紧急情况下的复代理中“紧急情况”认定的规则。

【条文沿革】

《民法通则》第68条承认代理人可以经被代理人同意后，授权复代理人，以本人名义参与民事交往，由被代理人承担代理行为的法律效力。对于紧急情况下，为保护被代理人利益而进行复代理授权，不需要事先取得被代理人的同意。随后，《民通意见》第80条对上述第68条的“紧急情况”进行了界定，将“由于急病、通讯[①]联络中断等特殊原因，委托代理人自己不能办理代理事项，又不能与被代理人及时取得联系，如不及时转托他人代理，会给被代理人的利益造成损失或者扩大损失的”认定为《民法通则》第68条中的“紧急情况”。

《民法典》第169条同样是关于复代理的规定，在紧急情况下代理人进行复代理授权，无需征得被代理人的同意，即可以构成有效的复代理授

① 依照《现代汉语词典》（商务印书馆2016年版），下文的阐释将使用“通信”而非“通讯”。

权。《总则编司法解释》第 26 条依循《民通意见》的做法，对“紧急情况”进行了重新界定，可以视为对已有民事立法的延续。

【理解与适用】

一、规范宗旨

就代理的通常情形而言，代理人应当亲自完成代理事项，此乃被代理人信任并使用代理人的目的所在。如此，对于被代理人授权的代理事项，代理人行为所产生的法律效果，全部归属于被代理人也是意思自治的体现。但是，实践中被代理人选定代理人后，因为种种原因代理人可能无法亲自完成代理行为，此时代理人需要选任一个复代理人来完成代理行为。[①]对复代理人的选择以及复代理权的授予，我国《民法典》要求相对严格，需要征得被代理人的同意或者追认。从 1986 年《民法通则》以来，只有一种例外情形无需征得被代理人的同意或者追认，复代理即可有效，即《民通意见》第 80 条中的“紧急情况”。本条是对《民通意见》第 80 条的延续，界定了复代理的“紧急情况”，是《民法典》第 169 条适用的辅助规范。

二、紧急情况的认定

（一）特殊情形出现

本条列举了特殊情形，即在代理人或者被代理人罹患急病、通信联络中断、疫情防控等特殊情形出现导致代理人不能自己完成代理事项时，才有可能不经被代理人同意而授权复代理。同时，在上述情形出现后，并不全部构成本条所说的“紧急情况”，还需代理人在此特殊情形中不能与被代理人及时取得联系，会给被代理人造成损失时，才能够自主决定进行复代理。本条中的“等”，在解释上应当是出现了与代理人或者被代理人急病或者通信联络中断紧急程度相当的特殊情形。

相比于《民通意见》第 80 条，本条增加了“疫情防控”作为特殊情形。最高人民法院显然是考虑到了疫情的防控措施将影响代理人亲自完成代理事项。关于“疫情防控”是否能够作为紧急情况允许代理人授予复代理权，有不同的理解。通常情况下，“疫情防控”虽然限制了代理人的行为自由，但并不会影响其与被代理人之间的通信联络。代理人完全可以取

---

① 在立法史上，意定代理中的复代理经历了从一般禁止到特定情形下承认再到默示允许代理人选任复代理人各发展阶段，参见陈甦主编：《民法总则评注（下）》，法律出版社 2017 年版，第 1194 页。

得被代理人的同意或者追认，继而产生有效复代理的结果。显然，“疫情防控”的紧急程度不如代理人急病与通信联络中断，因此不能仅以“疫情防控”作为紧急情况。

（二）无法联系被代理人

除了需要有特殊情形出现，代理人此时应当无法联络被代理人。在代理人仍能联络到本人的情形下，代理人完全可以取得本人的同意或者追认，没有必要将当事人之间的法律关系复杂化。判断代理人是否能够联络到被代理人，不能仅以客观通信中断等为依据，还需要考虑被代理人与代理人的实际情况。如客观通信正常，但是代理人自己确实不能对外联络或者被代理人确实无法联络上的，也有可能构成本条的“紧急情况”。因此，能否联系到被代理人，还需要结合上述特殊情形的紧急程度来进行判断。

（三）有可能造成损失

为被代理人选择复代理人是为了维护被代理人的利益，若上述特殊情形出现，代理人无法与被代理人取得联系并不影响代理人自己完成代理事项，或者代理事项的迟延完成并不影响被代理人的利益的，完全可以等待特殊情形结束后，代理人再继续进行代理，没有复代理的必要。因此，只有在可能造成被代理人损失时，才能授权复代理。对于被代理人损失或者损失的扩大，仅存在可能性即可，不需要出现实际的损失。对代理人而言，特别是在特殊情形下，不能过高要求其进行精准判断。依据一般常识，不进行复代理，有可能会给被代理人造成损失或者损失的扩大即可。

在不能满足上述要求，即未形成《民法典》第169条与本条规定的“紧急情况”，代理人仍授权复代理的，应适用《民法典》第169条第2款与第3款的规定判断被代理人与代理人、复代理人之间的权利义务关系。

三、复代理与转委托

《民法典》第169条第1款使用“代理人需要转委托第三人代理”的表述，本条也使用“转托他人代理”的类似表述，尽管在法律关系指向上属于复代理，但是转委托的概念极具迷惑性，有必要加以区分。

《民法典》中“转委托”这一概念，除了出现在第169条复代理，还出现在第923条“受托人应当亲自处理委托事务。经委托人同意，受托人可以转委托”，以及第941条第2款“物业服务人不得将其应当提供的全部物业服务转委托给第三人，或者将全部物业服务支解后分别转委托给第三人”中。显然，第169条与第923条、第941条中的“转委托”并不是同种法律关系。

基于基础关系和代理权授予行为的区分,[①] 有委托关系的未必授予代理权，有代理权的未必有委托关系。《民法典》第 923 条与第 941 条实际上是对委托合同中受托人的转委托行为进行规范，即委托人与受托人之间的基础法律关系。这两条规范所涉权利义务关系与第 169 条的代理人授权复代理不是同种法律关系。但是在代理人未经被代理人同意或者追认，或者代理人在非紧急情况下进行复代理授权，损害了被代理人利益的，被代理人可以依据其与代理人之间的基础法律关系即委托合同主张损害赔偿。

四、不适用于法定代理

《民法典》第 169 条与本条均是调整委托代理中的复代理，关于法定代理是否允许复代理，普遍认为法定代理人可以为被代理人选择复代理人。因法定代理人需要全面代理被代理人的民事交往，是完全权限的代理，故在法定代理人无法亲自完成代理事项时，有权利为被代理人选择复代理人。基于法定代理人有相应的权限，本条中“紧急情况”的有效复代理并不适用于法定代理，而仅针对委托代理。

【相关规定】

《中华人民共和国民法典》

第一百六十九条　代理人需要转委托第三人代理的，应当取得被代理人的同意或者追认。

转委托代理经被代理人同意或者追认的，被代理人可以就代理事务直接指示转委托的第三人，代理人仅就第三人的选任以及对第三人的指示承担责任。

转委托代理未经被代理人同意或者追认的，代理人应当对转委托的第三人的行为承担责任；但是，在紧急情况下代理人为了维护被代理人的利益需要转委托第三人代理的除外。

第九百二十三条　受托人应当亲自处理委托事务。经委托人同意，受托人可以转委托。转委托经同意或者追认的，委托人可以就委托事务直接指示转委托的第三人，受托人仅就第三人的选任及其对第三人的指示承担责任。转委托未经同意或者追认的，受托人应当对转委托的第三人的行为承担责任；但是，在紧急情况下受托人为了维护委托人的利益需要转委托第三人的除外。

第九百四十一条　物业服务人将物业服务区域内的部分专项服务事项

---

① 王泽鉴:《债法原理》，北京大学出版社 2013 年版，第 279 页。

委托给专业性服务组织或者其他第三人的，应当就该部分专项服务事项向业主负责。

物业服务人不得将其应当提供的全部物业服务转委托给第三人，或者将全部物业服务支解后分别转委托给第三人。

《最高人民法院关于审理海上货运代理纠纷案件若干问题的规定》

第五条 委托人与货运代理企业约定了转委托权限，当事人就权限范围内的海上货运代理事务主张委托人同意转委托的，人民法院应予支持。

没有约定转委托权限，货运代理企业或第三人以委托人知道货运代理企业将海上货运代理事务转委托或部分转委托第三人处理而未表示反对为由，主张委托人同意转委托的，人民法院不予支持，但委托人的行为明确表明其接受转委托的除外。

（本条由乌兰撰写）

第二十七条 【无权代理的证明】 无权代理行为未被追认，相对人请求行为人履行债务或者赔偿损失的，由行为人就相对人知道或者应当知道行为人无权代理承担举证责任。行为人不能证明的，人民法院依法支持相对人的相应诉讼请求；行为人能够证明的，人民法院应当按照各自的过错认定行为人与相对人的责任。

【条文主旨】

本条是关于无权代理中相对人是否善意的举证责任分配规则。

【条文沿革】

关于狭义无权代理的外部效力，《民法通则》第66条第1款已有规定："没有代理权、超越代理权或者代理权终止后的行为，只有经过被代理人的追认，被代理人才承担民事责任。未经追认的行为，由行为人承担民事责任。本人知道他人以本人名义实施民事行为而不作否认表示的，视为同意。"《合同法》第48条规定无权代理的外部效力："行为人没有代理权、超越代理权或者代理权终止后以被代理人名义订立的合同，未经被代理人追认，对被代理人不发生效力，由行为人承担责任。相对人可以催告被代理人在一个月内予以追认。被代理人未作表示的，视为拒绝追认。合同被追认之前，善意相对人有撤销的权利。撤销应当以通知的方式作出。”无论是《民法通则》还是《合同法》均模糊地表示，在被代理人拒绝追认时，“由行为人承担责任”，至于行为人承担何种责任、是否存在责任限制，上述制定法中均没有提及。

《民法典》第171条第3款和第4款是对无权代理行为未被追认后，行为人与相对人之间权利义务关系的细化与完善，明确了善意相对人可以主张无权代理人履行债务或者赔偿损失，并限定了损害赔偿的范围。而本条司法解释，正是为了适用《民法典》第171条第3款和第4款，确定无权代理行为人需要承担的法律责任而在当事人之间分配证明风险。

【理解与适用】

一、规范宗旨

依据《民法典》第171条第3款，无权代理行为人以被代理人名义与相对人进行法律行为，行为人实施的无权代理行为未被追认的，善意相对人有权请求行为人履行债务或者就其受到的损害请求行为人赔偿。此时，若行为人的行为构成狭义的无权代理，被代理人并不会因行为人的行为受到任何影响。但是因无权代理导致相对人遭受损害的，无权代理行为人与相对人之间的外部权利义务关系就需要依照《民法典》第171条第3款进行处理。

如若相对人明知行为人无权代理，仍与行为人实施民事法律行为，此为相对人自己选择将法律行为的效力交由被代理人决定。无论被代理人追认与否，相对人均需接受法律效果，也就不能就此向无权代理人主张赔偿。相对人是否知悉行为人没有代理权而从事无权代理，是相对人能否获得救济的前提。因此，谁来证明行为人无权代理的事实，由谁承担证明不能的不利损失，对于无权代理行为人与相对人之间的权利义务关系而言至关重要。这也是司法解释要专门明确无权代理事实举证责任分配的意义所在。

二、无权代理未被追认

本条适用的前提是被代理人拒绝追认无权代理行为。无权代理行为必须未被追认，这是相对人主张行为人承担法律责任的前提条件。如果无权代理行为已经被追认，行为人的代理权缺陷已经得到补足，成为自始有权代理，相对人可以直接要求被代理人承担义务，无需向无权代理行为人主张救济。

《民法典》第 171 条第 3 款与本条司法解释均将适用情形限制在“无权代理行为未被追认”，既可以是被代理人明示拒绝追认，也可以是被代理人在追认期内没有任何表示，视为拒绝追认。但实际上，善意相对人行使撤销权，撤销自己的意思表示的，也有权利主张无权代理行为人承担相应的责任。因此，善意相对人已经撤销自己意思表示的，解释上也属于《民法典》第 171 条第 3 款与本条司法解释的适用范围。

三、相对人善意

《民法典》第 171 条第 3 款明确，仅在相对人善意的情形下，“有权请求行为人履行债务或者就其受到的损害请求行为人赔偿”。从第 171 条第 4 款“相对人知道或者应当知道行为人无权代理”对相对人主观的区分来看，第 3 款中的善意相对人是指，不知道或者不应当知道行为人无权代理的相对人。此时，善意相对人的判断与《总则编司法解释》第 28 条表见代理中相对人“善意”的判断并不相同。表见代理中，善意相对人是指相对人“不知道行为人行为时没有代理权，且无过失”，这里的无过失不仅是指没有重大过失，还不得有一般轻过失。表见代理之所以对相对人善意的要求更高，是因为民事代理为“显名代理”，在相对人已知被代理人为何人的情形下，对其确认代理权有无需要给予更高的注意，因而只有在相对人“无过失”的情形下，才能限制被代理人的意志自由转而保护交易安全。

《民法典》第 171 条中相对人的善意，应当与第 170 条第 2 款中的“善意”作相同解释，即相对人不知行为人无权代理并非其故意或者重大过失导致。① 至于相对人明知行为人无代理权，或者相对人因自身重大过失而不知行为人无权代理的，均属于第 171 条第 4 款规范的情形。

四、相对人的选择权

对于善意相对人，可以请求行为人履行债务或者赔偿损失。如果相对人请求行为人履行债务，无论是行为人履行债务，还是行为人拒绝履行后

---

① 关于相对人的一般轻过失是否属于“善意”，也有意见认为，无权代理人承担的是实际履行或履行利益赔偿责任，责任相当重，为期衡平，相对人的知情过失不应限于重大过失，也应包括一般过失。参见［德］卡尔·拉伦茨：《德国民法通论（下）》，法律出版社 2004 年版，第 877 页；［德］梅迪库斯：《德国民法总论》，法律出版社 2001 年版，第 746～747 页。但从表见代理与狭义无权代理区分的角度，应当认定表见代理中对相对人“善意”的要求更高。参见王利明主编：《中华人民共和国民法总则详解（下）》，中国法制出版社 2017 年版，第 773 页。

承担违约责任，相对人均可实现代理行为指向的履行利益。但是如果相对人要求行为人赔偿损失，赔偿的范围就仅限在信赖利益，因为《民法典》第 171 条第 3 款规定“赔偿的范围不得超过被代理人追认时相对人所能获得的利益”，这是使用履行利益标准对信赖利益赔偿范围的限制。[①]

之所以出现相对人选择不同，行为人承担责任范围不同的情形，是因为《民法典》第 171 条并没有区分无权代理行为人的主观状态。如果对《民法典》第 171 条第 3 款进行文义解释，我们便可以发现，该条第 3 款采用的是行为人无过错责任，即不考虑行为人对无权代理是否存在过错，均需向相对人承担责任。但实际上，无权代理人也可能不知其无权代理且无过错。例如，被代理人是限制民事行为能力人，如果代理权授权行为最终未被法定代理人追认而导致无效，致使代理人无代理权，代理人可能并不存在过错。如此，要求无过错的行为人与那些对无权代理存在过错的行为人承担相同的责任，也有失公允。

在《民法典》第 171 条第 3 款的适用上，应当区分行为人对无权代理是否存在过错。行为人明知自己无权代理的，当然应该赔偿善意相对人履行利益；行为人对自己无权代理不存在过错的，其赔偿范围应该限制在信赖利益，并且不得超过被代理人追认时相对人所能获得的利益。[②]

五、举证责任分配

依据本条，相对人知道或者应当知道行为人没有代理权这一事实，由无权代理行为人负责举证。正常交易中，相对人往往先主张有权代理，要求被代理人履行债务。被代理人反对，认为代理行为人无权代理并成功证明的，相对人才会转而向行为人要求其履行债务或者承担损害赔偿责任。

《民法典》第 171 条第 3 款与第 4 款区分了善意相对人与相对人明确知悉行为人无权代理两种情形下行为人不同的责任。对于行为人而言，证明相对人是在明知其无代理权的情形下与其继续从事民事代理行为，能够大大降低其责任。因此，相对人是否知悉行为人无权代理，是相对人能否获得充分救济的前提。本条将证明相对人非善意的举证责任分配给行为人，由行为人举证证明无权代理行为时，相对人明知或者因自身重大过失不知行为人为无权代理。行为人能够证明的，适用《民法典》第 171 条第 4 款，在当事人之间分担损失；行为人不能证明的，适用《民法典》第

---

① 谢鸿飞：《代理部分立法的基本理念和重要制度》，载《华东政法大学学报》2016 年第 5 期。

② 陈甦主编：《民法总则评注（下）》，法律出版社 2017 年版，第 1220～1221 页。

171 条第 3 款，由善意相对人选择履行债务抑或赔偿损失。因此，证明风险由无权代理行为人承担。

【相关规定】

《中华人民共和国民法典》

第一百七十一条 行为人没有代理权、超越代理权或者代理权终止后，仍然实施代理行为，未经被代理人追认的，对被代理人不发生效力。

相对人可以催告被代理人自收到通知之日起三十日内予以追认。被代理人未作表示的，视为拒绝追认。行为人实施的行为被追认前，善意相对人有撤销的权利。撤销应当以通知的方式作出。

行为人实施的行为未被追认的，善意相对人有权请求行为人履行债务或者就其受到的损害请求行为人赔偿。但是，赔偿的范围不得超过被代理人追认时相对人所能获得的利益。

相对人知道或者应当知道行为人无权代理的，相对人和行为人按照各自的过错承担责任。

（本条由乌兰撰写）

第二十八条 【表见代理的认定】 同时符合下列条件的，人民法院可以认定为民法典第一百七十二条规定的相对人有理由相信行为人有代理权：

（一）存在代理权的外观；

（二）相对人不知道行为人行为时没有代理权，且无过失。

因是否构成表见代理发生争议的，相对人应当就无权代理符合前款第一项规定的条件承担举证责任；被代理人应当就相对人不符合前款第二项规定的条件承担举证责任。

【条文主旨】

本条是关于表见代理的认定规则。

【条文沿革】

本条是对《民法典》第 172 条的细化。《合同法》第 49 条规定，“行为人没有代理权、超越代理权或者代理权终止后以被代理人名义订立合同，相对人有理由相信行为人有代理权的，该代理行为有效”，在我国民法上正式确立表见代理制度。随后《合同法司法解释二》对表见代理的法律效力作出司法解释。

【理解与适用】

一、规范宗旨

一方面，进入现代社会，陌生人之间发生的交易行为越来越繁杂，权利外观对于判断民事法律行为的效力所发挥的作用愈加重要。这也是大陆法系国家普遍规定表见代理的原因之一。另一方面，表见代理本质上毕竟是无权代理。完全忽视被代理人的意志，将其拘束在代理人缔结的民事法律关系中，是对私法自治基本价值的违背。因此，对于表见代理的适用范围需要进行一定的限制，以平衡相信权利外观的交易相对人与被代理人之间的利益。《民法典》中表见代理的构成要件相对概括，由此导致司法实践在具体认定表见代理时存在误区与偏差，因而有必要对表见代理的构成要件进行细化解释与明确。本条明确了表见代理的构成要件包括：（1）存在代理权的外观；（2）相对人不知道行为人行为没有代理权，且无过失。本条还对表见代理中的证明风险进行了分配，由相对人对代理权外观承担举证责任；由被代理人对相对人的主观状态承担举证责任。

二、表见代理的构成

（一）代理人属于无权代理

表见代理是广义上无权代理的一种，因此代理人应当属于《民法典》第 171 条第 1 款规定的没有代理权、超越代理权或者代理权已经过期的情形之一。上述三种情形是无权代理的不同类型，它们在被代理人的可归责认定、抗辩事由以及各方当事人举证的难易程度上存在明显的差异。表见代理人没有代理权，以被代理人名义从事民事法律行为，是本条司法解释适用的前提。

（二）存在代理权外观

客观上存在有权代理的外观，是表见代理能够取得有权代理法律效果的基础。如果无权代理人从事的行为没有任何可识别的代理权外观，交易相对人根本不可能对代理形成信赖，也不需要特别对其提供保护。

如果代理人单方面声称自己有代理权，并不足以构成这里所强调的“代理权外观”。有权代理的外观一定是通过某种外在形式（语言、书面、行为、习惯、过往经验甚至职务、关系等）表明代理人有代理权，且此种外在形式足以使一般交易人对有无代理权进行理性判断，进而放弃与被代理人进行核实。因此，构成代理权外观的诸要素，除无权代理人自己声称的代理权外，一定还包括其他外部感知，例如无权代理人与被代理人具有特殊的关系，如夫妻关系、父母子女关系等；无权代理人在被代理人的场所实施代理行为；被代理人曾经以书面、口头或者其他方式向相对人指示其代理人，但是代理权到期或者终止后，没有通知相对人，相对人误认为无权代理人仍有代理权；无权代理人持有盖有被代理人的印鉴、公章等的证明文件，包括业务介绍信、合同专用章、盖有公章的空白合同书；无权代理人在以往的业务活动中代理本人，并形成商业惯例；被代理人的授权有限制，但是相对人无法获知；被代理人以公告方式授予代理权，但未以相同方式终止代理授权；无权代理人在代理终止后，仍持有代理权证书等。

代理权的外部表现形式多样，无法穷尽列举。笔者认为，法院在判断有无代理权外观时应当着重考量的因素包括：

1. 合同是否以被代理人名义订立。若签订合同未使用被代理人名义，合同文本没有任何与被代理人有关联的文字表述，应当慎重认定表见代理。

2. 行为人的身份、职务是否与被代理人有关联。例如，行为人在被代理人处任职职务越高、与从事业务关联度越强，或者与被代理人之间的其他身份联系越密切，对表见代理的证明力就越强；反之则越弱。

3. 被代理人对行为人是否存在可合理推断的授权关系。例如，行为人原有代理权已被终止但被代理人未对外告知等情形。

4. 合同等对外文件材料上是否加盖与被代理人有关的、可正常对外使用的有效印章。例如，合同上加盖的被代理人项目部真实印章按常理可对外授权使用的，可作为考量因素；若按常理应当属于单位内部使用印章的，应当慎重认定。

5. 合同关系的建立方式是否与双方以往的交易方式相符。例如，以往交易长期由某部门负责人实际操作进行，且被代理人从无异议并正常结算认可的，此次有争议交易也采相同方式的，可参考以往交易行为判断。

6. 合同订立过程、交易环境和周围情势等是否与被代理人有关。例如，行为人签约前曾陪同合同相对人参观考察被代理人的施工现场；签约地在被代理人营业地或办公场所的，可以作为判断因素。

7. 被代理人是否存在能够使人相信其参与合同履行的行为。例如，被代理人实际支付过合同价款；被代理人与合同相对人就履约问题进行过交涉等，可作为考量因素。

8. 标的物的用途、交付方式与交付地点等是否与被代理人有关，被代理人是否取得履行合同的利益。例如，合同标的物交付至被代理人营业场所或负责管领的其他场所；标的物被应用于被代理人本身或者直接从事的业务所需的，可以作为考量因素。

9. 其他具有代理权客观表象的情形。行为人在交易过程中存在其他行为，足以使一般商人合理推断该行为系基于被代理人合法授权的，可以作为认定的考量因素。

当然，上述列举的考量因素主要集中在商事合同领域，特别是公司经营、职务代理等情形。对于民事表见代理的判断，还是要结合无权代理人的身份、行为以及所持证明材料等，是否足以使正常相对人认定其具有代理权。例如，被代理人与代理人之间存在夫妻关系①、父母子女关系的，单纯的身份关系并不足以使得一般交易相对人放弃向被代理人求证。②

（三）相对人善意信赖

表见代理制度之所以在被代理人的意思自治与相对人的交易信赖之间进行了倾向性取舍，将表见代理的法律效果设计为有权代理的法律效果，皆因交易相对人对代理权外观产生善意信赖，为保障交易安全而限制了被代理人的自由意志。如果相对人明知无权代理人无代理权、超越代理权或者代理权已经到期，就没有必要再对其提供保护。本条司法解释将相对人的善意信赖解释为“相对人不知道行为人行为时没有代理权，且无过失”。首先，这里的“没有代理权”包括无代理权、超越代理权以及代理权到期三种类型，是广义上的没有代理权。其次，对相对人主观的要求是，相对人不知无权代理的事实且无过失。相对人因自身的轻过失或者一般过失导

① 代理人与被代理人属于夫妻关系的，事实认定比较复杂。《民法典》第1060条同时规定了夫妻之间的日常家事代理权，因此在判断表见代理时，需要将日常家事可代理的范围认定为有权代理。除此之外的负担行为、处分行为还需要就夫妻财产制单独进行判断。需要明确的是，夫妻关系这一事实，不能直接认定为有权代理的外观。

② 最高人民法院（2014）民申字第657号民事裁定书中明确“李甲与李乙之间的父子关系并不足以认定双方有委托收款关系，刘甲主张其有理由相信李乙具有收款的代理权，缺乏依据，本院不予支持”，载中国裁判文书网，https：//wenshu. court. gov. cn/website/wenshu/181107ANFZ0BXSK4/index. html？docId = 6ec9cd52c5c54030bd95a2b9748e0197，最后访问时间：2022年4月11日。

致的不知道无权代理的事实，也不能适用表见代理。

本条对相对人善意信赖的界定，与《最高人民法院关于当前形势下审理民商事合同纠纷案件若干问题的指导意见》（下称《合同纠纷指导意见》）第13条的表述保持了一致。该规范性文件第13条要求相对人“在主观上善意且无过失地相信行为人有代理权”。这里，不仅要求相对人不知且不应当知无权代理的事实，还要求相对人的无过失，即以相对人没有任何轻过失作为善意的判断标准，属于相对较高的适用要求。在其他著述中，基本延续了上述《合同纠纷指导意见》的判断思路。例如，“相对人不知道行为人没有代理权，且对其‘不知道’没有主观上的过失”①，“合同的相对人在主观上必须是善意的、无过失的”，“所谓无过失，是指相对人的这种不知道不是因为其大意造成的”②。

学理上对相对人主观状态的探讨，更多地认为应该比狭义无权代理中相对人的主观状态要求更高。在狭义无权代理中，《民法典》第171条第4款规定的“相对人知道或者应当知道行为人无权代理”，应是对其第3款中“善意相对人”的解释，即善意相对人不知道或者不应当知道行为人无权代理，相对人应当无故意或者重大过失。表见代理中因对相对人的保护程度更高，要求相对人的善意程度更高，也就有学者将此种善意认定为相对人应当没有轻过失。③

最高人民法院尝试将《民法典》第172条的“相对人有理由相信”进行细化，但是现有的表述仍然过于抽象，实践中相对人是否有过失的判断，主要是根据无权代理人拥有代理权表象的确定程度，而这种代理权表象的确定程度很多时候和被代理人的因素紧密相关。④

判断相对人善意的考量因素中最为重要的是权利外观因素，因为权利外观越确定越充分，越能说明合同相对人主观上善意无过失。其他因素还包括：

1. 合同相对人与被代理人之间是否存在交易历史以及相互熟识程度。如交易双方彼此陌生，则相对人需说明并证明其对行为人代理权产生信赖的理由。

---

① 最高人民法院民法典贯彻实施工作领导小组主编：《中华人民共和国民法典总则编理解与适用（下）》，人民法院出版社2020年版，第864页。

② 中国审判理论研究会民事审判理论专业委员会：《民法典总则编条文理解与司法适用》，法律出版社2020年版，第298页。

③ 王利明主编：《中华人民共和国民法总则详解（下）》，中国法制出版社2017年版，第781页。

④ 陈甦主编：《民法总则评注（下）》，法律出版社2017年版，第1213页。

2. 合同相对人在订立合同之前是否即已充分知悉权利外观事实。对权利外观事实的充分收集，是合理信任行为人具有代理权的前提。例如，某案合同相对人举证的权利外观证据系纠纷发生后为诉讼之需而收集获取，不足以证明相对人交易行为发生之时的主观善意。

3. 合同相对人注意义务与交易规模大小是否相称。一般而言，标的物数量大、金额高的大宗交易，合同相对人应更加谨慎，此类情况下其是否善意的审查判断标准也需相应更高；反之，小额、便捷的交易，审查判断相对人是否善意的标准相对降低。

4. 交易对效率的要求与合同相对人核实代理权限的成本是否相称。若合同相对人核实代理权所需的时间和经济成本难以承受，并可能妨碍交易目的实现，且其为追求效率而放松对代理权限的核实并承担相应风险在商业上是合理的，可作为判断善意与否的考量因素；反之，合同相对人有机会通过方便、廉价手段核实代理权限但并未采取相关措施，因此而承担了不合理商业风险的，可作为判断其过失的考量因素。

尽管《总则编司法解释》仅为表见代理设计了两个构成要件，但无论是理论界还是实务界在判断表见代理的构成要件时，均无法回避另一个颇具争议的判断要点，即被代理人是否具有可归责性。被代理人的可归责性作为表见代理的构成要件存在很大争议。

理论研究中对于是否要考虑被代理人的因素，虽有不同的声音，① 但目前多数观点认为需要考察被代理人在表见代理中的作用，② 即代理之法律外观是否可归因于被代理人。因表见代理的法律效果完全归于被代理人，与被代理人的自由意志相违背，被代理人如果完全没有任何授权行为或者任何使他人误解的行为，却要承担无权代理的行为后果，对被代理人实属不公。

本条司法解释并没有将“被代理人具有可归责性”作为表见代理的判断要件。但实际上，代理权外观的形成与相对人无过失的信赖均需要结合被代理人因素才能加以判断。如若被代理人行为正直，不存在任何过失与瑕疵（例如，被代理人的身份被伪造、假冒等），则不可能构成《民法典》第 172 条的表见代理。

三、不构成表见代理的情形

从反方向观察，只要无权代理行为不满足上述构成要件的，就不能认

---

① 梁慧星：《民法总论》，法律出版社 2011 年版，第 241 页以下。

② 李永军：《民法总则》，中国法制出版社 2018 年版，第 829 页；朱虎：《表见代理中的被代理人可归责性》，载《法学研究》2017 年第 2 期。

定为表见代理，也就不能产生与有权代理相同的法律效果。从经验逻辑的角度出发，对长期司法实践中容易产生误判或者混淆的无权代理情形进行归纳总结，用以排除表见代理制度的适用，对法律适用的统一有相当积极的意义。

表见代理条款下设置了排除法律适用的情形，尽管在语言表达方面有一定的差异，概括起来有两种：

第一，行为人伪造他人的公章、合同书或者授权委托书等，假冒他人的名义实施民事法律行为。在这种情况下，即使有代理权的外观，实际上也根本不存在真正的被代理人，因为无权代理人的所谓权利外观是完全伪造的，对被代理人而言根本无法控制。如果肯定这种行为属于表见代理，则意味着任何一个被冒名的民事主体随时可能因为他人的违法行为而承担履行债务的责任。[①] 当然，伪造他人公章、合同书或授权委托书的行为属于违法行为，行为人应当承担相应的责任。此种情形不构成表见代理，是代理权外观被排除。

第二，被代理人的公章、合同书或者授权委托书等遗失、被盗，或者与行为人特定的职务关系已经终止，并且已经以合理方式公告或者通知，相对人应当知悉的。与行为人自己伪造代理权外观不同，这种情形中无权代理人持有的代理权外观是或者曾经是真实的，换句话说，代理权外观的确定程度要更高。被代理人的公章、合同书或者授权委托书，以及与特定行为人之间曾经的职务关系是真实存在的，因此对被代理人而言，其对此种证明或者关系的外部影响应当有所预期。只有被代理人将遗失、被盗或者解除职务关系的事实以合理方式公告或者通知，不会导致交易相对人产生误认的，才不致构成表见代理。否则，被代理人对权利外观的存在有放任之嫌。此种情形不构成表见代理，是被代理人的可归责性被排除。

被代理人可以直接通知相对人，行为人没有代理权的事实；在无法直接通知或者不知相对人的情形，可以进行公告。至于公告的方式、范围是否合理，应结合被代理人的知名度、公司规模、交易事实等进行综合判断。相对人是否应当知悉，宜采理性人标准判断，通过理性人标准的构建、理性人所处场景的重构，[②] 来判断具体相对人是否因重大过失导致应当知悉而未知悉。相对人应当知悉而未知悉的，非属善意，显然无需提供特别保护。

---

① 张新宝：《中华人民共和国民法总则释义》，中国人民大学出版社 2017 年版，第 374 页。

② 叶金强：《表见代理中信赖合理性的判断模式》，载《比较法研究》2014 年第 1 期。

除上述情形外，相关著述中还将以下情形排除在表见代理之外，[1] 可供参考。

1. 行为人所为的行为属于违法行为

相对人无论以何种证据对违法行为予以证明，行为人均不能构成表见代理。因为违反法律的行为是不能授权的，即便法人或单位有授权，也没有法律效力。[2] 代理人从事违法行为，无论是被代理人授权违法无效抑或代理人自己行为违法无效，相对人均非善意，不构成表见代理。

2. 违反交易习惯的行为

行为人所为的行为违反交易习惯，相对人与行为人订立合同违反交易双方的惯常做法的，不构成表见代理。

3. 没有采用法律规定的特殊授权方式的行为

如果法律明文规定对某一行为有特殊授权要求，当行为人实施该行为时，相对人没有要求行为人提供特别授权证明，相对人即属于“没有理由相信行为人有代理权”，主观上属于重大过失，不能构成表见代理。比如，《公司法》规定公司为股东担保必须经股东大会决议，股东大会决议通过后才能授权公司代表签订为股东担保的担保合同。如果相对人未要求行为人（如公司董事）出示符合形式要求的股东会决议文件，公司董事擅自签订此类担保合同，其行为不构成表见代理。

四、举证责任的分配

本条第 2 款的举证责任分配，修正了《合同纠纷指导意见》中关于举证责任分配的思路。《合同纠纷指导意见》认为“合同相对人主张构成表见代理的，应当承担举证责任，不仅应当举证证明代理行为存在诸如合同书、公章、印鉴等有权代理的客观表象形式要素，而且应当证明其善意且无过失地相信行为人具有代理权”。相比之下，本条第 2 款将相对人善意的举证责任分配给被代理人，由被代理人承担证明风险。

从诉讼攻防的角度来看，相对人往往不会直接主张表见代理，而是先主张有权代理，要求被代理人承担代理行为的一切法律效果。此时，相对人应当就有权代理的构成要件进行举证，即证明代理人是以被代理人的名义进行法律行为、自己和代理人的意思表示已经达成一致、代理人拥有代

---

① 最高人民法院研究室编著：《最高人民法院关于合同法司法解释（二）理解与适用》，人民法院出版社 2009 年版，第 101 ~ 102 页；庞景玉、何志：《最高人民法院合同法司法解释精释精解》，中国法制出版社 2016 年版，第 116 ~ 117 页。

② 最高人民法院研究室编著：《最高人民法院关于合同法司法解释（二）理解与适用》，人民法院出版社 2009 年版，第 101 页。

理权的客观外部表征。被代理人抗辩认为代理人无权代理的，可以对无权代理行为进行举证。如果被代理人能够证明行为人确属无权代理，相对人此时可以主张表见代理。

相对人主张表见代理的，首先应当证明无权代理人占有代理权外观，且该代理权外观足以使理性人相信代理权的存在，并放弃向被代理人求证。为避免道德风险，被代理人需要举证证明相对人非善意，进而不能适用表见代理。被代理人需证明相对人明知无权代理人无权代理或者应当知道无权代理而由于其过失不知的事实。举证是层层递进的，即仅当前一个举证充分后，再递进到下一个举证环节。如果举证不充分，则无需进行下一个环节的举证，表见代理即被否认。

相比《合同纠纷指导意见》中要由相对人举证证明自己系“善意且无过失地相信行为人具有代理权”,① 本条司法解释的举证责任分配显然更为合理。相对人是否善意，显然需要被代理人举证证明相对人的信赖存在瑕疵，如此方符合证明风险分配的基本价值准则。

【相关规定】

《中华人民共和国民法典》

第一百七十一条 行为人没有代理权、超越代理权或者代理权终止后，仍然实施代理行为，未经被代理人追认的，对被代理人不发生效力。

相对人可以催告被代理人自收到通知之日起三十日内予以追认。被代理人未作表示的，视为拒绝追认。行为人实施的行为被追认前，善意相对人有撤销的权利。撤销应当以通知的方式作出。

行为人实施的行为未被追认的，善意相对人有权请求行为人履行债务或者就其受到的损害请求行为人赔偿。但是，赔偿的范围不得超过被代理人追认时相对人所能获得的利益。

相对人知道或者应当知道行为人无权代理的，相对人和行为人按照各自的过错承担责任。

第一百七十二条 行为人没有代理权、超越代理权或者代理权终止后，仍然实施代理行为，相对人有理由相信行为人有代理权的，代理行为有效。

（本条由乌兰撰写）

---

① “相对人有理由相信行为人有代理权的”，不适用善意推定的方法，相对人实际负担着证明信赖行为人有代理权且信赖是有理由的举证责任。参见最高人民法院研究室编著：《最高人民法院关于合同法司法解释（二）理解与适用》，人民法院出版社 2009 年版，第 99 页。

第二十九条　【追认意思表示的生效时间】法定代理人、被代理人依据民法典第一百四十五条、第一百七十一条的规定向相对人作出追认的意思表示的，人民法院应当依据民法典第一百三十七条的规定确认其追认意思表示的生效时间。

【条文主旨】

本条是关于法定代理人、被代理人追认意思表示生效时间的规则。

【条文沿革】

1986 年的《民法通则》并没有涉及意思表示的发出、到达与生效等。关于意思表示的生效，1999 年的《合同法》采到达主义。《合同法》第 16 条规定："要约到达受要约人时生效。采用数据电文形式订立合同，收件人指定特定系统接收数据电文的，该数据电文进入该特定系统的时间，视为到达时间；未指定特定系统的，该数据电文进入收件人的任何系统的首次时间，视为到达时间。"第 26 条第 1 款第 1 句规定："承诺通知到达要约人时生效。"第 2 款规定："采用数据电文形式订立合同的，承诺到达的时间适用本法第十六条第二款的规定。"

关于不同形式的意思表示，即《合同法》第 23 条第 2 款规定的对话和非对话的意思表示，承诺生效的时间亦不相同。"（一）要约以对话方式作出的，应当即时作出承诺，但当事人另有约定的除外；（二）要约以非对话方式作出的，承诺应当在合理期限内到达。"此时，通过对《合同法》第 23 条的文义解释，我们可以得知：以对话方式作出的要约，承诺即时作出，即时生效；以非对话方式作出的要约，承诺的意思表示到达相对人生效。

《民法典》第 137 条"以对话方式作出的意思表示，相对人知道其内容时生效。以非对话方式作出的意思表示，到达相对人时生效。以非对话方式作出的采用数据电文形式的意思表示，相对人指定特定系统接收数据电文的，该数据电文进入该特定系统时生效；未指定特定系统的，相对人知道或者应当知道该数据电文进入其系统时生效。当事人对采用数据电文形式的意思表示的生效时间另有约定的，按照其约定"的规定，是在《合同法》第 16 条的基础上形成。除以数据电文形式作出意思表示的生效时间判断外，《民法典》第 137 条最主要的变化是明确了对话和非对话意思表示的生效时间。

本条直接明确法定代理人、被代理人追认意思表示的生效时间判断适用《民法典》第 137 条意思表示生效时间的规定。

【理解与适用】

一、规范宗旨

《民法典》第 145 条、第 171 条规定了法定代理人、被代理人对限制民事行为能力人、无权代理人从事的民事法律行为有追认的权利。限制民事行为能力人实施的超越其行为能力的法律行为、无权代理人实施的法律行为，依据《民法典》第 145 条第 1 款与第 171 条第 1 款均属于效力待定的法律行为，需要等待法定代理人、被代理人的追认。如若法定代理人、被代理人在确定的时限内追认，该法律行为与事先经法定代理人同意的法律行为、被代理人授权的有权代理行为产生相同的法律效果，均属有效的法律行为。法定代理人、被代理人拒绝追认（或视为拒绝追认）的，限制行为能力人与无权代理人实施的法律行为就归于自始无效。在判断法律行为的效力时，效力待定的法律行为何时转换为有效法律行为抑或无效法律行为对当事人之间的权利义务影响颇巨，需要予以明确。这也是本条司法解释特别明确追认意思表示生效时间的意义所在。

本条规范属于转引规范，对法定代理人、被代理人追认的意思表示转引《民法典》第 137 条“意思表示的生效时间”规范加以适用，进而区分不同形式的意思表示，确定当事人之间的权利义务内容。

二、法定代理人的追认

限制行为能力人实施的两类民事法律行为是有效的，一类是纯获利益的民事法律行为，另一类是与其年龄、智力、精神健康状况相适应的民事法律行为。除此之外，限制行为能力人实施的其他法律行为需经法定代理人同意或者追认后才有效（《民法典》第 145 条）。需要法定代理人的同意或者追认，其目的在于通过法定代理人的审查、判断、控制，确保限制行为能力人实施的法律行为不会损害其自身利益。当然，这也是法定代理人的法定职责。

法定代理人对限制行为能力人实施的法律行为的效力控制，可以分为两种方式：一是同意，是法定代理人事先对限制民事行为能力人实施特定或者特类民事法律行为作出的允许;[①] 二是追认，是法定代理人事先没有同意，在限制行为能力人已经实施某项法律行为后给予肯定性允许。无论是法定代理人的同意还是追认均属于单方意思表示。

法定代理人追认的意思表示，可以向相对人作出。意思表示生效，限制行为能力人与相对人实施的法律行为由效力待定转为有效，且追溯至法律行为成立。此时法律行为的效力，与法定代理人事先同意无异。

三、被代理人的追认

与法定代理人对限制行为能力人负有监护职责不同，在意定代理（或者委托代理）中，被代理人是行为人实施相关法律行为时真正的法律效果承受人，因此行为人的代理行为对本人而言意义重大。《民法典》第 171 条规定，行为人没有代理权、超越代理权或者代理权到期后，实施代理行为的，属于无权代理。对于无权代理行为，法律效力处于待定状态，需要由被代理人决定是否由自己承担相应的法律效果。如果被代理人追认行为人的代理行为，行为人实施的法律行为由效力待定转为有效，与有权代理的效果相同。

并不是所有的无权代理均会导致代理法律行为的效力待定，还需要注意《民法典》第 172 条的规定可以排除第 171 条的适用，即无权代理本身构成表见代理的，无需被代理人追认，直接产生有权代理的法律效果。因此，本条仅适用于狭义无权代理，即第 171 条中被代理人的追认。

四、意思表示的生效时间

法定代理人、被代理人追认的意思表示适用《民法典》第 137 条的规定判断生效时间。第 137 条将意思表示区分为对话的意思表示与非对话的意思表示，并分别确定其生效时间。对话的意思表示，是指当事人之间的当面交谈，但如果通过电话、视频、网络即时通信工具等实时交谈，虽远隔千里，但近在咫尺，仍可归入对话形式。[②] 司法实践中，有判例认为以短信息发出的要约，是对话的意思表示，如若受要约人没有即时作答，则

---

① 这里需要注意的是，法定代理人的同意不能是概括的同意，如果是概括的同意，将无法控制限制行为能力人实施的法律行为内容，也无法避免限制行为能力人的利益受到损害。参见［德］维尔纳·弗卢梅：《法律行为论》，迟颖译，法律出版社 2013 年版，第 228 ~ 229 页。

② 王泽鉴：《民法总则》，北京大学出版社 2014 年版，第 326 页。

要约失效。[①] 判断对话的意思表示的生效时间，《民法典》第137条第1款采用了解主义，即相对人知道其内容时生效。

非对话的意思表示，是指当事人之间应当借助媒介进行间接表达，如书信、信函文件等。有学者认为，当事人虽同时在场，但面对面以纸条或书面传达信息，仍属于非对话的意思表示。[②] 对于非对话的意思表示，《民法典》第137条第2款采到达主义。以非对话方式作出的意思表示，到达相对人时生效。

《民法典》第137条还进一步明确以数据电文形式作出的意思表示，相对人指定特定系统接收数据电文的，该数据电文进入该特定系统时生效；未指定特定系统的，相对人知道或者应当知道该数据电文进入其系统时生效。当事人对采用数据电文形式的意思表示的生效时间另有约定的，按照其约定。所谓“数据电文”，《合同法》第11条规定是包括电报、电传、传真、电子数据交换和电子邮件等在内的，可以有形地表现所载内容的形式。从1999年《合同法》开始，电子商务中合同的订立与证明就是民事立法关注的热点之一。时至今日，电子化交易已经成为市场交易中最重要的交易方式。《民法典》第137条在《合同法》第16条的基础上，对数据电文形式的意思表示的达到进行了重新设计，加入了受领人对意思表示达到的可知悉状态，以平衡表意人与受领人对意思表示到达的认知差异。

【相关规定】

《中华人民共和国民法典》

第一百三十七条 以对话方式作出的意思表示，相对人知道其内容时生效。

以非对话方式作出的意思表示，到达相对人时生效。以非对话方式作出的采用数据电文形式的意思表示，相对人指定特定系统接收数据电文的，该数据电文进入该特定系统时生效；未指定特定系统的，相对人知道或者应当知道该数据电文进入其系统时生效。当事人对采用数据电文形式的意思表示的生效时间另有约定的，按照其约定。

第一百四十五条 限制民事行为能力人实施的纯获利益的民事法律行

---

① 北京市第三中级人民法院（2014）三中民终字第04751号民事判决书，载中国裁判文书网，https://wenshu.court.gov.cn/website/wenshu/181107ANFZ0BXSK4/index.html?docId=0f270fdb2d9e41c6b4316ece219acd6c，最后访问时间：2022年4月11日。

② 王泽鉴：《民法总则》，北京大学出版社2014年版，第326页。

为或者与其年龄、智力、精神健康状况相适应的民事法律行为有效；实施的其他民事法律行为经法定代理人同意或者追认后有效。

相对人可以催告法定代理人自收到通知之日起三十日内予以追认。法定代理人未作表示的，视为拒绝追认。民事法律行为被追认前，善意相对人有撤销的权利。撤销应当以通知的方式作出。

第一百七十一条　行为人没有代理权、超越代理权或者代理权终止后，仍然实施代理行为，未经被代理人追认的，对被代理人不发生效力。

相对人可以催告被代理人自收到通知之日起三十日内予以追认。被代理人未作表示的，视为拒绝追认。行为人实施的行为被追认前，善意相对人有撤销的权利。撤销应当以通知的方式作出。

行为人实施的行为未被追认的，善意相对人有权请求行为人履行债务或者就其受到的损害请求行为人赔偿。但是，赔偿的范围不得超过被代理人追认时相对人所能获得的利益。

相对人知道或者应当知道行为人无权代理的，相对人和行为人按照各自的过错承担责任。

（本条由乌兰撰写）

七、民事责任

第三十条　【正当防卫的认定】为了使国家利益、社会公共利益、本人或者他人的人身权利、财产权利以及其他合法权益免受正在进行的不法侵害，而针对实施侵害行为的人采取的制止不法侵害的行为，应当认定为民法典第一百八十一条规定的正当防卫。

【条文主旨】

本条是关于正当防卫认定的规则。

【条文沿革】

本条是对《民法典》第 181 条第 1 款（原《民法总则》第 181 条第 1 款）的细化。原《民法总则》第 181 条第 1 款来自《民法通则》第 128 条，其规定了正当防卫制度："因正当防卫造成损害的，不承担民事责任。正当防卫超过必要的限度，造成不应有的损害的，正当防卫人应当承担适当的民事责任。"随后《侵权责任法》第 30 条规定："因正当防卫造成损害的，不承担责任。正当防卫超过必要的限度，造成不应有的损害的，正当防卫人应当承担适当的责任。"

本条表述参照了《中华人民共和国刑法》（下称《刑法》）第 20 条第 1 款的规定："为了使国家、公共利益、本人或者他人的人身、财产和其他权利免受正在进行的不法侵害，而采取的制止不法侵害的行为，对不法侵害人造成损害的，属于正当防卫，不负刑事责任。"①

---

① 黄薇主编：《中华人民共和国民法典总则编解读》，中国法制出版社 2020 年版，第 591 页。

本条强调了人身权利、财产权利。这主要是为了与《民法典》以及《总则编司法解释》对于权利突出保护的理念相对应。

【理解与适用】

一、规范宗旨

所谓正当防卫，是指行为人为了保护社会公共利益、自身或者他人的合法权益免受正在进行的紧迫侵害，针对这一非法侵害采取必要措施，在必要限度内采取的防卫措施。[①] 正当防卫是经常出现的违法性阻却事由之一。正当防卫是一种“正对不正”的行为，因此是适法行为，是正当防卫权的行使，符合自然理性。

但是关于正当防卫的认定，之前的民事法律和司法解释一直未作明确规定，此前审判实践中通常是依据民法法理来认定。这会造成司法认定的标准不统一，不利于同案同判，因此有必要予以明确，为类似案件审理提供统一具体的法律适用规则。

《总则编司法解释》第 30 条从防卫的起因、目的、时间、对象等角度，为法院正确适用正当防卫制度作出指引。[②]

二、构成要件

（一）防卫起因

正当防卫的起因是存在不法侵害。不法侵害可以从两个方面来理解：

第一，需要有现实的行为。正当防卫针对的行为必须是现实的行为，也就是说是侵害人已经着手侵害行为。想象中的侵害不是正当防卫的起因，因为不存在现实的行为。而处于预备期的侵害也不能够成为正当防卫的起因，所以“先发制人”不属于正当防卫。

第二，侵害行为必须具备不法性。侵害的行为应当是不法的行为。在侵害人身财产权利情况下，采用结果违法判断违法性，即如果不具有违法性阻却的事由，则可以认为是不法行为。而在侵犯其他利益的情况下，对于违法性的判断主要采用行为违法的标准，即违反了某一种社会正常的行为规范。因此，不法性不以构成犯罪行为为必要。由于对不法性采取客观

---

① 最高人民法院民法典贯彻实施工作领导小组主编：《中华人民共和国民法典总则编理解与适用》，人民法院出版社 2020 年版，第 909 页。

② 郭锋、陈龙业等：《〈关于适用民法典总则编若干问题的解释〉的理解与适用》，载《人民司法》2022 年第 10 期。

的标准，因此对于无意识能力人之不法行为，亦可成立正当防卫。[①] 而对于依法执行公务的行为，或者正当防卫、紧急避险等适法行为，都不得进行防卫。

（二）防卫目的

正当防卫必须有合法的防卫目的，即以保护国家利益、社会公共利益、本人或者他人的人身权利、财产权利以及其他合法权益免受不法侵害。对此可以从以下方面来理解：

第一，防卫行为保护的对象不以个人权益为限。对于侵害国家和公共利益和他人权益的行为也可以进行正当防卫。但是一般来说，如果没有侵犯特定主体的权益，一般不构成正当防卫。因为正当防卫是私力救济，一般以保护私益为限。但是《民法典》第 1234 条引入了纯粹生态损害之后，个人也有可能为了保护生态利益而采取正当防卫行为。比如，有人正在自然保护区偷偷倾倒剧毒污染物，会对环境造成永久不可逆转的损害，虽然没有侵害任何个人的利益，但是防卫人可以采取损坏排污车辆或者器械，以阻止排污的防卫行为。

第二，防卫人不仅在客观行为上表现出防卫的目的，同时在主观上必须具有防卫目的。因此，借防卫为名进行报复，或者防卫挑拨，即挑起对方攻击，然后进行防卫的行为，都不具有防卫目的，因此不属于正当防卫，不能阻却违法性。例如，在马某与吴某生命权、健康权、身体权纠纷案中，法院认为，马某和吴某厮打在一起，以互相伤害对方身体为目的，都具有主动攻击性，不存在正当防卫的情形。[②]

第三，防卫行为保护的应当是合法利益。若是为了保护非法的利益，如保护毒品等免受收缴，则不构成正当防卫。

第四，防卫是为了制止不法侵害。为制止不法侵害以外的行为，不具有防卫的目的，不构成正当防卫。

（三）防卫时间

正当防卫针对的必须是正在进行的侵害行为。对此可以从以下方面来理解：

第一，侵害行为正在进行，意味着行为已经发生，而且没有结束。同时，若是侵害人自动停止了侵害，那么也应认为侵害已经结束。但是对于

---

① 王泽鉴：《侵权行为》，北京大学出版社 2016 年版，第 275 页。

② 吉林省高级人民法院（2016）吉民申 1520 号民事裁定书，载中国裁判文书网，https：//wenshu. court. gov. cn/website/wenshu/181107ANFZ0BXSK4/index. html? docId = 6995f8c449d042f2ad1aaf141f9d4490，最后访问时间：2022 年 4 月 11 日。

现实中的防卫时间，应当根据具体情况判断。若侵害人只是暂时停止侵害，而随时可能继续侵害，则可认定为侵害没有结束。

第二，虽然《总则编司法解释》的文本中并没有体现紧迫性的要求，但是根据立法精神，应当认为不法侵害具有紧迫性。紧迫性意味着，如果不及时实施防卫行为就会造成重大损失。如果可以通过其他方式如公力救济的方式进行救济也不会造成无法弥补的损失的，这时不宜采用正当防卫。[①] 这体现了正当防卫作为私力救济手段的性质。[②] 因此，对于稳定的、持续的违法行为，不能适用正当防卫。[③] 在一个法治国家，维护社会公益主要是国家的职务，不能依靠私力救济。[④] 例如，在陈某与孙某健康权、身体权纠纷案中，法院认为，陈某作为医生，对孙某的医闹行为完全有时间、有能力、有条件采取其他措施制止损害结果的发生，而非“不得已”采取互相撕扯的方式，故陈某主张其行为属正当防卫的证据不足。[⑤] 在付某甲、付某乙健康权纠纷案中，付某乙在自家门东侧盖墙，付某甲认为搭盖位置不合理，遂前往阻拦并与付某乙及其亲属发生争执，致付某乙的右手手指骨折。法院认为，本案事件发生的起因、地点、持续时长、形成后果均显示，双方冲突过程中并不存在具有紧迫性和攻击性的不法侵害，故付某甲主张其行为构成正当防卫缺少事实及法律依据。[⑥]

（四）防卫对象

正当防卫应当以实施侵害行为的人为对象。根据制止不法侵害的需要，可以是对人身的，也可以是对财产的，但是任何防卫行为都不能对第三人实施。[⑦] 对此可以从以下方面来理解：

---

① 最高人民法院民法典贯彻实施工作领导小组主编：《中华人民共和国民法典总则编理解与适用》，人民法院出版社 2020 年版，第 910 页；黄薇主编：《中华人民共和国民法典总则编解读》，中国法制出版社 2020 年版，第 592 页。

② 陈甦主编：《民法总则评注》，法律出版社 2017 年版，第 1297 页。

③ 中国审判理论研究会民事审判理论专业委员会：《民法典总则编条文理解与司法适用》，法律出版社 2020 年版，第 350 页。

④ 王泽鉴：《侵权行为》，北京大学出版社 2016 年版，第 277 页。

⑤ 吉林省高级人民法院（2019）吉民申 1586 号民事裁定书，载中国裁判文书网，https：//wenshu.court.gov.cn/website/wenshu/181107ANFZ0BXSK4/index.html？docId＝81b9d4ac9e1544cda360aa8b010a37a9，最后访问时间：2022 年 4 月 11 日。

⑥ 山东省高级人民法院（2021）鲁民申 4602 号民事裁定书，载中国裁判文书网，https：//wenshu.court.gov.cn/website/wenshu/181107ANFZ0BXSK4/index.html？docId＝7d178a0cf73043a5b607ae040182a5a2，最后访问时间：2022 年 4 月 11 日。

⑦ 最高人民法院民法典贯彻实施工作领导小组主编：《中华人民共和国民法典总则编理解与适用》，人民法院出版社 2020 年版，第 911 页。

第一，正当防卫可以针对实施侵害人的人身，但是不能针对任何没有实施侵害的第三人的人身，包括实施侵害人的近亲属、同行人员等。如果其他人共同实施了侵害，那么也应当认为是防卫的对象。但是此时对于“共同实施”的认定应当以具有意思联络为限。共同过失或者共同危险造成的共同侵权的其他侵权人都不能成为防卫对象。

第二，正当防卫可以针对实施侵害人的财产。这里实施侵害人的财产需要作狭义的理解，即只能是实施侵害人具有所有权的财产，而不包括实施侵害人占有和管领的他人的财产。

（五）防卫限度

正当防卫应当遵循比例原则，即应当处于一个合理的限度，否则就不属于正当防卫，而需要承担部分责任。关于如何确定防卫限度，《总则编司法解释》第 31 条专门进行了规定，可参照理解。

三、不属于正当防卫的情形

（一）假想防卫

若是被防卫人没有实施任何的侵害行为，而只是防卫人想象中的行为，则不属于正当防卫。例如，在陈某与王某生命权、健康权、身体权纠纷案中，法院认为，王某作为店铺的合伙人，对账本记载的收支情况有知情权和查阅权，其拿走账本的行为并不构成不法侵害。陈某不知王某为店铺合伙人，制止王某拿走账本，并对王某造成轻微伤，不属于正当防卫。①

（二）防卫挑拨

故意挑起被防卫人的攻击，然后实施防卫行为的，不具有防卫目的，因此不构成正当防卫。例如，在屈某与王某生命权、健康权、身体权纠纷案中，法院认为，屈某引发二人争吵在先，王某以剪刀袭击在后，王某以剪刀进行攻击的行为与屈某的寻衅存在直接关联。因此，屈某的行为不具有正当性，不构成正当防卫。②

（三）防卫不适时

在侵害行为未发生，或者侵害行为已经结束的情况下，侵害行为已经不是“正在进行之中”，此时再进行防卫，已经不属于正当防卫。例如，

---

① 广东省肇庆市中级人民法院（2021）粤 12 民终 1829 号民事判决书，载中国裁判文书网，https：//wenshu. court. gov. cn/website/wenshu/181107ANFZ0BXSK4/index. html？docId＝16ef9927515a44bba784adfd00b1997e，最后访问时间：2022 年 4 月 11 日。

② 湖北省宜昌市中级人民法院（2020）鄂 05 民终 793 号民事判决书，载中国裁判文书网，https：//wenshu. court. gov. cn/website/wenshu/181107ANFZ0BXSK4/index. html？docId＝4cf901820a8f4f789de7abe300a61b16，最后访问时间：2022 年 4 月 11 日。

在何某甲诉何某乙健康权纠纷案中，何某甲在未经何某乙同意的情况下，强行丈量何某乙的田地。在争吵过程中，何某乙举起圆盘皮尺砸向何某甲头部，致使何某甲左眉弓及面部流血不止。法院认为，何某甲虽用手指着何某乙与其争吵，但并未对何某乙的人身安全造成实际上的侵害，而此时何某乙将何某甲打伤，属于防卫不适时。①

（四）防卫过程中对第三人造成的损害

受害人对侵权人进行正当防卫时，不慎造成了第三人的损害，也不应当承担责任。例如，甲拿棍棒击打乙，乙在夺取棍棒的过程中，由于用力过猛，不慎将围观者丙击伤。这种情形不是正当防卫，可以适用“紧急避险”的规定解决。按该条规定，因紧急避险造成损害的，由引起险情发生的人承担责任。在本案中，甲拿棍棒击打乙，乙在正当防卫的过程中造成了丙的伤害，甲是引起险情发生的人，应由甲对丙的损害承担责任。② 如果甲将丙推过去冲撞乙，而乙把丙推倒在地致丙受伤，也属于这样的情况。而按照这样的逻辑，受害人对侵权人进行正当防卫时，造成了第三人的财产损害，也应当不属于正当防卫，而是紧急避险。比如，受实施侵害人管理下的他人的狗攻击受害人，因为狗属于“第三人”，所以狗不属于防卫对象。受害人反击狗的行为不构成防卫行为，而属于紧急避险，由引发危险发生之人承担责任。

（五）侵害人没有故意时的行为

《民法典》第 181 条第 1 款和《总则编司法解释》第 30 条并没有明确加害人的主观过错类型。在刑法中，加害人无论是故意还是过失的行为都可以构成正当防卫的对象。③ 而民法在借鉴刑法对于正当防卫的定义时，并没有把对过失行为的正当防卫剔除。《民法典》第 1165 条规定的侵害包括故意和过失。根据体系解释，民法上正当防卫的不法侵害似乎也应当包括主观上为过失的侵害。但是，如果过失的侵权行为也认定为可以进行正当防卫，那么可能会造成利益的失衡。例如，被防卫人因过失侵害防卫人的财产，由于正当防卫中不需要衡量两个权益的大小，则防卫人可以针对被防卫人的人身进行防卫。这样会造成为了保护财产而损害人身的情况，有违利益衡量的原则。事实上，正当防卫不需要考虑利益衡量，而只需考

① 湖南省临武县人民法院（2018）湘 1025 民初 160 号民事判决书，载中国裁判文书网，https：//wenshu. court. gov. cn/website/wenshu/181107ANFZ0BXSK4/index. html？ docId = 3b011d92ed1c40efa26ea92c00e1f99c，最后访问时间：2022 年 4 月 11 日。

② 王胜明主编：《中华人民共和国侵权责任法释义》，法律出版社 2010 年版，第 152 页。

③ 张明楷：《刑法学》，法律出版社 2021 年版，第 261 页。

虑比例原则，[①] 正是因为加害人主观故意，恶性比较大，所以加害人要承担侵害造成的一切后果。

《总则编司法解释》第30条中使用了“实施侵害行为的人”的表述，这与《刑法》第20条不同。但是《总则编司法解释》的制定者是否有意强调“实施”，还不得而知。但是在对《民法典》第1168条中“实施”一词进行解释时，有学者认为，“实施”应当解释为故意。[②] 但也有观点认为，“实施”可以包括共同故意和共同过失。[③] 因此，现在还很难说可以从“实施”二字解释出故意的要件。可见，此处存在一个隐藏漏洞。笔者认为，需要对正当防卫的不法侵害进行目的性限缩，仅限于对故意的不法侵害进行正当防卫。而对于过失的不法侵害，只能进行紧急避险。

【相关规定】

《中华人民共和国民法典》

第一百八十一条 因正当防卫造成损害的，不承担民事责任。

正当防卫超过必要的限度，造成不应有的损害的，正当防卫人应当承担适当的民事责任。

第一千二百三十四条 违反国家规定造成生态环境损害，生态环境能够修复的，国家规定的机关或者法律规定的组织有权请求侵权人在合理期限内承担修复责任。侵权人在期限内未修复的，国家规定的机关或者法律规定的组织可以自行或者委托他人进行修复，所需费用由侵权人负担。

（本条由李琳撰写）

---

① 王泽鉴：《侵权行为》，北京大学出版社2016年版，第279页。

② 程啸：《侵权责任法》，法律出版社2021年版，第384页。

③ 最高人民法院民法典贯彻实施工作领导小组主编：《中华人民共和国民法典侵权责任编理解与适用》，人民法院出版社2020年版，第54页。

第三十一条　【防卫过当的认定和效果】 对于正当防卫是否超过必要的限度，人民法院应当综合不法侵害的性质、手段、强度、危害程度和防卫的时机、手段、强度、损害后果等因素判断。

经审理，正当防卫没有超过必要限度的，人民法院应当认定正当防卫人不承担责任。正当防卫超过必要限度的，人民法院应当认定正当防卫人在造成不应有的损害范围内承担部分责任；实施侵害行为的人请求正当防卫人承担全部责任的，人民法院不予支持。

实施侵害行为的人不能证明防卫行为造成不应有的损害，仅以正当防卫人采取的反击方式和强度与不法侵害不相当为由主张防卫过当的，人民法院不予支持。

【条文主旨】

本条是关于防卫过当的认定规则和法律效果。

【条文沿革】

本条是对《民法典》第 181 条第 2 款（原《民法总则》第 181 条第 2 款）的细化。原《民法总则》第 181 条第 2 款来自《民法通则》第 128 条，其规定了防卫过当及其后果："因正当防卫造成损害的，不承担民事责任。正当防卫超过必要的限度，造成不应有的损害的，正当防卫人应当承担适当的民事责任。"随后《侵权责任法》第 30 条规定："因正当防卫造成损害的，不承担责任。正当防卫超过必要的限度，造成不应有的损害的，正当防卫人应当承担适当的责任。"

《刑法》第 20 条第 2 款规定："正当防卫明显超过必要限度造成重大损害的，应当负刑事责任，但是应当减轻或者免除处罚。"可见，民法对于防卫过当的判断，也受到了刑法的影响。不过相对于《刑法》的规定，《总则编司法解释》中对于防卫过当的判断没有"明显"和"重大损害"的限制，因此民法上对于正当防卫的认定比较严格。

【理解与适用】

一、规范宗旨

《民法典》第 181 条第 2 款及其之前的法律都规定了防卫过当的概念和效果，但是法律和司法解释都没有规定防卫过当的判断标准以及防卫过当责任的内涵。因此，如何确定当事人是否防卫过当以及防卫过当应承担什么样的责任，司法实践一直没有定论，需要统一裁判的标准。

但是对于防卫过当来说，情况比较复杂，需要结合具体案件的情况来进行个案判断，无法用抽象的事先规则来确定什么是防卫过当。因此，本条采取了动态系统论的技术。①

动态系统论是 20 世纪中叶发端于奥地利的一种法学方法，其后在欧洲逐渐发展成为颇有影响的方法论。21 世纪初，该理论以译作的形式从日本进入我国民法学界，其后影响逐渐扩大。② 动态体系论方法的内涵是“特定在一定的法律领域发挥作用的诸‘要素’，通过‘与要素的数量和强度相对应的协动作用’来说明、正当化法律规范或者法律效果”。③ 动态体系论有两大支柱：一是要素，二是基础评价和原则性示例。④

对于防卫过当的民事责任，《总则编司法解释》第 31 条第 2 款规定：“经审理，正当防卫没有超过必要限度的，人民法院应当认定正当防卫人不承担责任。正当防卫超过必要限度的，人民法院应当认定正当防卫人在造成不应有的损害范围内承担部分责任；实施侵害行为的人请求正当防卫人承担全部责任的，人民法院不予支持。”这一规定明确了《民法典》第 181 条第 2 款规定的“适当的民事责任”是指部分责任，而不是全部责任，即正当防卫人只在造成不应有的损害范围内承担部分责任。⑤

本条第 3 款还明确了防卫过当的另一个认定要件，即“造成不应有的损害”，同时将证明此要件的举证责任交由实施侵害人承担。

---

① 郭锋、陈龙业等：《〈关于适用民法典总则编若干问题的解释〉的理解与适用》，载《人民司法》2022 年第 10 期。

② 解亘、班天可：《被误解和被高估的动态体系论》，载《法学研究》2017 年第 2 期。

③ ［日］山本敬三：《民法中的动态系统论》，解亘译，载梁慧星主编：《民商法论丛》第 23 卷，金桥文化出版有限公司 2003 年版，第 177 页。

④ 关于要素、基础评价和原则性示例的解释，参见解亘、班天可：《被误解和被高估的动态体系论》，载《法学研究》2017 年第 2 期。

⑤ 郭锋、陈龙业等：《〈关于适用民法典总则编若干问题的解释〉的理解与适用》，载《人民司法》2022 年第 10 期。

二、防卫过当的认定

（一）超过必要限度

认定防卫过当的要点在于对防卫限度的判断。理论界对此并无定论。可以确定的标准是，防卫行为应当与侵害行为相适应，并以制止不法侵害为限度，以便维护受害人以及加害人的利益平衡。[①] 但是，这样的标准还是过于笼统，难以在司法实践中适用，因此《总则编司法解释》运用动态系统论，明确了具体的评价要素。

《总则编司法解释》确定的评价要素主要有不法侵害的性质、手段、强度、危害程度和防卫的时机、手段、强度、损害后果。与《总则编司法解释》第 33 条规定的紧急避险过当认定要素相比，在防卫过当中，行为保护的利益不是评价的要素。

申言之，若为了保护财产而对人身紧急避险，可以直接认定为避险过当，而为了保护财产而对人身进行正当防卫，则不一定防卫过当，还需要看防卫行为是否违反了比例原则。因此，可以认为，判断防卫是否过当，主要的依据是比例原则。

1. 不法侵害的性质

对于犯罪行为的防卫的限度比一般民事行为要高。《刑法》第 20 条第 3 款规定："对正在进行行凶、杀人、抢劫、强奸、绑架以及其他严重危及人身安全的暴力犯罪，采取防卫行为，造成不法侵害人伤亡的，不属于防卫过当，不负刑事责任。"也就是说，对于这些严重的暴力犯罪，受害人可以实施无限防卫权。这在民法中也可以适用，即对于严重的暴力犯罪，受害人可以采取激烈的防卫行为，而不认为超过了防卫的界限。而对于一般的侵害财产的侵权行为，如果采取了造成不法侵害人伤亡的防卫行为，则可以作为超过防卫限度的认定要素。

2. 不法侵害的手段和防卫的手段

防卫的手段与不法侵害的手段相适应主要指，如果有多种可以制止不法侵害的手段，应当选择反击较轻的手段。比如，侵害人没有凶器，那么防卫人也就没有必要使用刀具，可以使用棍棒等非杀伤性武器。如果通过威慑就可以制止侵害，也就没有必要使用暴力。

3. 不法侵害的强度和防卫的强度

不法侵害的强度和防卫的强度涉及实施防卫行为的现实紧迫性问题。

---

① 王胜明主编：《中华人民共和国侵权责任法释义》，法律出版社 2010 年版，第 152 ~ 153 页。

在侵害行为本身强度没有很大，不需要实施防卫行为也不会造成难以弥补的损失的情况下，这时只需要较缓和的反击即可。[①] 若是采用了较为激烈的反击，则可以作为认定防卫超过必要限度的要素。

4. 不法侵害的危害程度和防卫的损害后果

不法侵害的危害程度和防卫的损害后果是否适应主要指侵害行为危害的权益与防卫行为造成的损害是否相协调。如果所防卫的权益与防卫行为所侵害的权益显然不在同一位阶上，如使用严重损害侵害者人身权的反击方法来保卫较小的财产利益，则可以作为判断防卫超过必要限度的要素。[②] 例如，未成年人翻墙进入果园偷水果，则没有必要将其打至伤残。[③]

5. 防卫的时机

防卫的时机主要是指受害人需要在侵害持续之中进行防卫，主要是需要判断侵害行为是否已经结束。因为若侵害行为还没开始，则不存在正当防卫，也无所谓防卫过当。若侵害行为已经结束，或者侵害人自动停止了侵害，但是受害人因为过失没有意识到侵害已经结束而继续防卫的，可以作为防卫过当的判定要素。

（二）造成不应有的损害

在防卫行为超过必要限度的要件之外，《总则编司法解释》第 31 条第 3 款还明确了防卫过当的另一个认定要件，即“造成不应有的损害”，并且将“造成不应有的损害”作为判断是否防卫过当的终极要件，即如果没有“造成不应有的损害”，即使防卫行为超过必要限度，也不能认定为防卫过当。《民法典》第 181 条第 2 款使用了“不应有的损害”的表述。也就是说，可以存在“应有的损害”。如何判断损害应不应有，则需要根据个案判断。但是总体上来说，造成的损害应当与侵害行为相适应。例如，小偷入室盗窃，受害人拿刀防卫，但仅仅造成小偷轻微伤或者轻伤。这时，轻微伤或者轻伤对于防卫入室盗窃来说，属于“应有的损害”，因此即使使用了过激的手段，也不属于防卫过当。

三、防卫过当的法律效果

本条第 2 款明确了《民法典》第 181 条第 2 款规定的“适当的民事责任”是指“在造成不应有的损害范围内承担部分责任”，而不是全部责任。

---

① 最高人民法院民法典贯彻实施工作领导小组主编：《中华人民共和国民法典总则编理解与适用》，人民法院出版社 2020 年版，第 913 页。

② 最高人民法院民法典贯彻实施工作领导小组主编：《中华人民共和国民法典总则编理解与适用》，人民法院出版社 2020 年版，第 913 页。

③ 王泽鉴：《侵权行为》，北京大学出版社 2016 年版，第 275 页。

这一点已经明确。但是不明确的地方是，防卫过当的责任是否可以减免？《刑法》第 20 条第 2 款后半句对此规定了“应当减轻或者免除处罚”。但是《民法典》和《总则编司法解释》都没有明确这个问题。

对此，司法实务一般认为，防卫过当不能免除责任，应区分主观过错而规定不同的后果，即如果责任人对防卫过当主观上是过失，则应当减轻责任；如果责任人对防卫过当是故意，则不能减轻责任。[①]

四、举证责任

本条第 3 款通过规定“造成不应有的损害”的要件，将此要件的举证责任交由实施侵害的人承担。若加害人不能证明防卫行为“造成不应有的损害”，那么就不成立防卫过当。加害人不能仅证明其受到了损害，关键需要证明这样的损害是“不应有的”。这样相当于规定了防卫正当性推定的制度，从而更有利于防卫人实施正当防卫。

【相关规定】

《中华人民共和国民法典》

第一百八十一条 因正当防卫造成损害的，不承担民事责任。

正当防卫超过必要的限度，造成不应有的损害的，正当防卫人应当承担适当的民事责任。

（本条由李琳撰写）

---

① “正当防卫超过必要限度，造成不应有的损害的，应当承担适当的民事责任。这种适当的民事责任，应当包括以下三层意思：(1) 防卫过当不能免除责任。承担适当的责任的含义是承担责任，而不是免责。这是因为民事责任是一种财产责任，赔偿具有补偿和制裁的双重性质，它不像刑罚那样是人身的而且没有补偿性质的责任。(2) 对于防卫过当造成的损害，一般应当减轻民事责任。承担适当的责任中的‘适当’，要求赔偿既与防卫过当的损害后果适当，又与案情适当，而且后者更为重要。因此，不应当受全部赔偿原则的限制，要适当减轻防卫人的责任。这是因为，一是出现防卫的前提是侵害人的不法侵害，没有不法侵害就不会造成这种过当的后果；二是防卫人在防卫过程中，特别是在情况较危急情况下，对反击行为的节制及对后果的预见是受到限制的，不应对防卫行为要求过高、过苛。(3) 故意加害行为的赔偿责任。防卫人在防卫过程中故意对不法侵害者采取加害行为的，对其超出必要限度的损害应当全部赔偿。这是因为，在这种情况下，防卫人已经明知会超出必要限度而故意为之，是故意的违法行为，应当负担全部责任。防卫过当的损害赔偿范围，应当是超出防卫限度的那部分损害，即对‘不应有’的那部分损害予以赔偿。”见最高人民法院民法典贯彻实施工作领导小组主编：《中华人民共和国民法典总则编理解与适用》，人民法院出版社 2020 年版，第 912 页。

第三十二条　【紧急避险的认定】为了使国家利益、社会公共利益、本人或者他人的人身权利、财产权利以及其他合法权益免受正在发生的急迫危险，不得已而采取紧急措施的，应当认定为民法典第一百八十二条规定的紧急避险。

【条文主旨】

本条是紧急避险的认定规则。

【条文沿革】

本条是对《民法典》第182条（原《民法总则》第182条）的细化。原《民法总则》第182条来自《民法通则》第129条："因紧急避险造成损害的，由引起险情发生的人承担民事责任。如果危险是由自然原因引起的，紧急避险人不承担民事责任或者承担适当的民事责任。因紧急避险采取措施不当或者超过必要的限度，造成不应有的损害的，紧急避险人应当承担适当的民事责任。"《民通意见》第156条对此进行了细化规定："因紧急避险造成他人损失的，如果险情是由自然原因引起，行为人采取的措施又无不当，则行为人不承担民事责任。受害人要求补偿的，可以责令受益人适当补偿。"随后《侵权责任法》第31条规定："因紧急避险造成损害的，由引起险情发生的人承担责任。如果危险是由自然原因引起的，紧急避险人不承担责任或者给予适当补偿。紧急避险采取措施不当或者超过必要的限度，造成不应有的损害的，紧急避险人应当承担适当的责任。"

《刑法》第21条第1款规定："为了使国家、公共利益、本人或者他人的人身、财产和其他权利免受正在发生的危险，不得已采取的紧急避险行为，造成损害的，不负刑事责任。"

【理解与适用】

一、规范宗旨

所谓紧急避险，是指为了社会公共利益、自身或者他人的合法利益免受更大的损害，在不得已的情况下采取的造成他人少量损失的紧急措施，避险人不承担民事责任。[①] 紧急避险与正当防卫一样，都是私力救济的方式，因此都是违法性阻却事由。同时，紧急避险还有可能是责任阻却事由。立法者将其与正当防卫一起规定在《民法典》总则的民事责任部分。其表述基本上沿用了自《民法通则》以来的规定，但是都没有具体规定紧急避险的认定要件。我国民法理论和实务对此主要借鉴了刑法中的有关内容。[②] 但是私法上的紧急避险与刑法上的理论还是有差异，《民法典》生效后，作为权利救济的一项重要内容，亟须对《民法典》中的紧急避险制度作出细致的规定，从而指导理论和司法实践。因此，《总则编司法解释》第 32 条规定了紧急避险的认定要件，为法官认定是否构成紧急避险，明确了避险的起因、目的、时间、紧迫性等重要参考因素。[③]

二、紧急避险的认定

（一）避险的起因

紧急避险的起因是现实的危险。这一点可以从以下两个方面理解：

第一，此处的危险，指一切可以威胁个体的危险。可以是来自自然原因的危险，如天灾等，也可以是来自人的行为，还可以是来自动物的袭击等。

第二，危险必须是现实的，而不是想象的危险。同时，这种危险应当是常人都认同的危险，而不能是微不足道的危险。行为人基于对危险状况的错误认识甚至臆想而采取避险措施，造成他人利益损害的，构成侵权行为，应当承担民事责任。[④]

（二）避险的目的

避险的目的必须是使本人、他人的人身、财产权利和合法利益免受危险的损害。这一点可以从以下三个方面理解：

第一，避险的目的可以是保护本人的权益，也可以是保护他人的权益。权益主要涉及物质性人格权，如生命权、身体权、健康权，以及财产权中的物权等。对于名誉权、肖像权、债权等，很少有实施紧急避险的

---

① 最高人民法院民法典贯彻实施工作领导小组主编：《中华人民共和国民法典总则编理解与适用》，人民法院出版社 2020 年版，第 915 页。

② 最高人民法院民法典贯彻实施工作领导小组主编：《中华人民共和国民法典总则编理解与适用》，人民法院出版社 2020 年版，第 916 页。

③ 郭锋、陈龙业等：《〈关于适用民法典总则编若干问题的解释〉的理解与适用》，载《人民司法》2022 年第 10 期。

④ 黄薇主编：《中华人民共和国民法典总则编解读》，中国法制出版社 2020 年版，第 596 页。

必要。[①]

第二，避险的目的必须是保护合法权益。若是保护非法的利益，如保护毒品免受危险，则不构成紧急避险。

第三，《总则编司法解释》第32条还规定了避险的目的可以是保护国家利益、社会公共利益。一般来说，如果没有对特定个人利益造成侵害，就不能够进行紧急避险。因为紧急避险是私力救济的方式，不能够过于扩大而适用于所有公共利益。

（三）避险的时间

避险行为必须是在危险正在发生时作出。如果危险尚未发生或者已经消除，或者虽然已经发生但不会对合法权益造成损害，则不能采取避险措施。否则，就可能构成避险不适时。

（四）避险的紧迫性

避险行为必须是在迫不得已的情况下才能作出。避险人遇到了急迫的危险，无法及时寻求公权力的救济，或者公权力无法及时到场，没有其他的选择，必须有一个利益受损的时候，才能迫不得已损害较小的利益。因此，饥饿不能作为偷窃面包的借口，无屋栖身亦不足以作为占用他人房屋的理由。[②] 这些危险都不具有紧迫性。如果有其他的选择，则不构成紧急避险，需要承担侵权责任。[③] 例如，在徐某、许某丙生命权、健康权、身体权纠纷案中，徐某作为挖掘机司机，在许某甲家中进行挖井工作，与帮工许某乙、许某丙（被害人）一起施工。在安装第四个井骨时，井壁中部内侧塌方，泥土将许某乙、许某丙二人掩埋。徐某用挖掘机进行施救，施救过程中，许某丙因挖掘机铲斗作用于头部致颅脑损伤死亡。法院认为，虽然被害人家属要求徐某用挖掘机进行施救，但徐某应当知道使用挖掘机救人不当有可能造成受救者伤害甚至死亡，其仍选择操作挖掘机进行救援，且在操作时未能正确判断险情，致使挖掘机铲斗作用于许某丙头部致其颅脑损伤死亡。徐某在该事故中存有过错，其行为与许某丙的死亡之间存在因果关系。且根据生效的刑事裁判文书认定，事发现场是可以找到其他与挖掘机相比伤害性较小的替代性工具实施救援的；事故发生后公安等在20分钟内赶到现场救援，被害人当时尚能呼吸并求助，徐某用挖掘机挖

---

① 梁慧星：《民法总论》，法律出版社2017年版，第288页。

② 王泽鉴：《侵权行为》，北京大学出版社2016年版，第277页。

③ 程啸：《侵权责任法》，法律出版社2021年版，第334页。

塌方泥土不属于“不得已采取”的行为，不符合紧急避险的构成要件。[①]

（五）避险的限度

避险行为应当在合理的限度之内。也就是说，在面临紧急危险时，实施紧急避险行为的人应采取适当的措施，以尽可能小的损害来保全更大的合法利益。概言之，紧急避险行为所引起的损害至少不应大于该危险所可能带来的损害。《总则编司法解释》第 33 条对避险限度的认定作出了规定。

在周某、廖某机动车交通事故责任纠纷案中，周某驾驶机动车在高速公路上行驶，发现前方约 100 米处路面有一个障碍物，未减速行驶避让，在临近该障碍物时，急打方向盘避让致使车辆失控碰撞护栏后翻车，车上乘客廖某死亡。法院认为，周某遇险情后处置不当，是本次事故发生的原因之一，对本次交通事故造成的损失应承担 40% 的民事赔偿责任。[②]

三、紧急避险与正当防卫的区别

紧急避险与正当防卫都属于违法阻却事由。两者的目的都是保护公共利益、公民和本人的合法利益，二者成立的前提条件都是合法权利面临严重危险，两者都造成了一定的损害但都在符合各自构成要件的情况下免予承担民事责任。但是两者之间有着重大的差别。

第一，正当防卫是适法行为，是正当防卫权的行使，是一种“正对不正”。而紧急避险并不是一项权利，而是通过牺牲较小利益来保全较大利益，是一种“正对正”的行为，只是因为符合人们的价值选择和经济理性，所以不认为是违法。[③] 因此，紧急避险是一种放任行为。[④]

第二，正当防卫是违法性阻却事由。而紧急避险是违法性阻却事由的同时，还有可能是责任阻却的事由。

第三，在判断是否构成正当防卫时，主要采取的是比例原则，即不超过必要限度，防卫行为与不法侵害相适应。被保护的利益可以小于防卫行为损害的利益。而在判断是否构成紧急避险时，在采取比例原则的同时，

---

① 广东省高级人民法院（2018）粤民申 5944 号民事裁定书，载中国裁判文书网，https://wenshu.court.gov.cn/website/wenshu/181107ANFZ0BXSK4/index.html?docId=267d22fead45447b82afa95f00c6effe，最后访问时间：2022 年 4 月 11 日。

② 福建省高级人民法院（2018）闽民再 28 号民事判决书，载中国裁判文书网，https://wenshu.court.gov.cn/website/wenshu/181107ANFZ0BXSK4/index.html?docId=28c211fb96994f29942aa9ce009e567e，最后访问时间：2022 年 4 月 11 日。

③ 陈甦主编：《民法总则评注（下）》，法律出版社 2017 年版，第 1302 页。

④ 王泽鉴：《侵权行为》，北京大学出版社 2016 年版，第 278 页。

还需要采取利益衡量原则，即比较被保护的利益和被避险的利益之间的大小。一般来说，被保护的利益不应当小于被避险的利益。否则，紧急避险行为就不存在合法性。

第四，紧急避险的危险来源多种多样，正当防卫的危险来源只是不法侵害人的非法侵害。

第五，紧急避险造成的损害是排除危险的唯一方法，而正当防卫则不在此限。

第六，正当防卫只能对不法侵害的本人实施，而紧急避险可以对第三者实施。例如，就狗咬伤人而言，如果这只狗是被主人故意放出来咬人的，则是行为人的不法侵害，狗成为行为人不法侵害的工具，是行为人的财产，对狗的防卫反击，行为是指向行为人的，是正当防卫。如果狗不是加害人的财产，但是受加害人控制，对这只狗造成伤害构成紧急避险，而不是正当防卫。①

【相关规定】

《中华人民共和国民法典》

第一百八十二条 因紧急避险造成损害的，由引起险情发生的人承担民事责任。

危险由自然原因引起的，紧急避险人不承担民事责任，可以给予适当补偿。

紧急避险采取措施不当或者超过必要的限度，造成不应有的损害的，紧急避险人应当承担适当的民事责任。

（本条由李琳撰写）

---

① 最高人民法院民法典贯彻实施工作领导小组主编：《中华人民共和国民法典总则编理解与适用》，人民法院出版社2020年版，第917页。

第三十三条　【避险不当构成和效果的认定】对于紧急避险是否采取措施不当或者超过必要的限度，人民法院应当综合危险的性质、急迫程度、避险行为所保护的权益以及造成的损害后果等因素判断。

经审理，紧急避险采取措施并无不当且没有超过必要限度的，人民法院应当认定紧急避险人不承担责任。紧急避险采取措施不当或者超过必要限度的，人民法院应当根据紧急避险人的过错程度、避险措施造成不应有的损害的原因力大小、紧急避险人是否为受益人等因素认定紧急避险人在造成的不应有的损害范围内承担相应的责任。

【条文主旨】

本条是关于避险不当构成和效果的认定规则。

【条文沿革】

本条是对《民法典》第182条（原《民法总则》第182条）的细化。原《民法总则》第182来自《民法通则》第129条："因紧急避险造成损害的，由引起险情发生的人承担民事责任。如果危险是由自然原因引起的，紧急避险人不承担民事责任或者承担适当的民事责任。因紧急避险采取措施不当或者超过必要的限度，造成不应有的损害的，紧急避险人应当承担适当的民事责任。"

《民通意见》第156条对此进行了细化规定："因紧急避险造成他人损失的，如果险情是由自然原因引起，行为人采取的措施又无不当，则行为人不承担民事责任。受害人要求补偿的，可以责令受益人适当补偿。"

随后《侵权责任法》第31条规定："因紧急避险造成损害的，由引起险情发生的人承担责任。如果危险是由自然原因引起的，紧急避险人不承担责任或者给予适当补偿。紧急避险采取措施不当或者超过必要的限度，造成不应有的损害的，紧急避险人应当承担适当的责任。"

《刑法》第21条第2款规定："紧急避险超过必要限度造成不应有的损害的，应当负刑事责任，但是应当减轻或者免除处罚。"

【理解与适用】

一、规范宗旨

如何认定紧急避险处于合理的限度内，以及超出合理限度后，可能产生的法律效果，一直是理论和实践上的难题。

关于避险不当的构成，由于紧急避险涉及的范围和情形非常广泛，需要考量的因素也比较多，一般适宜在具体个案中，由法官根据具体的情况来判断。但是这样又可能造成同案不同判的现象，因此需要对此作出一些限制性的规定。

对于避险不当的效果，也是同样的情况。实践中紧急避险的情形非常复杂。从危险发生的原因看，可能是自然原因引起的，也可能是第三人行为引起的，还有可能是避险人的行为引起的；从避险目的看，可能是为了保护避险人利益，可能是为了保护引起险情的人的利益，也可能是为了保护其他人利益，或者兼而有之；从避险过当造成的损害后果看，可能造成了避险人损害，可能造成了引起险情的人的损害，也可能造成了其他人的损害。[①] 可见，没有办法使用抽象的一般规则来规定避险不当的效果。

因此，本条在避险不当构成和效果的认定上都采取了动态系统论的思路，列出了法官在认定避险不当构成和效果时可以综合参考的要素。

在避险不当的构成上，本条列出了危险的性质、急迫程度、避险行为所保护的权益以及造成的损害后果等动态要素。

在避险不当的效果上，本条列出了紧急避险人的过错程度、避险措施造成不应有的损害的原因力大小、紧急避险人是否为受益人等动态要素。

法官需要根据动态系统论的基本原理，考量上述的动态要素，对个案作出利益衡量。

二、避险不当的构成

避险不当主要有两个考量的方面，即采取措施不当或者超过必要的限度。采取措施不当是指在当时的情况下能够采取可能减少或避免损害的措施而未采取，或者采取的措施并非排除险情所必需。超过必要的限度是指采取紧急避险措施没有减少损害，或者紧急避险所造成的损害大于所保全

---

① 郭锋、陈龙业等：《〈关于适用民法典总则编若干问题的解释〉的理解与适用》，载《人民司法》2022 年第 10 期。

的利益。[1] 只要满足这两者中的任何一个，即可以认为构成了避险不当。

对于这两个方面的判断，可以从危险的性质、急迫程度、避险行为所保护的权益以及造成的损害后果几个要素来确定。

（一）危险的性质

危险的来源多种多样。有来自自然原因的危险，也有来自第三人行为的危险，还有可能是来自避险人自己行为的危险。人的行为造成的危险可能是来自犯罪行为、侵权行为，或者仅仅是来自一般行为。

如果危险的程度很大，对于普通人来说会造成很大的恐慌等，那么对于避险措施的妥当性，以及对避险限度的把握的要求相应地可以降低一些。例如，在马某与某保险公司等机动车交通事故责任纠纷案中，周某驾驶客车 1 停在某地，马某驾驶客车 2 经过，将客车 2 停在客车 1 左后方。客车 2 内乘客辛某怀疑周某嘲笑马某，持水果刀走到周某车旁，敲击车窗玻璃。当周某摇下玻璃时，辛某即大声质问为什么要笑，周某见状倒车欲离开此地，在倒车过程中将站在车尾的马某撞倒在地。该事故造成马某受伤，两车受损。法院认为，周某在辛某手持水果刀并大声质问以及前方有车辆障碍的紧急情况下选择倒车离开，没有注意到马某在其车尾，其主观上只想避开辛某的加害。周某倒车发生交通事故后，没有驾车逃离，其行为符合紧急避险的构成要件。结合周某的倒车轨迹和马某被撞倒的位置，周某的避险行为并不存在避险不当或者超过必要限度。[2]

而如果危险程度很小，对于普通人来说不会造成很大的恐慌等，甚至就是普通的危险，那么对于避险措施的妥当性，以及对避险限度的把握的要求相应地要高。例如，一辆自行车失控冲撞，那么避险人完全可以采取更合适的避险方式。而如果是一辆汽车高速冲撞，那么对避险人选择更合适避险方式的能力就无法要求太高。

如果是避险人自己造成危险招致他人损害的，对于避险人采取措施是否恰当或者超过必要限度的判断应当更加严苛。

而如果是避险人自己造成危险招致本人损害的，采取避险措施一般情况下不认为是紧急避险。

---

① 王胜明主编：《中华人民共和国侵权责任法释义》，法律出版社 2010 年版，第 157 页；最高人民法院民法典贯彻实施工作领导小组主编：《中华人民共和国民法典总则编理解与适用》，人民法院出版社 2020 年版，第 918 页。

② 重庆市高级人民法院（2020）渝民申 256 号民事裁定书，载中国裁判文书网，https://wenshu.court.gov.cn/website/wenshu/181107ANFZ0BXSK4/index.html?docId=36ae6957a1814e9d88d1abdf0103e6d6，最后访问时间：2022 年 4 月 11 日。

（二）急迫程度

危险的急迫程度是指危险发生的时机与避险人所处的情况是否紧急。如果已经“火烧眉毛”“兵临城下”了，那么危险已经非常急迫。这时显然难以苛求避险人还保持清醒的判断力和有力的控制力。这是由“法律不强人所难”原则所决定的。如果危险比较平缓，那么对于避险人的要求则更高。

（三）避险行为所保护的权益以及造成的损害后果

与正当防卫不同，对于避险是否过当的衡量，《总则编司法解释》强调了需要考察所保护的权益。这里实际上提出了利益衡量的原则，即在紧急避险中，保护的利益应当不小于受损的利益。

如果涉及利益的衡量，那么必然需要确定利益的位阶。通过对《民法典》民事权益体系的解释，可以对民事权益的位阶进行如下排序：物质性人格权、精神性人格权、身份权、人格利益、财产权利、财产利益。① 如果是为了保护财产利益而去损害物质性人格权，一般可以认为是避险过当。

然而，在利益衡量过程中，参考权益位阶作出判断只是一种方法和途径，并不能完全代替比例原则等方法的适用。②《最高人民法院关于在审判执行工作中切实规范自由裁量权行使保障法律统一适用的指导意见》第7条规定，人民法院在审判中应“综合考量案件所涉各种利益关系，对相互冲突的权利或利益进行权衡与取舍，正确处理好公共利益与个人利益、人身利益与财产利益、生存利益与商业利益的关系，保护合法利益，抑制非法利益，努力实现利益最大化、损害最小化”。

在实践中，紧急避险案件涉及的利益可能更加复杂，而不是简单的不同权益类型的比较。例如，如果轻微限制人身自由，可以保全重大的财产利益，那么不应当认为这样的紧急行为是避险过当。所以，对于“避险行为所保护的权益”的理解，不能局限于单个利益的排序，而应当从社会的高度来着眼，结合比例原则，来判断避险行为带来的利益是否会大于受损的利益。这也是紧急避险阻却违法的一个经济上的理由。

另外，还存在一种特殊的情形，即保护的利益等于受损的利益。一般情况下，这种情况从社会利益角度来说没有意义，因此一般不认为是正当的紧急避险，从而不阻却行为的违法性。但是在一些极端情形下，涉及同

① 王利明：《论民事权益位阶：以〈民法典〉为中心》，载《中国法学》2022年第1期。
② 王利明：《论民事权益位阶：以〈民法典〉为中心》，载《中国法学》2022年第1期。

题更为复杂。例如，在海难中，甲抢到了唯一的浮板而幸存，乙因浮板被抢而死亡。这时，甲的避险行为是为了保全自己的生命权，但是侵害了他人的生命权。两个利益之间是平等的，因此一般情况下，这样的行为不是正当的紧急避险，避险人应当承担相应的民事责任。只有在极其特殊的情况下，才能够属于阻却违法性。①

三、避险不当的效果

《总则编司法解释》第33条首先强调了紧急避险采取措施并无不当且没有超过必要限度的，紧急避险人不承担责任。《民法典》第182条第2款规定了“可以给予适当补偿”。这里的责任和补偿不是同一性质的概念。责任是行为具有违法性而导致的民事责任，而补偿是公平责任的体现，其行为不具有违法性。本条确定了避险不当时避险人“承担适当的民事责任”是在“不应有的损害范围内承担相应的责任”，即承担部分责任而不是全部责任。同时本条还细化了确定承担相应的责任的因素，包括过错程度、避险措施造成不应有的损害的原因力大小、紧急避险人是否为受益人等。

（一）过错程度

过错程度是指避险人对于采取措施不当或者超过必要的限度是否具有过错。如果避险人对于采取措施不当或者超过必要的限度不具有过错，则其承担的部分责任就比较小，可以减轻责任。但是不能免除责任，因为防卫过当都不能完全免除责任，紧急避险作为放任行为，自然更不能够免除责任。

如果避险人对于采取措施不当或者超过必要的限度具有过失，则过错程度不具有减轻责任的效力，可以与其他因素一起作为其最后承担责任的考量要素。

如果避险人对于采取措施不当或者超过必要的限度具有故意，则应当承担全部不应有的损害的赔偿责任。

（二）原因力大小

原因力大小指采取措施不当或者超过必要的限度与不应有的损害之间因果关系是否明确。如果原因力很强，那么就不具有减轻责任的要素。如果两种之间还存在其他的原因力，则需要根据具体情况减免避险人的责任。

---

① 张明楷：《刑法学》，法律出版社2021年版，第294页。

（三）紧急避险人是否为受益人

《民法典》第182条并没有明确紧急避险受益人的责任。因为避险人和受益人可能是同一人，也可能不是同一人。在避险人和受益人不是同一人的情况下，如果受益人不承担任何责任，对于避险人来说也不公平。

在分析危险是由自然原因引起的情形下避险人的补偿责任时，最高人民法院区分了避险人是不是受益人而采取不同的处理方式：如果紧急避险人是为了保护公共利益或者他人合法利益而采取了避险行为，造成其他人利益的损害，紧急避险人仍免予对其他人承担赔偿责任；如果紧急避险人是为了本人的利益而采取了避险行为，造成第三人利益损害的，紧急避险人本人作为受益人，这时应当对第三人的损害给予适当补偿。①

同理，在确定避险过当情形下的避险人责任时，也可以这样处理，即如果紧急避险人是为了保护公共利益或者他人合法利益而采取了避险行为，避险过当的，可以减轻避险人的责任。如果紧急避险人是为了本人的利益而采取了避险行为，避险过当造成第三人利益损害的，紧急避险人本人作为受益人，此时此要素不具有减轻责任的效力，可以与其他要素一起作为其最后承担责任的考量要素。

而对于避险过当时受益人的责任，本条没有涉及，有待司法实践确定。

【相关规定】

《中华人民共和国民法典》

第一百八十二条 因紧急避险造成损害的，由引起险情发生的人承担民事责任。

危险由自然原因引起的，紧急避险人不承担民事责任，可以给予适当补偿。

紧急避险采取措施不当或者超过必要的限度，造成不应有的损害的，紧急避险人应当承担适当的民事责任。

（本条由李琳撰写）

① 最高人民法院民法典贯彻实施工作领导小组主编：《中华人民共和国民法典总则编理解与适用》，人民法院出版社2020年版，第917～918页。

第三十四条 【见义勇为受益人适当补偿数额的确定】 因保护他人民事权益使自己受到损害，受害人依据民法典第一百八十三条的规定请求受益人适当补偿的，人民法院可以根据受害人所受损失和已获赔偿的情况、受益人受益的多少及其经济条件等因素确定受益人承担的补偿数额。

【条文主旨】

本条是关于见义勇为受益人适当补偿数额的确定规则。

【条文沿革】

本条是对《民法典》第183条（原《民法总则》第183条）的细化。原《民法总则》第183条来自《民法通则》第109条："因防止、制止国家的、集体的财产或者他人的财产、人身遭受侵害而使自己受到损害的，由侵害人承担赔偿责任，受益人也可以给予适当的补偿。"

《民通意见》第142条对此进行了细化规定："为维护国家、集体或者他人合法权益而使自己受到损害，在侵害人无力赔偿或者没有侵害人的情况下，如果受害人提出请求的，人民法院可以根据受益人受益的多少及其经济状况，责令受益人给予适当补偿。"

《侵权责任法》第23条规定："因防止、制止他人民事权益被侵害而使自己受到损害的，由侵权人承担责任。侵权人逃逸或者无力承担责任，被侵权人请求补偿的，受益人应当给予适当补偿。"

可见，《民法通则》第109条并没有赋予见义勇为人请求受益人补偿的请求权。但是根据《民通意见》第142条和《侵权责任法》第23条的规定，见义勇为人请求受益人补偿的请求权最终被确定了下来。

【理解与适用】

一、规范宗旨

所谓见义勇为，是指在没有法定或约定义务的前提下，为保护他人的人身、财产权益，制止各种侵权行为、意外事件的救助行为。[①]

因见义勇为使自己受到损害，在侵害人无力赔偿或者没有侵害人的情况下，受害人提出请求的，《民通意见》第142条曾规定，人民法院可以根据受益人受益的多少及其经济状况，责令受益人给予适当补偿。为鼓励见义勇为行为，不让见义勇为者流血又流泪，本条在此基础上，采用动态系统论的思路，明确了见义勇为受益人适当补偿数额的确定规则。[②]

二、补偿的性质

《民法典》第183条规定："因保护他人民事权益使自己受到损害的，由侵权人承担民事责任，受益人可以给予适当补偿。没有侵权人、侵权人逃逸或者无力承担民事责任，受害人请求补偿的，受益人应当给予适当补偿。"

对于这一条的性质，还存在一些争议。司法实务一般认为，就其法律性质而言，见义勇为行为应属于无因管理的范围，但它是一种特殊的无因管理。见义勇为与一般无因管理行为相比，有着较大的区别。[③] 但即使如此，也无法否定其本质上是无因管理。

因此，《民法典》第183条中规定的"给予适当补偿"的性质，不是公平责任，而是基于无因管理请求权中的管理人的费用返还请求权。[④]

三、确定补偿的要素

为了防止法官恣意裁判，需要明确补偿的要素。《总则编司法解释》确定了受害人所受损失、受害人已获赔偿的情况、受益人受益的多少及其经济条件等因素作为衡量的要素。

（一）受害人所受损失

受益人对受害人的法定补偿是侵权责任法分配正义的体现，虽不适用赔偿责任的填平原则，但受害人的受损情况仍是最重要的考量因素。因为只有先确定受损类型和程度，才能进一步确定补偿数额。

首先，应当确定受害人所受损失的类型。当受害人为保护他人权益而遭受人身损害时，考虑到其所遭受的痛苦以及由此产生的治疗费用，在其

---

① 最高人民法院民法典贯彻实施工作领导小组主编：《中华人民共和国民法典总则编理解与适用》，人民法院出版社2020年版，第920页。

② 郭锋、陈龙业等：《〈关于适用民法典总则编若干问题的解释〉的理解与适用》，载《人民司法》2022年第10期。

③ 最高人民法院民法典贯彻实施工作领导小组主编：《中华人民共和国民法典总则编理解与适用》，人民法院出版社2020年版，第920～922页。

④ 李永军主编：《民法学教程》，中国政法大学出版社2021年版，第42页。

请求受益人予以补偿时，应当判定由受益人在所避免的损失范围内给予适当的补偿。而当受害人遭受的是财产上的损失时，只有当此种损失超出一定的数量，对受害人形成了经济上的负担时，才应当判定由受益人承担补偿的责任。例如，在盛某与某研究所见义勇为人受害责任纠纷案中，盛某系某研究所内工地施工单位外聘保安人员。某日，该研究所空调控制面板老化导致线路板过热、损坏，现场出现烟雾。事发时并非盛某上班时间，盛某系接到通知后先后两次携带干粉灭火器进入现场。此后盛某身体出现不适，经诊断为意识障碍等疾病。法院认为，盛某构成见义勇为，根据其伤情、实际损失以及某研究所受益情况等因素，酌情判决某研究所补偿盛某20000元，但对于盛某要求某研究所赔偿医疗费、误工费、交通费、住宿费、精神抚慰金、营养费、住院伙食补助费、护理费、购买血压计费用等各项损失，缺乏法律依据，法院不予支持。①

其次，应当考量受害人受到损失的程度。一般而言，受害人所受损害严重的，应适当增加受益人补偿数额，但也应该在受益人的受益范围内考量。而如果受害人损失比较轻微，那么就可以减少补偿，甚至不补偿。一般来说，见义勇为往往是出自助人精神所自愿实施的奉献行为。因此，在这一过程中即使遭受轻微损失也应被接受。只有当这种损失较大，给受害人造成了经济上的负担时，才应当构成其要求受益人给予补偿的正当理由。如果受害人仅仅遭受了轻微损失，如在救火的过程中衣服被烧坏，即允许其因此而起诉要求补偿，那势必有悖于鼓励见义勇为和帮助他人的目的，也会造成司法诉讼资源的浪费。因此，“受益人应当给予适当补偿”并不意味着受益人必须给予补偿，在受害人的损失显著轻微时，并不满足受益人负有补偿义务的条件。②

（二）受害人已获赔偿的情况

按照立法本意，见义勇为受害人的损失在有侵权人时原则上应当由侵权人负责赔偿，受益人仅是可以给予适当补偿。但有的情况下侵权人逃逸，根本找不到侵权人，也可能虽然找得到侵权人，但侵权人根本赔偿不了。为了公平起见，在没有侵权人、侵权人逃逸或者侵权人无力赔偿的情况下，应当由受益人适当补偿。

因此，侵权人确实找不到，或者侵权人确实无力赔偿，是被侵权人请

---

① 北京市第三中级人民法院（2021）京03民终8554号民事判决书，载中国裁判文书网，https://wenshu.court.gov.cn/website/wenshu/181107ANFZ0BXSK4/index.html?docId=9a419a2852d545199efdad4f000ad1a4，最后访问时间：2022年4月11日。

② 陈甦主编：《民法总则评注》，法律出版社2017年版，第1311页。

求补偿的限定条件。如果侵权人没有逃逸或者有赔偿能力的，被侵权人不能要求受益人补偿。[①] 另外，受害人的损失已经由侵权人部分填补的，受益人的补偿责任应当相应减轻。

（三）受益人受益的多少及其经济条件

如果在见义勇为中，受益人并没有受益，那么让其承担全部的责任并不公平。如果受益人受益很多，那么受害人相当于为其挽回了大量的损失，因此适当增加补偿也符合双方利益最大化的原则。因此，受益人受益的多少，往往是衡量其补偿上限的一个参考标准。例如，在杨某、某运输公司见义勇为人受害责任纠纷案中，某运输公司的车库房顶发生火灾，明火被扑灭后，杨某等人上车库房顶查看、处理火灾隐患，此时房顶坍塌，导致杨某等人摔伤。杨某主张，若未检测出火灾隐情，损失的是整个车库和其中车辆，二审法院以某运输公司修理车库房顶的花费1260元作为受益额度错误。再审法院认为，在此类案件中，受益人承担补偿责任而非赔偿责任。在确定补偿范围时，应当综合考虑双方的经济情况和受益人的受益范围。具体到本案中，杨某登上房顶时，火情已经得到控制，二审法院认定受益人的受益额度为受益人为修复着火车库支付购买彩钢瓦和安装彩钢瓦的花费1260元并无不当。杨某主张无事实依据。杨某并未提供证据证明其发现何种火灾隐情以及避免的损失范围，因此对该主张不予支持。[②]

同时，如果受益人经济情况很差，再让其承担补偿责任，可能会对其基本生活造成严重影响。因此，在这种情况下，应当减轻受益人的补偿责任，而寻找其他社会性的救助措施补偿见义勇为人。相反，如果受益人相对于受害人来说，明显具有较强的经济优势，那么可以要求其适当给予相对多的补偿，但此种补偿必须是在受害人遭受的损失范围之内。[③] 例如，在夏某等生命权、身体权、健康权纠纷案中，吕甲因救助夏某、曾某不幸溺水身亡，夏某、曾某作为受益人应给予适当补偿。法院认为，补偿责任并非赔偿责任，不适用填平原则，加之“适当补偿”属于法院的裁量权范畴，故在曾某、夏某等人自认其家庭均为个体工商户，但未能提供证据证明其家庭经济困难的情况下，综合考虑吕甲的父母吕某、李某的受损情

---

① 王胜明主编：《中华人民共和国侵权责任法释义》，法律出版社2010年版，第114~115页。

② 黑龙江省高级人民法院（2020）黑民申2020号民事裁定书，载中国裁判文书网，https：//wenshu. court. gov. cn/website/wenshu/181107ANFZ0BXSK4/index. html？docId=43e5807711a84455a41cac9b0034fb1d，最后访问时间：2022年4月11日。

③ 陈甦主编：《民法总则评注（下）》，法律出版社2017年版，第1310页。

况，曾某、夏某的获益情况和经济承受能力，酌定曾某、夏某分别给予吕某、李某补偿金100000元。①

（四）见义勇为补偿责任的减轻和免责事由适用

除以上的考量要素外，还需要确定的是，见义勇为补偿责任是否适用一般的责任减轻和免责事由。见义勇为受害责任作为一种侵权责任类型，有关侵权责任的减责、免责事由，如受害人故意、不可抗力等，在法律没有特别规定的情况下，对于见义勇为受害责任也要予以适用。② 例如，在裴某等诉苏某海上、通海水域人身损害责任纠纷案中，裴某生前受雇于苏某在渔船上工作，在一次出海中，裴某在船舱因脑出血死亡。法院认为，被告苏某采取了常用疾病的处理方式，在未见效果时也及时报海警处理，并在风大浪急的情况下欲将裴某送往医院，但因船舶触礁导致未能及时登岛处理，属于意外事件，被告苏某并未存在拖延就医的情形，且为救治裴某使其所有的渔船也触礁沉没，已尽了最大的努力。此外，本案中，裴某自身患有高血压，但每天都饮酒2～3次，每次饮酒半斤，其作为一个成年人，对自己的身体并未做好健康保护，导致身体机能的下降，最终在船上引发了脑出血。苏某对裴某死亡损害后果不承担侵权赔偿责任。然，苏某系渔船的所有权人及裴某的雇主，裴某系在为苏某提供劳务的过程中病发身亡，故在双方对裴某死亡后果均无过错的情况下，因裴某系在为苏某利益进行活动的过程中病发，法院酌定苏某对裴某一方的损失给予30%的补偿。③

（五）精神损失赔偿的处理

关于受害人受到的精神损失能否赔偿，学者一直有不同观点。有观点认为，受益人的适当补偿责任中不包括精神损害赔偿。精神损害得到赔偿的前提，是精神损害的结果由非法侵害造成。而在无加害人的见义勇为补偿案件中，受益人非加害人，其对见义勇为者的损害无过错，谈不上是非法。见义勇为者牺牲，会给其近亲属带来巨大的精神损害，但这种损害并非由受益人非法侵害所造成，所以不能由受益人给予赔偿或补偿。补偿责

① 新疆维吾尔自治区喀什地区中级人民法院（2021）新31民终1850号民事判决书，载中国裁判文书网，https：//wenshu. court. gov. cn/website/wenshu/181107ANFZ0BXSK4/index. html? docId = b66526f6f83244008c68ae1000661f5f，最后访问时间：2022年4月11日。

② 最高人民法院民法典贯彻实施工作领导小组主编：《中华人民共和国民法典总则编理解与适用》，人民法院出版社2020年版，第924页。

③ 广西壮族自治区高级人民法院（2019）桂民终126号民事判决书，载中国裁判文书网，https：//wenshu. court. gov. cn/website/wenshu/181107ANFZ0BXSK4/index. html? docId = c7f4f1b8c51941b3aa81ab310036c849，最后访问时间：2022年4月11日。

任并非赔偿责任，确实不存在精神损害赔偿的问题。但适当补偿责任不是全部赔偿责任，补偿责任的范围应当根据见义勇为者所受损失情况、受益人的获益情况和其经济承受能力综合考虑，不必再进一步区分此补偿是否包括精神损害的补偿。[①] 例如，在某物流公司、季某侵权责任纠纷案中，法院认为，季某为了受益人某物流公司的财产安全而受到损害，对该损害，某物流公司应当与季某共同分担，给予季某适当补偿。季某主动参与救火，遭受了人身损害，经鉴定伤残等级评定九级，但该损害并非某物流公司的非法侵害造成，不应由某物流公司承担精神损害赔偿责任。某物流公司承担的补偿责任范围应当根据见义勇为者季某所受损失情况、某物流获益情况及其经济承受能力综合考虑，无需进一步区分补偿是否包含精神损害的补偿，酌定某物流公司补偿季某 112858.29 元。[②]

【相关规定】

《中华人民共和国民法典》

第一百八十条 因不可抗力不能履行民事义务的，不承担民事责任。法律另有规定的，依照其规定。

不可抗力是不能预见、不能避免且不能克服的客观情况。

第一百八十三条 因保护他人民事权益使自己受到损害的，由侵权人承担民事责任，受益人可以给予适当补偿。没有侵权人、侵权人逃逸或者无力承担民事责任，受害人请求补偿的，受益人应当给予适当补偿。

第九百七十九条 管理人没有法定的或者约定的义务，为避免他人利益受损失而管理他人事务的，可以请求受益人偿还因管理事务而支出的必要费用；管理人因管理事务受到损失的，可以请求受益人给予适当补偿。

管理事务不符合受益人真实意思的，管理人不享有前款规定的权利；但是，受益人的真实意思违反法律或者违背公序良俗的除外。

（本条由李琳撰写）

---

① 最高人民法院民法典贯彻实施工作领导小组主编：《中华人民共和国民法典总则编理解与适用》，人民法院出版社 2020 年版，第 924 页。

② 安徽省芜湖市中级人民法院（2021）皖 02 民终 524 号民事判决书，载中国裁判文书网，https：//wenshu. court. gov. cn/website/wenshu/181107ANFZ0BXSK4/index. html？ docId = eaa7d89d1ca6436085d2ace6003b4b1c，最后访问时间：2022 年 4 月 11 日。

八、诉讼时效

第三十五条　【诉讼时效期间的中止、中断和延长】 民法典第一百八十八条第一款规定的三年诉讼时效期间，可以适用民法典有关诉讼时效中止、中断的规定，不适用延长的规定。该条第二款规定的二十年期间不适用中止、中断的规定。

【条文主旨】

本条是关于诉讼时效期间中止、中断和延长的适用规则。

【条文沿革】

本条是对《民法典》第188条规定的补充。《民通意见》第175条规定："民法通则第一百三十五条、第一百三十六条规定的诉讼时效期间，可以适用民法通则有关中止、中断和延长的规定。民法通则第一百三十七条规定的'二十年'诉讼时效期间，可以适用民法通则有关延长的规定……"可见，在《民法通则》时代，诉讼时效的中止、中断可以适用于普通诉讼时效期间和特殊诉讼时效期间，诉讼时效的延长可以适用于包括普通诉讼时效期间、特殊诉讼时效期间和最长诉讼时效期间在内的所有诉讼时效期间类型。本条对普通诉讼时效和最长诉讼时效能否适用中止、中断、延长规定进行了具体细化。相比《民通意见》，本条的规定有实质性改变。

【理解与适用】

一、规范宗旨

若任何事由都无法阻挡诉讼时效前进的步伐，只要债务人不断拖延履行债务的时间，就一定会导致诉讼时效期间经过。为保护债权人利益，法律必须赋予债权人对时效期间的进程施加影响的可能性。[①] 诉讼时效期间的中止、中断和延长规则，都属于诉讼时效障碍制度，是诉讼时效制度中的重要组成部分。这种障碍机制的存在，正是诉讼时效制度的平衡器，旨在平衡个人利益与社会公共利益。由于设置普通诉讼时效和最长诉讼时效的着眼点不同，发挥的功能也不同，因此采取了不同的起算标准。普通诉讼时效期间的计算采取的是主观标准，自权利人知道或者应当知道权利受到损害以及义务人之日起计算。而最长诉讼时效期间采取的是客观标准，自权利受到损害之日起计算。因此，二者在适用诉讼时效中止、中断和延长的规定时，应当存在差异。既要防止权利人长眠于权利，也要保护权利人的合法权利。一方面，《民法典》虽然规定了诉讼时效的中止、中断和延长规则，但未进一步明确各自的适用范围，司法实践中存在适用困难；另一方面，产生认识分歧的重要原因是《民法典》第188条第2款相较于《民法通则》第137条的标点符号调整，《民法通则》第137条但书中“有特殊情况的”前面为句号，而《民法总则》中是分号，《民法典》中为逗号。诉讼时效具有高度的实践性，经常成为诉讼争点。[②] 因此，本条对诉讼时效的中止、中断和延长是否分别可以适用于普通诉讼时效期间和最长诉讼时效期间进行了明确，有利于解决分歧、统一认识，对诉讼时效障碍制度的准确适用具有重要意义。

二、诉讼时效中止、中断和延长的适用范围

（一）诉讼时效中止、中断的适用范围

根据本条前段的规定，诉讼时效中止、中断的规则可以适用于《民法典》第188条第1款规定的三年普通诉讼时效期间。根据本条后段的规定，诉讼时效中止、中断的规则不适用于《民法典》第188条第2款规定的二十年最长诉讼时效期间。普通诉讼时效期间可以中止、中断，是诉讼时效障碍制度的基本内容，在学界和实务界没有明显争议。难点是最长诉讼时效期间能否中止、中断，原因在于对最长诉讼时效期间的立法目的和性质存在不同看法。

我国之所以设置采取客观主义起算点的最长诉讼时效期间，主要原因是我国诉讼时效的立法模式是较短普通诉讼时效期间并配合以主观主义起算点的诉讼时效制度，具有较大的不确定性。如果出现权利人知悉权利受

---

① ［德］梅迪库斯：《德国民法总论》，邵建东译，法律出版社2000年版，第99页。

② 费安玲等：《民法总论》，高等教育出版社2018年版，第252页。

到损害较晚的情况，可能导致诉讼时效过分延迟甚至无限延长，会影响诉讼时效障碍制度的设计初衷和制度稳定性，进而背离诉讼时效制度的规范目的。因此，最长诉讼时效期间可以说是对普通诉讼时效期间的一种矫正，平衡诉讼时效制度本身带来的利益倾斜问题。

就其性质而言，这种最长诉讼时效期间并非一种独立的期间类型，是制度设计上的一种补足，应当属于不变期间，[①] 具有固定性的特点[②]。所谓固定性，一方面表现在诉讼时效期间的起算标准固定，采取客观主义的计算方法；另一方面则表现为期间固定，如果允许最长诉讼时效期间可以中止、中断，那么最长诉讼时效期间亦成为可变期间，与三年普通诉讼时效期间不具有本质区别，最长诉讼时效制度也将形同虚设。

最长诉讼时效期间的规定即主观起算点之下的平衡点，债权人无论知道与否，在该期间之后均不得主张请求权。[③] 在诉讼时效期间进行中的最后六个月，如果发生了诉讼时效中止的法定事由，只要中止事由在最长诉讼时效期间内不消失，便可以一直中止下去。但超过二十年最长诉讼时效期间的，不再受到法律保护。在诉讼时效期间，只要出现一次诉讼时效中断的法定事由，诉讼时效期间就会中断一次，出现多次就会中断多次，但最长不可超过二十年最长诉讼时效期间。

实践中可能存在这样一种特殊情形：如果权利人提起诉讼时没有超过最长诉讼时效期间，在诉讼过程中超过了最长诉讼时效期间，能否得到法院支持？如果按照最长诉讼时效期间不适用中止、中断的规定，权利人提起诉讼并不能引起最长诉讼时效期间的中断，最长诉讼时效期间经过后权利人的请求不再受法律保护。但是，此种逻辑思路对最长诉讼时效经过的判断节点存在理解偏差，应当以权利人提起诉讼的意思表示到达法院之时进行判断。如果诉讼过程中没有出现新的事实导致裁判基础发生变化，便应当根据权利人向法院提起诉讼之时的事实和理由进行判断。也有观点认为，即使诉讼过程中会超过最长诉讼时效期间，正常审理程序也能够适用诉讼时效延长制度。[④]

---

① 黄薇主编：《中华人民共和国民法典释义（上）》，法律出版社 2020 年版，第 376 页。

② 王利明：《民法总则》，中国人民大学出版社 2020 年版，第 424 页。

③ 冯恺：《诉讼时效制度研究》，山东人民出版社 2007 年版，第 121 页。

④ 张雪楳：《诉讼时效审判实务与疑难问题解析——以〈民法总则〉诉讼时效制度及司法解释为核心》，人民法院出版社 2019 年版，第 336 页。

（二）诉讼时效延长的适用范围

诉讼时效的延长，是指剔除诉讼时效中止、中断等因素，权利人仍未在诉讼时效期间内起诉，但法院查明权利人迟延起诉确有正当理由，从而判决延长诉讼时效期间。[①]

对于诉讼时效延长制度，观点林立。有观点认为，诉讼时效的延长仅适用于二十年最长诉讼时效期间，[②] 有观点认为，诉讼时效的延长仅适用于普通诉讼时效期间和特殊诉讼时效期间，[③] 还有观点认为，普通诉讼时效、特殊诉讼时效和二十年最长诉讼时效期间均可以延长，[④] 亦有观点认为，诉讼时效的延长制度是特殊历史时期的产物，具有不确定性和不可预见性，不应当保留。[⑤] 在《民法典》编纂的过程中，存在较多声音反对规定最长诉讼时效期间的延长。[⑥]《民法典》出台后，亦有实务观点认为《民法典》第 188 条没有限制可以延长的诉讼时效期间的类型，故诉讼时效期间的延长适用于普通诉讼时效期间、特别诉讼时效期间和最长诉讼时效期间等全部诉讼时效期间。[⑦]

对于普通诉讼时效期间而言，《民通意见》第 175 条曾明确规定，诉讼时效的延长既可以适用于普通诉讼时效期间，也可以适用于最长诉讼时效期间。司法实践中，普通诉讼时效期间确实存在延长的案例，如“银某证券虚假陈述民事赔偿案”[⑧] 中，最高人民法院将当时 2 年的普通诉讼时

---

① 陈华彬：《民法总则》，中国政法大学出版社 2017 年版，第 688 页。

② 张佩霖等：《民法教程》，中国政法大学出版社 1988 年版，第 120 页；佟柔主编：《中国民法》，法律出版社 1990 年版，第 615 页；龙卫球：《民法总论》，中国法制出版社 2002 年版，第 622 页；梁慧星：《民法总论》，法律出版社 2017 年版，第 265 页；李永军：《民法总论》，中国政法大学出版社 2018 年版，第 328 页；韩松：《民法总论》，法律出版社 2020 年版，第 463 页。

③ 张俊浩主编：《民法学原理》，中国政法大学出版社 1997 年版，第 296 页；魏振瀛主编：《民法》，高等教育出版社 2007 年版，第 203 页。

④ 李由义主编：《民法学》，北京大学出版社 1988 年版，第 169 页；孙宪忠主编：《民法总论》，社会科学文献出版社 2004 年版，第 281 页；马俊驹、余延满：《民法原论》，法律出版社 2010 年版，第 261 页。

⑤ 霍海红：《诉讼时效延长规则之反省》，载《法律科学（西北政法大学学报）》2012 年第 3 期。

⑥ 李永军等：《中华人民共和国民法总则（专家建议稿）》第 180 条，载《比较法研究》2016 年第 3 期；杨立新等：《〈中华人民共和国民法总则（草案）〉建议稿》第 260 条，载《河南财经政法大学学报》2015 年第 2 期。

⑦ 最高人民法院民法典贯彻实施工作领导小组主编：《中华人民共和国民法典总则编理解与适用（下）》，人民法院出版社 2020 年版，第 950 页。

⑧ 《银某虚假陈述民事赔偿诉讼时效再延长三个月》，载中国新闻网，http：//www.chinanews.com.cn/news/2004year/2004－05－15/26/436649.shtml，最后访问时间：2022 年 3 月 15 日。

效期间延长为2年6个月。《民法典》第188条第2款规定的是有特殊情况的，法院可以根据权利人的申请决定延长，虽然此处的延长并未限定是普通诉讼时效期间还是最长诉讼时效期间，但在普通诉讼时效期间中，已经存在时效的中止和中断规则，可以充分保障权利人主张权利，矫正普通诉讼时效期间对权利人造成的保护力度不足问题，没有必要再行规定诉讼时效的延长规则。

而最长诉讼时效期间的设置，目的是对三年的普通诉讼时效期间进行补充和限制，可以避免时效被无限期地推延。权利人有可能在损害事实发生的很长时间之后才知道，但法律不能无限期地保护处于不确定状态的财产利益，否则将有悖于诉讼时效制度的立法目的。最长诉讼时效适用的对象并非特殊民事权利，而是不知道或者不应当知道其权利受到损害的特殊主体，已经知道或者应当知道自己权利受到损害但没有及时主张权利的，不适用最长诉讼时效期间。由于最长诉讼时效期间不适用时效中止和中断的规则，诉讼时效的中止、中断不能超过二十年，需要配置时效延长制度，以保障特殊情况下权利人可以主张权利。因此，诉讼时效的延长可以适用于二十年最长诉讼时效期间。

三、诉讼时效中止、中断和延长的适用条件

由于诉讼时效的中止、中断和延长都属于诉讼时效障碍制度，在司法实践中适用时容易混淆。有必要明确区分诉讼时效中止、中断和延长的适用条件，尤其是诉讼时效延长的适用条件，避免争议。

（一）诉讼时效中止、中断的适用条件

诉讼时效中止的适用条件：（1）适用于普通诉讼时效。（2）导致权利人不能行使请求权的事由发生在诉讼时效期间的最后六个月内。（3）权利人不能行使请求权的事由符合《民法典》第194条规定的五种障碍情形之一，包括：不可抗力；无民事行为能力人或者限制民事行为能力人没有法定代理人，或者法定代理人死亡、丧失民事行为能力、丧失代理权；继承开始后未确定继承人或者遗产管理人；权利人被义务人或者其他人控制；其他导致权利人不能行使请求权的障碍。

诉讼时效中断的适用条件：（1）适用于普通诉讼时效。（2）诉讼时效中断的事由应当符合《民法典》第195条规定的四种情形之一，包括：权利人向义务人提出履行请求；义务人同意履行义务；权利人提起诉讼或者申请仲裁；与提起诉讼或者申请仲裁具有同等效力的其他情形。

《民法典》对诉讼时效中止和中断的适用情形规定得相对明确，本书不在此赘述。从上述诉讼时效期间中止、中断事由的规定即可看出，它们

大多属于督促权利人行使权利的事由。详言之，一旦出现权利人积极行使权利的情形，即认定诉讼时效期间中断；一旦发生权利人行使权利的障碍，即认定诉讼时效期间中止。[①] 因为诉讼时效中止、中断的具体事由无法一一列举，司法实务中应当以此项原则作为认定标准，这也是诉讼时效中止、中断的适用条件与延长条件之重要区别所在。

（二）诉讼时效延长的适用条件

诉讼时效延长的适用条件：（1）适用于最长诉讼时效期间。（2）诉讼时效期间已经届满，权利人在诉讼时效期间内没有主张权利。如果诉讼时效期间尚未届满，不需要也不可以申请延长诉讼时效期间。（3）权利人在规定的诉讼时效期间内没有主张权利存在正当理由，且无法通过中止和中断制度来避免诉讼时效期间届满，因权利人自身过错原因导致的不属于此种情况。（4）权利人向法院提出延长诉讼时效的申请。并不是法院依职权延长，而是依当事人之申请延长。

在《民法通则》时代，对于诉讼时效期间的延长，以法院依职权主动适用为前提。[②]《民法典》第 188 条第 2 款规定的是“可以”延长，并非“应当”延长。如此，最长诉讼时效期间的延长，由法院依职权延长，转变为依当事人申请延长，是相比原有规定的一项重大变化。这既体现了私法中的意思自治原则，也符合法院不得主动适用诉讼时效制度的规定。一方面，对法院进行授权，在法定特殊情形发生时，由法官发挥自由裁量权来确保公平正义；[③] 另一方面，对法院的权力进行了限制，延长诉讼时效期间必须经过当事人的申请和举证。

最长诉讼时效期间本身已是诉讼时效制度的例外规定，对最长诉讼时效期间的延长可谓例外之例外。而且，二十年的诉讼时效期间已经是一个相当长的期间，法院应当谨慎适用诉讼时效延长的裁量权，严格限定其适用范围。法院对于权利人延长诉讼时效的申请，应当严格审查，不可失之过宽。一方面，要保护权利人的合法权利；另一方面，也要符合诉讼时效制度的立法精神和规范目的，促使权利人及时行使权利，维护交易秩序和安全。如果存在诉讼时效中止、中断事由，应当优先考虑是否因中止计算或者重新起算而尚未经过诉讼时效期间。只有确定不具有诉讼时效中止、

---

① 王轶：《民法总则之期间立法研究》，载《法学家》2016 年第 5 期。

② 佟柔主编：《中国民法学 · 民法总则》，中国人民公安大学出版社 1990 年版，第 327 页。

③ 李群星：《法律与道德的冲突——民事诉讼时效制度专论》，法律出版社 2011 年版，第 316 页。

中断的事由后，方可考虑适用诉讼时效延长的规则。

《民通意见》第169条曾规定，“权利人由于客观的障碍在法定诉讼时效期间不能行使请求权的”，属于诉讼时效延长的特殊情况。但《民通意见》和《最高人民法院关于审理民事案件适用诉讼时效制度若干问题的规定》（下称《诉讼时效司法解释》）以及现有法律规范都未进一步明确何谓“特殊情况”，对“特殊情况”的认识不同，会导致在司法实践中确定诉讼时效延长的适用条件时存在认定困难。从该规定可以看出，“特殊情况”必须是客观存在的，足以妨碍权利人行使请求权的事实，即权利人对诉讼时效期间的经过在主观上应当没有过错，不是自己不行使权利，而是因为客观原因迫使其不能行使权利。司法实务中比较典型的可以适用诉讼时效延长的“特殊情况”主要有以下几种：

其一，重大社会事件、自然灾害等不可抗力。不可抗力是不能预见、不能避免且不能克服的客观情况。例如，针对2020年在全球暴发的新冠肺炎疫情，最高人民法院发布的《关于依法妥善审理涉新冠肺炎疫情民事案件若干问题的指导意见（一）》中规定，“在诉讼时效期间的最后六个月内，因疫情或者疫情防控措施不能行使请求权，权利人依据《中华人民共和国民法总则》第一百九十四条第一款第一项规定主张诉讼时效中止的，人民法院应予支持”。因此，在新冠肺炎疫情防控期间，原则上可将政府采取的疫情防控措施理解为不可抗力。当事人因受疫情影响，经过最长诉讼时效期间的，可以申请延长诉讼时效。例如，当事人系新冠肺炎确诊患者、疑似新冠肺炎患者、无症状感染者以及相关密切接触者，在隔离期间最长诉讼时效经过，或者因疫情或者疫情防控措施耽误权利人提起诉讼，申请延长诉讼时效期间的，法院应当根据疫情形势以及权利人提供的证据情况综合考虑是否准许，依法保护当事人诉讼权利。

其二，案件具有特殊性，导致纠纷解决时间过长。在司法实务中，由于某类案件具有中大型、敏感性、政策性，根据国家的政策性要求，存在暂不受理的情形。该情形下，存在诉讼时效期间延长的适用空间。[①] 例如，在“银某证券虚假陈述民事赔偿案”中，法院受理案件的总数已增至103件，涉及原告847人，立案标的近2亿元人民币。银川中院根据最高人民法院的批复，为保护广大证券市场投资人的合法权益，将该案的诉讼时效

---

① 张雪楳：《诉讼时效审判实务与疑难问题解析——以〈民法总则〉诉讼时效制度及司法解释为核心》，人民法院出版社2019年版，第346页。

从届满日开始延长了3个月。①

其三，特殊的人身权保护案件。导致诉讼时效期间中止的事由持续存在，致使权利人未能在最长诉讼时效期间内行使请求权的，可以作为“特殊情况”对待。② 在我国司法实务中，存在一类特殊的人身权侵权案件，属于中止事由持续存在导致的最长诉讼时效期间经过。例如，在多起“错抱孩子”案件③中，起诉时间距离侵害发生时间已超过20年，甚至长达40年之久。针对医院抱错孩子的赔偿请求权，法院认为在此类案件中，当事人不知受到侵害和不能主张权利的情形属于客观障碍，可以依据公平原则延长诉讼时效。可见，“错抱孩子”“互换人生”属于可以延长诉讼时效期间的“特殊情况”。

权利人不知道权利受到损害或者不知道义务人的情形，不属于特殊情况。例如，针对权利人提出的义务人公司发生登记变更以及主管单位调整的事由，登记变更应当经工商行政管理机关核准且变更后可以进行查询，主管单位的调整不影响其诉讼资格，不属于可以延长最长诉讼时效的“特殊情况”。

需要注意的是，诉讼时效的延长，法院不能主动适用，但能否主动释明？例如，权利人认为诉讼时效没有经过，但没有明确提出延长诉讼时效申请的情况。笔者认为，诉讼时效延长制度是诉讼时效制度的组成部分，根据《诉讼时效司法解释》第3条的规范目的，法院亦不应当主动向当事人释明诉讼时效的延长。

质言之，对于“特殊情况”的范围，应当进行目的性限缩解释，严格适用最长诉讼时效的延长规则。司法实务中采取的标准应当为：是否有适用诉讼时效延长制度对权利人进行特殊保护的必要、该制度的适用是否不根本违背诉讼时效的立法目的。④ 至于特殊情况所包含的具体情形，因为《民法典》改变了《民法通则》关于诉讼时效期间延长的适用范围，对“特殊情况”类型的总结，还需要进一步观察日后的司法实践。

---

① 《银某虚假陈述民事赔偿诉讼时效再延长三个月》，载中国新闻网，http：//www.chinanews.com.cn/news/2004year/2004－05－15/26/436649.shtml，最后访问时间：2022年3月15日。

② 周江洪：《诉讼时效期间及其起算与延长》，载《法治研究》2017年第3期。

③ 孙某东等与某医院其他侵权责任纠纷上诉案，载《人民法院案例选（2003年第4辑）》，人民法院出版社2004年版，第93页；赵某强等诉某医院侵犯身份权赔偿案，载《人民法院案例选（2004年民事专辑）》，人民法院出版社2004年版，第80页。

④ 张雪楳：《诉讼时效审判实务与疑难问题解析——以〈民法总则〉诉讼时效制度及司法解释为核心》，人民法院出版社2019年版，第345页。

四、诉讼时效中止、中断和延长的证明责任

关于诉讼时效中止、中断的证明责任，如果义务人提出诉讼时效经过的抗辩，权利人可以提出由于中止、中断事由的存在，诉讼时效尚未经过，权利人对此负有举证责任，应当举证具体事由的存在以及时间节点。关于诉讼时效延长的证明责任，义务人如果提出最长诉讼时效抗辩，且抗辩成立，权利人可以申请法院延长最长诉讼时效期间。权利人应当证明存在诉讼时效期间延长的“特殊情况”，义务人对此不承担证明责任。

【相关规定】

《中华人民共和国民法典》

第一百八十八条 向人民法院请求保护民事权利的诉讼时效期间为三年。法律另有规定的，依照其规定。

诉讼时效期间自权利人知道或者应当知道权利受到损害以及义务人之日起计算。法律另有规定的，依照其规定。但是，自权利受到损害之日起超过二十年的，人民法院不予保护，有特殊情况的，人民法院可以根据权利人的申请决定延长。

（本条由宋春雨撰写）

第三十六条 【无民事行为能力人、限制民事行为能力人诉讼时效期间的起算】 无民事行为能力人或者限制民事行为能力人的权利受到损害的，诉讼时效期间自其法定代理人知道或者应当知道权利受到损害以及义务人之日起计算，但是法律另有规定的除外。

【条文主旨】

本条是关于无民事行为能力人、限制民事行为能力人诉讼时效期间起算的规则。

【条文沿革】

本条是对《民法典》第 188 条第 2 款的补充。《民法典》第 19 条规定：“……限制民事行为能力人，实施民事法律行为由其法定代理人代理或者经其法定代理人同意……”《民法典》第20条规定：“……无民事行为能力人，由其法定代理人代理实施民事法律行为。”《民事诉讼法》第60条规定：“无诉讼行为能力人由他的监护人作为法定代理人代为诉讼……”本条实际上是法定代理制度在诉讼时效期间起算中的体现。

【理解与适用】

一、规范宗旨

《民法典》第188条第2款规定了诉讼时效期间的起算规则，采取了主客观相结合的起算标准。同时，规定了“法律另有规定的，依照其规定”，这是考虑到存在不少诉讼时效期间起算的特别规定。无民事行为能力人或者限制民事行为能力人的权利受到损害的诉讼时效期间起算，便属于其中一种特殊情形，有必要通过本条单独规定。无民事行为能力人或者限制民事行为能力人的权利受到损害的，本人知道受损害事实以及义务人的实际意义不大，如果其法定代理人不知道，法定代理人便无法主张权利，这也是本条的目的所在。设本条司法解释，旨在加强保护未成年人和其他原因导致民事行为能力受到限制者的合法权益。

二、无民事行为能力人、限制民事行为能力人诉讼时效期间的起算的一般规则

（一）采取法定代理人的判断标准

按照诉讼时效期间起算的主观标准，应当自权利人知道或者应当知道权利受到损害以及义务人之日起计算，这要求权利人具备相应的判断能力。在法定代理关系存续期间，无民事行为能力人、限制民事行为能力人的认知能力和判断能力不足，可能无法知道自己的权利受到损害的事实以及义务人，知道该损害事实在法律上的性质更加困难。而“应当知道”的前提一般采取理性人标准，无民事行为能力人、限制民事行为能力人根据自身的年龄、智力精神状况难以符合“应当知道”损害事实以及义务人。理性人标准在民法中具有重要意义，如果没有足够的理性能力，便需要对其设置特别保护制度。

另外，根据《民事诉讼法》第60条规定，无诉讼行为能力人由他的监护人作为法定代理人代为诉讼。无民事行为能力人和限制民事行为能力人由于智识存在欠缺，显然不具有诉讼行为能力，应当由其法定代理人代为诉讼。在法定代理关系存续期间，无民事行为能力人、限制民事行为能力人从事法律行为或者对外主张权利，都需要依赖法定代理人的意志。

因此，当权利人是无民事行为能力人或者限制民事行为能力人时，其不具备或者不完全具备判断能力，应当由其法定代理人来判断和主张权利。

（二）知道或者应当知道权利受到损害以及义务人

权利受到损害后，首先得有对权利受到损害的认识，并知道向谁行使权利。当具有这种认识可能性时，才可以期待一个理性的权利人积极地行使其权利。否则，权利人无从行使其权利，也就无法实现“有利于促使权利人及时行使权利”的诉讼时效制度目的。①

对于“应当知道”的理解，应当采取理性人标准，即权利人作为一个理性的人，在当时的情况下应当知道义务人，也就是说，权利人尽到合理注意即可知道但权利人因过失不知道。② 目前，司法实践中大多采取此种观点。

对于义务人的理解，至少应当包括知道义务人的姓名和地址。如果义务人是法人，至少应当包括义务人的名称和地址。根据《民事诉讼法》第122条和《民诉法司法解释》第209条的规定，被告人身份主要包括姓名、名称和住址。权利人如果没有对义务人身份最基本的了解，也无法实现其权利。至于义务人是否能够提出抗辩、是否存在免责事由、是否存在过失相抵，均不属于权利人应当知道的事实。③ 考虑到诉讼时效本就是对请求权人不利的制度，适当提高诉讼时效的起算要求亦可略作平衡。

在诉讼过程中，法院应当对“知道或者应当知道”的要件进行审查，准确判断诉讼时效期间的起算点。如果义务人提出诉讼时效抗辩，义务人负有举证责任来证明权利人知道或者应当知道权利被损害以及义务人，以此说明诉讼时效已经届满。义务人在针对“知道”进行举证时，应当举出权利人主观上知道权利被侵害的事实，尤其要指明知悉的具体时间点；义务人在针对“应当知道”进行举证时，应当根据理性人的一般标准，说明权利人对损害事实的不知悉具有过失，在当时的情况下应当知道。相反，权利人在对义务人的诉讼时效抗辩进行反驳时，对其不知道权利被侵害且不存在过失负有举证责任。④

---

① 陈甦主编：《民法总则评注（下）》，法律出版社2017年版，第1353页。

② 李适时主编：《中华人民共和国民法总则释义》，法律出版社2017年版，第593页；崔建远、韩世远、申卫星等：《民法总论》，清华大学出版社2019年版，第281页。

③ 王利明主编：《中国民法典释评·总则编》，中国人民大学出版社2020年版，第486页。

④ 梁展欣主编：《诉讼时效司法实务精义》，人民法院出版社2010年版，第52页。

三、无民事行为能力人、限制民事行为能力人诉讼时效期间的起算的例外情形

本条的后半段规定了无民事行为能力人、限制民事行为能力人的权利受到损害的，诉讼时效期间起算的例外情形，即“但是法律另有规定的除外”。在司法实务中，这里的例外情形主要指两种情形：其一，无民事行为能力人、限制民事行为能力人的权利受到法定代理人损害的；其二，未成年人遭受性侵害的。

（一）例外情形一：无民事行为能力人、限制民事行为能力人的权利受到法定代理人损害的

如果无民事行为能力人、限制民事行为能力人的权利受到法定代理人损害，由于法定代理关系的存在，无民事行为能力人、限制民事行为能力人即使知道损害事实以及义务人，对其法定代理人行使请求权也面临种种障碍。这种情况下，如果仍按照本条的一般规则，自其法定代理人知道或者应当知道权利受到损害以及义务人之日起计算，明显不合理。而一般情况下，法定代理关系的基础是近亲属关系或者其他亲密关系，如果在法定代理关系存续期间向法定代理人行使请求权，极其容易破坏这种亲密关系，反而不利于保护无民事行为能力人、限制民事行为能力人的权利。

因此，无民事行为能力人、限制民事行为能力人对其法定代理人的请求权的诉讼时效期间，自该法定代理终止之日起计算。如果无民事行为能力人、限制民事行为能力人的权利受到原法定代理人损害，且在取得、恢复完全民事行为能力或者在原法定代理终止并确定新的法定代理人后，相应民事主体才知道或者应当知道权利受到损害的，应当适用本司法解释第37条的规定，有关请求权诉讼时效期间自权利人知道或者应当知道受到损害以及义务人时起算。

（二）例外情形二：未成年人遭受性侵害的

未成年人遭受性侵害在世界范围内都是比较普遍且严重的社会问题。通常认为，性侵害是指加害者以威胁、权力或者暴力控制、金钱或者甜言蜜语等为手段，引诱、胁迫或强迫他人与其性交，或者实施类似的以他人身体为侵害对象、以性欲满足为目的的行为，并在性方面造成受害人的身体、精神（心理）损害。[①] 未成年人遭受性侵害的问题易引起公众普遍关注。在《民法总则草案》提交全国人大代表审议的过程中，有关人大代表

---

① 张新宝：《中华人民共和国民法典·总则释义》，中国人民大学出版社2020年版，第406页。

提议增加规定保护遭受性侵害的未成年人条款。[①]

由于遭受性侵害的未成年人不具备独立寻求法律保护的权利，加之受社会传统观念影响，其法定代理人可能“不愿或者不敢”通过公开寻求法律保护来为其主张权利，甚至选择“私了”的方式解决纠纷。受害人成年之后自己寻求法律救济，却往往已经超过诉讼时效期间，可能因为诉讼时效经过而得不到法院支持。

根据《民法典》第 191 条规定，未成年人遭受性侵害的损害赔偿请求权的诉讼时效期间，自受害人年满十八周岁之日起计算。按照普通诉讼时效期间的规定，到二十一周岁之日届满。同时，《民法典》第 128 条规定，法律对未成年人、老年人、残疾人、妇女、消费者等的民事权利保护有特别规定的，依照其规定。如此，既贯彻了保护未成年人的立法原则，也符合法律体系的逻辑。

需要注意的是，此种例外情形规定的仅是诉讼时效的起算问题，并没有限制未成年人行使损害赔偿请求权。未成年人遭受性侵后，在年满十八周岁之前，可以由其法定代理人代其主张权利，只是诉讼时效期间暂不起算。

四、其他需要注意的问题

第一，十六周岁以上的未成年人，以自己的劳动收入为主要生活来源的，视为完全民事行为能力人。这类未成年人虽然不适用本条规定，但仍然可以适用上述例外情形二的规定。

第二，如果未成年人遭受性侵害后，在成年之前已经由其法定代理人在民事诉讼或者刑事附带民事诉讼中向性侵害实施人、责任人请求过人身损害赔偿，且法院已经作出判决或者调解，此时受侵害人在其成年后还能否主张权利？依据《民诉法司法解释》第 247 条的规定，后诉与前诉的诉讼请求相同，属于重复起诉，故此种情形下受侵害人不可再次主张权利。但是，如果受侵害人在年满十八周岁后对以上判决或者裁定的处理不满意，符合《民事诉讼法》规定的，可以请求再次处理。

第三，如果无民事行为能力人、限制民事行为能力人的权利受到损害，且没有法定代理人，或者法定代理人死亡、丧失民事行为能力、丧失代理权，应当适用《民法典》第 194 条关于诉讼时效中止的规定。

---

① 张鸣起主编：《民法总则专题讲义》，法律出版社 2019 年版，第 575 页。

【相关规定】

《中华人民共和国民法典》

第二十三条 无民事行为能力人、限制民事行为能力人的监护人是其法定代理人。

第一百九十条 无民事行为能力人或者限制民事行为能力人对其法定代理人的请求权的诉讼时效期间，自该法定代理终止之日起计算。

第一百九十一条 未成年人遭受性侵害的损害赔偿请求权的诉讼时效期间，自受害人年满十八周岁之日起计算。

（本条由宋春雨撰写）

第三十七条 【对法定代理人诉讼时效期间的补充规定】 无民事行为能力人、限制民事行为能力人的权利受到原法定代理人损害，且在取得、恢复完全民事行为能力或者在原法定代理终止并确定新的法定代理人后，相应民事主体才知道或者应当知道权利受到损害的，有关请求权诉讼时效期间的计算适用民法典第一百八十八条第二款、本解释第三十六条的规定。

【条文主旨】

本条是关于无民事行为能力人、限制民事行为能力人对其法定代理人享有的请求权诉讼时效起算的规定。

【条文沿革】

本条是对《民法典》第190条的补充。《民法通则》《民通意见》对此都没有作出规定，最高人民法院的法条释义书曾认为，如果权利人和义务人存在被监护和监护的关系，属于“权利人被义务人或者其他人控制”的情况，[①] 是《民法典》第194条规定的诉讼时效中止事由，显然已与本

① 最高人民法院民事审判第二庭编著：《最高人民法院关于民事案件诉讼时效司法解释理解与适用》，人民法院出版社2015年版，第329页。

条规定不符。

【理解与适用】

一、规范宗旨

如果在法律规定的诉讼时效起算时间到来之前，权利人与义务人之间存在无法或者不方便行使请求权的情况，且在诉讼时效起算时间到来时，这种情况仍然存在，那么此时开始诉讼时效期间的起算对权利人显然是十分不利的。域外立法例规定了诉讼时效停止制度，通常被称为诉讼时效不开始或者诉讼时效不进行。[①]《民法典》第 190 条规定了无民事行为能力人、限制民事行为能力人对其法定代理人请求权的诉讼时效期间，自该法定代理终止之日起算，实际上是对特殊情形下的诉讼时效不开始起算的规定。在法定代理终止之日，无民事行为能力人或者限制民事行为能力人方可有完全独立的意志，原法定代理人也难以再损害其利益，具有合理性和正当性。[②] 但是，并非在所有情况下，无民事行为能力人或者限制民事行为能力人对其法定代理人请求权的诉讼时效期间都应当自原法定代理关系终止之日起算。考虑到在实践中，可能存在原法定代理关系终止时，受到原法定代理人损害的无民事行为能力人、限制民事行为能力人及其新的法定代理人尚不知道损害事实和义务人的情况，如果在这种情况下仍然自原法定代理关系终止之日起算诉讼时效，显然不利于保护无民事行为能力人和限制民事行为能力人的权利。因此，本条对此种特殊情形下的诉讼时效期间起算时间进行特别规定，属于实质性补充，有利于强化对无民事行为能力人和限制民事行为能力人的保护。

二、本条适用的权利主体

本条适用的权利主体为无民事行为能力人和限制民事行为能力人。根据《民法典》第 19 条规定，八周岁以上的未成年人为限制民事行为能力人，实施民事法律行为由其法定代理人代理或者经其法定代理人同意、追认；但是，可以独立实施纯获利益的民事法律行为或者与其年龄、智力相适应的民事法律行为。根据《民法典》第 20 条规定，不满八周岁的未成年人为无民事行为能力人，由其法定代理人代理实施民事法律行为。根据

---

① 张荣顺主编：《中华人民共和国民法总则解读》，中国法制出版社 2017 年版，第 640 页。

② 张雪楳：《诉讼时效审判实务与疑难问题解析——以〈民法总则〉诉讼时效制度及司法解释为核心》，人民法院出版社 2019 年版，第 287 页。

《民法典》第21条规定，不能辨认自己行为的成年人为无民事行为能力人，由其法定代理人代理实施民事法律行为。由此，本条适用的权利主体为不满八周岁的未成年人、不能辨认自己行为的成年人和八周岁以上的未成年人。需要注意的是，无民事行为能力人和限制民事行为能力人并非与未成年人的范围等同。一方面，无民事行为能力人和限制民事行为能力人中还包括不能辨认自己行为的成年人；另一方面，十六周岁以上的未成年人，以自己的劳动收入为主要生活来源的，视为完全民事行为能力人。

三、本条适用的义务主体

本条适用的义务主体为无民事行为能力人、限制民事行为能力人的原法定代理人。根据《民法典》第23条规定，无民事行为能力人、限制民事行为能力人的监护人是其法定代理人。根据《民法典》第27条、第28条规定，父母是未成年子女的监护人。未成年人的父母已经死亡或者没有监护能力的，由下列有监护能力的人按顺序担任监护人：（1）祖父母、外祖父母；（2）兄、姐；（3）其他愿意担任监护人的个人或者组织，但是应当经未成年人住所地的居民委员会、村民委员会或者民政部门同意。无民事行为能力或者限制民事行为能力的成年人，由下列有监护能力的人按顺序担任监护人：（1）配偶；（2）父母、子女；（3）其他近亲属；（4）其他愿意担任监护人的个人或者组织，但是应当经被监护人住所地的居民委员会、村民委员会或者民政部门同意。在司法实务中需要注意的是，无民事行为能力人和限制民事行为能力人对原法定代理人的请求权应当产生于法定代理关系存续期间。如果对法定代理人的请求权产生在前、法定代理关系在后，不适用本条的规定。

四、本条的适用情形

首先，无民事行为能力人或者限制民事行为能力人受到原法定代理人损害，方可适用。无民事行为能力人或者限制民事行为能力人与其法定代理人之间具有密切的感情联系，如果其通过诉讼主张权利，则可能损害与其法定代理人之间的信赖或者情感关系，导致当事人之间的关系处于紧张状态，法定代理人更不会认真履行职责，其结果反而不利于保护被代理人的利益。[①] 对原法定代理人之外的第三人的请求权不适用本条规定，应当适用本司法解释第36条。

其次，对损害的理解。虽然本条采取的是“法定代理人”的表述，一

---

① 石宏主编：《中华人民共和国民法总则条文说明、立法理由及相关规定》，北京大学出版社2017年版，第512页。

般是在实施民事法律行为的代理关系中存在，但法定代理人一般都是监护人，被代理人是被监护人，存在监护人侵害被监护人的人身财产权利的可能，进而产生侵权损害赔偿请求权,[①] 应适用本条的规定。法定代理人不认真履行代理职责，滥用代理权导致被代理人利益受到损害，或者由于法定代理人怠于履行职责，使无民事行为能力人、限制民事行为能力人的权利受到第三人损害的，属于本条中损害的范围。

最后，无民事行为能力人、限制民事行为能力人的权利受到原法定代理人损害，但在法定代理关系终止时，无民事行为能力人、限制民事行为能力人及其新的法定代理人均不知道且不应当知道损害事实和义务人。详言之，第一种情况是，无民事行为能力人、限制民事行为能力人的权利受到原法定代理人损害，在取得、恢复完全民事行为能力时，权利人才知道或者应当知道权利受到损害。第二种情况是，无民事行为能力人、限制民事行为能力人的权利受到原法定代理人损害，在取得、恢复完全民事行为能力之前原法定代理关系终止，确立新的法定代理后，新的法定代理人才知道或者应当知道权利受到损害。

五、本条的适用效果

无民事行为能力人、限制民事行为能力人对其原法定代理人的请求权，如果符合上述特殊情况，诉讼时效不按照《民法典》第 190 条规定自原法定代理关系终止时起算。法定代理关系一般是通过亲属关系产生的，被代理人难以判断其权利是否受到了损害。如果无民事行为能力人、限制民事行为能力人的权利受到原法定代理人损害，在其取得、恢复完全民事行为能力时，才知道或者应当知道权利受到损害，诉讼时效自其知道或者应当知道权利受到损害以及义务人之日起算；如果无民事行为能力人、限制民事行为能力人的权利受到原法定代理人损害，在取得、恢复完全民事行为能力之前原法定代理关系终止，确立新的法定代理后，新的法定代理人才知道或者应当知道权利受到损害，诉讼时效自新的法定代理人知道或者应当知道权利受到损害以及义务人之日起算。

当原法定代理关系终止时，需要确立新的法定代理人，要准确把握原法定代理关系终止的时间。根据《民法典》第 175 条规定，有下列情形之一的，法定代理终止：（1）被代理人取得或者恢复完全民事行为能力；（2）代理人丧失民事行为能力；（3）代理人或者被代理人死亡；（4）法律规定的其他情形。

---

① 陈甦主编：《民法总则评注（下）》，法律出版社 2017 年版，第 1371 页。

当无民事行为能力人或者限制民事行为能力人是丧失行为能力的成年人时，其受到原法定代理人损害后，与原法定代理人的法定代理关系可能延续至二十年后，存在超过最长诉讼时效期间的可能。此时，应当属于《民法典》第188条第2款规定的“特殊情况”，权利人可以向法院申请延长诉讼时效。在《民法典》编纂的过程中，不少学者建议将家庭成员之间尤其是配偶之间的请求权行使参照法定代理关系中请求权的行使，虽理由各异，但都认为此种情况与法定代理关系的时效障碍类似。[①] 不过，依据目前《民法典》第190条和本条司法解释的规定，尚不可参照适用。在后续的法律修订或者司法解释制定中，如果没有明确对此作出特别规定，仍应当适用《民法典》第188条关于诉讼时效的一般规则。

如果无民事行为能力人或者限制民事行为能力人同时存在多个法定代理人，例如，处于分居状态的父亲和母亲，其中一个法定代理人损害无民事行为能力人或者限制民事行为能力人的权利，不能认为请求权的诉讼时效期间没有起算，应当允许其他法定代理人为无民事行为能力人或者限制民事行为能力人主张权利。

本条在适用过程中可能与相关条款出现法条竞合的情况。当本条中的无民事行为能力人、限制民事行为能力人是未成年人，且受到原法定代理人的损害是性侵害时，本条与《民法典》第191条发生竞合。根据《民法典》第191条规定，未成年人遭受性侵害的损害赔偿请求权的诉讼时效期间，自受害人年满十八周岁之日起计算。但如果符合本条的适用情形时，应当适用本条的规定，自权利人知道或者应当知道受到损害和义务人时起算。原因是，受害人可能在年满十八周岁后才知道权利受到损害的事实。如此，更有利于保障未成年人的权利得以主张，符合对未成年人有利的原则。

【相关规定】

《中华人民共和国民法典》

第一百八十八条 向人民法院请求保护民事权利的诉讼时效期间为三年。法律另有规定的，依照其规定。

诉讼时效期间自权利人知道或者应当知道权利受到损害以及义务人之

---

① 梁慧星：《中国民法典草案建议稿附理由·总则编》，法律出版社2013年版，第424页；王利明主编：《中国民法典学者建议稿及理由·总则编》，法律出版社2005年版，第472页；徐国栋主编：《绿色民法典草案》，社会科学文献出版社2004年版，第36页。

日起计算。法律另有规定的，依照其规定。但是，自权利受到损害之日起超过二十年的，人民法院不予保护，有特殊情况的，人民法院可以根据权利人的申请决定延长。

第一百九十条 无民事行为能力人或者限制民事行为能力人对其法定代理人的请求权的诉讼时效期间，自该法定代理终止之日起计算。

（本条由宋春雨撰写）

第三十八条 【诉讼时效中断的认定】诉讼时效依据民法典第一百九十五条的规定中断后，在新的诉讼时效期间内，再次出现第一百九十五条规定的中断事由，可以认定为诉讼时效再次中断。

权利人向义务人的代理人、财产代管人或者遗产管理人等提出履行请求的，可以认定为民法典第一百九十五条规定的诉讼时效中断。

【条文主旨】

本条是关于诉讼时效再次中断以及中断情形的认定规则。

【条文沿革】

本条是对《民法典》第 195 条的细化。《民通意见》第 173 条规定："诉讼时效因权利人主张权利或者义务人同意履行义务而中断后，权利人在新的诉讼时效期间内，再次主张权利或者义务人再次同意履行义务的，可以认定为诉讼时效再次中断。权利人向债务保证人、债务人的代理人或者财产代管人主张权利的，可以认定诉讼时效中断。"本条延续了《民通意见》第 173 条的精神，规定诉讼时效期间可以多次中断。

【理解与适用】

一、规范宗旨

诉讼时效的中断，指由于特定事由的发生，已经经过的诉讼时效期间失去意义而重新起算。诉讼时效中断的特定事由包括权利人请求、义务人承认和权利人起诉，本条第 2 款便是对权利人请求的补充规定。由于债之关系具有相对性，在特定法律关系中，权利人只能向特定的义务人提出履行请求，如果权利人主张权利的对象错误，亦不会引起诉讼时效中断的法律效果。《民法典》第195条规定了诉讼时效期间中断的几种事由和重新计算的法律效果，但未进一步规定诉讼时效期间能否多次中断。另外，权利人提出履行请求的对象即意思表示到达的对象是否仅限于义务人本人，本人之外还包括哪些民事主体，在理论界和司法实务中尚存争议。因此，本条旨在明确诉讼时效期间的中断次数问题，以及对《民法典》第195条中的“权利人向义务人提出履行请求”作进一步说明，对于诉讼时效中断规则在司法实务中的准确适用具有重要价值。

二、诉讼时效的再次中断

（一）诉讼时效再次中断的理解

诉讼时效因权利人主张权利或者义务人同意履行义务而中断后，权利人在新的诉讼时效期间内，再次主张权利或者义务人再次同意履行义务的，可以认定为诉讼时效再次中断。权利人在诉讼时效期间内行使请求权可中断诉讼时效，不存在一次用尽的问题。[①] 例如，权利人每周向义务人或者义务人的代理人、财产代管人或者遗产管理人等打一次请求履行义务的电话，那么诉讼时效期间每周都会中断而重新起算一次。

而且，本条中的“再次中断”不仅限于第二次中断，中断的次数没有上限，可以不断地重新起算。在诉讼时效制度中，义务人已获得其本来不应该获得的时效利益。诉讼时效中断制度本身是对权利人利益的倾斜，以弥补诉讼时效制度的缺陷，允许多次中断符合诉讼时效中断制度的立法本意。

（二）诉讼时效再次中断的限制

上文已述，诉讼时效中断后，在新的诉讼时效期间可以再次中断。但是，诉讼时效多次中断也应当有所限制，即诉讼时效的多次中断不能超过二十年最长诉讼时效期间。诉讼时效中断只能发生在权利被损害之日起的二十年内，超过后将不再发生诉讼时效期间重新起算的法律效果。

设立诉讼时效制度旨在维护交易安全和秩序，促进社会经济的流转，并有利于及时解决纠纷。[②] 诉讼时效对权利时间的限制，具有一种“法律警察”的性质。[③] 尽管诉讼时效期间本身较短，但考虑到诉讼时效的起算

---

① 龙卫球主编：《中华人民共和国民法典总则编释义》，中国法制出版社2020年版，第499页。

② 冯恺：《诉讼时效制度研究》，山东人民出版社2007年版，第56页。

③ ［德］梅迪库斯：《德国民法总论》，邵建东译，法律出版社2000年版，第93页。

点不易确定，加上时效中止、中断等情形，导致诉讼拖延、长期不能结案的情形屡有发生，这并不利于社会关系的稳定。[①] 正因如此，如果诉讼时效多次中断超过二十年，将导致诉讼时效期间无休止地延长下去，会影响经济社会秩序的稳定性，也非常不利于证据的保管和案件事实的调查，与最长诉讼时效的立法目的相违背。最长诉讼时效期间既可避免受害人因过早起算时效期间而得不到救济，又可避免加害人对年代过于久远的行为仍需承担责任，对侵权请求权具有重要意义。[②] 从最长诉讼时效的立法目的考虑，限制诉讼时效中断发生在权利受到损害之日起二十年内，可以有效防止诉讼时效期间起算过晚而导致对权利人请求权的保护期限过长。

举例说明，假定2021年1月1日损害事实发生，2022年1月1日权利人知道权利被损害的事实且知道义务人，诉讼时效期间开始起算，之后权利人每隔两年都会向义务人提出履行请求，直到2041年4月1日到法院提起诉讼。在此种情形下，是否经过二十年的最长诉讼时效？如果义务人提出时效抗辩，权利人的主张是否能得到法院支持？在上述举例中，如果权利人在2040年12月1日才知道权利被侵害的事实和义务人，诉讼时效开始起算，中间没有发生中断事由，最长诉讼时效期间在一个月后便已届满，权利人的请求权不再受到保护。对比前后两种情况，第二种情况中权利人在临近最长诉讼时效期间届满才知道损害事实和义务人，对于最长诉讼的经过不存在过错。举重以明轻，如果权利人较早知道或者应当知道权利被损害和义务人，诉讼时效期间起算较早，在多次中断后，义务人仍然拒不履行义务，那么权利人应当及时提起诉讼或者仲裁，而不应当放任。

当然，二十年的最长诉讼时效期间可能会限制权利人主张权利，出现一些客观障碍或者义务人逃避履行的情况，对权利人不利。在此种情况下，如果符合《民法典》第188条第2款规定的“特殊情况”，即使最长诉讼时效经过，也可以申请法院延长诉讼时效期间。

三、诉讼时效中断的认定

规定权利人向义务人提出履行请求作为诉讼时效中断的情形，符合我国社会避讼的法律文化传统，契合我国熟人社会的社会实践，能够减轻当事人的诉累和法院的压力。[③] 权利人向义务人提出履行请求，也是诉讼时效中断情形中最为常见的情形。进一步解释权利人可以向谁提出履行请

---

① 费安玲等：《民法总论》，高等教育出版社2018年版，第262页。

② 杨巍：《民法时效制度的理论反思与案例研究》，北京大学出版社2015年版，第308页。

③ 黄薇主编：《中华人民共和国民法典释义（上）》，法律出版社2020年版，第393页。

求、如何提出履行请求，可以在司法实务中更准确地把握诉讼时效中断的标准。

（一）向谁提出履行请求

根据《民法典》第195条规定，权利人向义务人提出履行请求的，可以引起诉讼时效中断，从中断、有关程序终结时起，诉讼时效期间重新计算。根据本条第2款规定，权利人向义务人的代理人、财产代管人或者遗产管理人等提出履行请求的，可以认定为诉讼时效中断。可见，权利人不是必须向义务人本人提出履行请求方可引起诉讼时效中断，向义务人的代理人、财产代管人或者遗产管理人等提出履行请求，也可以视为向义务人本人提出了履行请求，同样可以引起诉讼时效中断而重新计算的法律效果。

依据诉讼担当理论，根据实体法和诉讼法的相关规定，作为权利主体（义务主体）之外的第三人，财产保管人应当为他人管理和支配财产和权利，诉讼结果归于他人。[①] 提出履行债务的请求和清偿债务，自然属于此处的管理和支配财产。从这个意义出发，本条中的“代理人”“财产代管人”“遗产管理人”本质上都在某个时间范围内具有义务人的“财产保管人”的法律地位。那么，本条中义务人的代理人、财产代管人、遗产管理人如何界定？由于本条中使用了“等”字的表述，可以视为义务人本人的民事主体是否仅包括其代理人、财产代管人和遗产管理人？这些都将成为法律适用过程中的难点和重点。

义务人的代理人为其接受履行请求的意思表示，是义务人在正常生活状态下的情形。根据《民法典》第161条规定，民事主体可以通过代理人实施民事法律行为。第162条规定，代理人在代理权限内，以被代理人名义实施的民事法律行为，对被代理人发生效力。本条第2款中的代理人自然包括有权代理人，但是否包括表见代理人不无疑问。《民法典》第172条对表见代理的法律效果进行了规定：“行为人没有代理权、超越代理权或者代理权终止后，仍然实施代理行为，相对人有理由相信行为人有代理权的，代理行为有效。”在表见代理中，表见代理人具有代理权外观，权利人有理由相信其为义务人的合法代理人。因此，权利人对义务人的表见代理人提出履行请求的，应当视为该意思表示到达义务人本人，发生诉讼时效中断的法律效果，属于履行请求“应当到达”义务人的情形，这也是

① 最高人民法院民事审判第二庭：《最高人民法院关于民事案件诉讼时效司法解释理解与适用》，人民法院出版社2015年版，第173页。

对权利人的一种信赖保护。

义务人的财产代管人为其接受履行请求的意思表示，是义务人在失踪状态下的情形。根据《民法典》第 42 条规定，失踪人的财产由其配偶、成年子女、父母或者其他愿意担任财产代管人的人代管。代管有争议，没有前款规定的人，或者前款规定的人无代管能力的，由法院指定的人代管。因此，失踪人所欠税款、债务和应付的其他费用，由财产代管人从失踪人的财产中支付，权利人向义务人的财产代管人提出履行请求的，发生诉讼时效中断的法律效果。

义务人的遗产管理人为其接受履行请求的意思表示，是义务人在死亡后的情形。根据《民法典》第 1145 条规定，继承开始后，遗嘱执行人为遗产管理人；没有遗嘱执行人的，继承人应当及时推选遗产管理人；继承人未推选的，由继承人共同担任遗产管理人；没有继承人或者继承人均放弃继承的，由被继承人生前住所地的民政部门或者村民委员会担任遗产管理人。根据《民法典》第 1147 条规定，处理被继承人的债权债务是遗产管理人应当履行的职责。因此，权利人向义务人的遗产管理人提出履行请求的，发生诉讼时效中断的法律效果。

关于“等”字的使用，司法解释中一般有两种情形，一是表示列举后煞尾，即“等内等”；二是表示列举未尽，即“等外等”。① 通过观察各类司法解释，“等”字多数是在第二种情况中使用，表示列举未尽。本条第 2 款中的“等”字，同样是“等外等”。由于“等”字前后均无限定词，无法采取语义解释的方式，只能通过目的解释的方式来判断所指范围。如前所述，本条旨在平衡诉讼时效制度带来的时效利益倾斜，只要权利人出现积极行使权利的情形，提出履行请求的对象可以作为义务人的意思表示受领人，便可以视为向义务人本人提出了履行请求，发生诉讼时效中断的法律效果。

《民通意见》第 173 条第 2 款明确规定了权利人向债务保证人、债务人的代理人或者财产代管人主张权利的，可以认定诉讼时效中断。而本条中仅保留了债务人的代理人或者财产代管人，是否意味着向债务保证人主张权利的不再引起诉讼时效中断，存在疑问。保证人与债务人之间的法律关系，从属于权利人和义务人之间的主法律关系，保证人承担保证责任后，有权向主债务人追偿，对从债务主张的法律效果当然应当及于主债务

---

① 最高人民检察院对十三届全国人大三次会议第 1808 号建议的答复（2020 年 9 月 30 日）。

人。因此，权利人向债务的保证人提出履行请求，仍应认定为发生诉讼时效中断的情形。

当义务人是法人时，由于法定代表人为法人的代表机关，其行为即法人行为，权利人主张权利的意思表示到达法定代表人的，应当认定为到达义务人，同样具有诉讼时效期间中断的法律效力。[①] 权利人不知对方法定代表人变更，向原法定代表人提出履行请求的，如何认定？根据司法实务中的主流观点，在权利人对其不知义务人法定代表人变更的事实无过错的情况下，基于对原法定代表人应当是合法法定代表人的合理信赖，其对原法定代表人提出履行请求的，应当视为权利人向义务人主张了权利。[②] 当权利人向与义务人为同一法定代表人的关联企业提出履行请求时，[③] 司法实务中也认为其可以引起诉讼时效中断。如果法人解散，除合并或者分立的情形外，清算义务人应当及时组成清算组进行清算。如果权利人直接向义务人的清算人提出履行请求，同样可以引起诉讼时效中断。从《民法典》第935条、第936条也可以看出，法人的清算人和自然人的法定代理人在为法人和自然人管理财产时，处于相同的法律地位。

义务人与其代理人、财产代管人、遗产管理人等可以代义务人受领意思表示的民事主体在某些情况下可能同时存在，权利人只要向其任何一方提出履行请求，就能引起诉讼时效中断的法律效果。权利人提出履行请求时，在义务人与上述民事主体之间不存在先后、优劣的顺序。

相反，权利人的代理人、财产代管人或者遗产管理人等向义务人提出履行请求，根据本条的规范目的，同样可以认定为《民法典》第195条规定的“权利人向义务人提出履行请求”，发生诉讼时效中断，诉讼时效期间重新计算。

（二）如何提出履行请求

界定了权利人提出履行请求的对象后，需要明确权利人如何向义务人的代理人、财产代管人或者遗产管理人等提出履行请求。目前，学界主要有单一要件说和双重要件说两种观点，单一要件说仅要求权利人向义务人提出履行请求即可，无须到达义务人，双重要件说认为只有履行请求到达

---

① 刘德权主编：《最高人民法院司法观点集成（1）》，人民法院出版社2009年版，第262页。

② 最高人民法院民事审判第二庭：《最高人民法院关于民事案件诉讼时效司法解释理解与适用》，人民法院出版社2015年版，第192页。

③ 最高人民法院（2004）民二终字第88号，载最高人民法院民事审判二庭编：《商事审判指导（2005年卷）》，人民法院出版社2018年版，第408~413页。

义务人才可以引起诉讼时效期间中断。[①] 在我国司法实务中，最高人民法院相关判例[②]、批复和部分高级人民法院的规范性意见一般采取到达主义的认定标准。[③]

根据《诉讼时效司法解释》第 8 条，具有下列情形之一的，应当认定为《民法典》第 195 条规定的“权利人向义务人提出履行请求”，产生诉讼时效中断的效力：（1）当事人一方直接向对方当事人送交主张权利文书，对方当事人在文书上签名、盖章、按指印或者虽未签名、盖章、按指印但能够以其他方式证明该文书到达对方当事人的；（2）当事人一方以发送信件或者数据电文方式主张权利，信件或者数据电文到达或者应当到达对方当事人的；（3）当事人一方为金融机构，依照法律规定或者当事人约定从对方当事人账户中扣收欠款本息的；（4）当事人一方下落不明，对方当事人在国家级或者下落不明的当事人一方住所地的省级有影响的媒体上刊登具有主张权利内容的公告的，但法律和司法解释另有特别规定的，适用其规定。笔者认为，《诉讼时效司法解释》与《民法典》没有冲突时，仍可以继续适用。最高人民法院也曾对此观点表示认可。[④]

权利人只需要证明向义务人或者其代理人、财产代管人或者遗产管理人等主张过权利就可以，不需要义务人的同意，提出的履行请求只要到达或者应当到达义务人即可。根据司法解释的规定，“应当到达”也应当认为权利人已向义务人提出了履行请求。最高人民法院有判决认为，“诉讼时效制度设立的目的是督促权利人及时行使权利，只要权利人在法定期间恪尽一定注意义务，向义务人提示权利，应认定为已向义务人提出履行要求，产生诉讼时效中断之效果”[⑤]。无论义务人是否同意，都不影响诉讼时效期间中断的法律效果。需要注意的是，如果权利人提出履行请求后，义务人表示同意履行，同意履行的表示将会引起诉讼时效的再次中断。

---

① 亦有少数观点认为，应区分权利人向义务人提出履行请求的方式。详细参见张雪楳：《诉讼时效审判实务与疑难问题解析——以〈民法总则〉诉讼时效制度及司法解释为核心》，人民法院出版社 2019 年版，第 366 页。

② 最高人民法院（2004）民二终字第 208 号，载最高人民法院民事审判二庭编：《商事审判指导（2005 年卷）》，人民法院出版社 2018 年版，第 187 ~ 195 页。

③ 杨巍：《民法时效制度的理论反思与案例研究》，北京大学出版社 2015 年版，第372 ~ 373 页。

④ 最高人民法院民法典贯彻实施工作领导小组主编：《中华人民共和国民法典总则编理解与适用（下）》，人民法院出版社 2020 年版，第 985 页。

⑤ 最高人民法院（2015）民申字第 1051 号民事判决书，载中国裁判文书网，https：//wenshu. court. gov. cn/website/wenshu/181107ANFZ0BXSK4/index. html? docId = a595cbb957cc428292179d6e43894487，最后访问时间：2022 年 4 月 10 日。

关于权利人向义务人或者其代理人、财产代管人或者遗产管理人等提出履行请求的具体方式，应当作广义理解，无论是书面还是口头的方式、是直接还是间接的方式，只要可以实现请求效果的方式，就符合《民法典》第195条和本条的要求。总之，当对于诉讼时效是否中断存疑时，应当尽可能作出对权利人有利的解释，只要其可以证明在诉讼时效期间，向义务人或者其代理人、财产代管人或者遗产管理人等提出履行请求的，就应当认为诉讼时效期间发生中断。因为，此时权利人没有"长眠于"其权利，而是积极主张权利。

【相关规定】

《中华人民共和国民法典》

第一百九十五条 有下列情形之一的，诉讼时效中断，从中断、有关程序终结时起，诉讼时效期间重新计算：

（一）权利人向义务人提出履行请求；

（二）义务人同意履行义务；

（三）权利人提起诉讼或者申请仲裁；

（四）与提起诉讼或者申请仲裁具有同等效力的其他情形。

（本条由宋春雨撰写）

九、附　则

第三十九条　【司法解释的时间效力】本解释自2022年3月1日起施行。

民法典施行后的法律事实引起的民事案件，本解释施行后尚未终审的，适用本解释；本解释施行前已经终审，当事人申请再审或者按照审判监督程序决定再审的，不适用本解释。

【条文主旨】

本条是关于司法解释时间效力的规定。

【条文沿革】

《民通意见》第196条规定："1987年1月1日以后受理的案件，如果民事行为发生在1987年以前，适用民事行为发生时的法律、政策；当时的法律、政策没有具体规定的，可以比照民法通则处理。"第197条规定："处理申诉案件和按审判监督程序再审的案件，适用原审审结时应当适用的法律或者政策。"

在《民法典》颁布后，最高人民法院于2020年12月29日发布的《关于适用〈中华人民共和国民法典〉时间效力的若干规定》（下称《时间效力的若干规定》）第28条，对相应的司法解释中的时间效力作了明确的规定。《总则编司法解释》施行后，关于《民法典》与《总则编司法解释》之间的法律适用问题，有必要在《总则编司法解释》中进行明确。

【理解与适用】

一、规范宗旨

民法的时间效力，是指民事法律规范在时间上所具有的法律约束力。新法公布后，通常会明确新法的生效时间，并同时对新法的溯及力作出规定。新的民事法律规范有无溯及既往的效力，是民法时间效力中的一个重要的问题。“法不溯及既往”是关于新法溯及力的一般原则，但这并不绝对，立法者出于保护某种利益的需要，也会作出例外的规定，即新法在某些特殊的情形下对它生效前发生的事件或行为具有溯及力，但也仅以法律有明确规定为限。本条中除对本司法解释的生效时间作了规定外，也对《总则编司法解释》的溯及力作了明确规定。

二、条文重点释义

本条共两款。第 1 款是关于《总则编司法解释》生效起始日的规定。第 2 款是关于《总则编司法解释》溯及力的规定。

（一）《总则编司法解释》的生效起始日

第 1 款规定：“本解释自 2022 年 3 月 1 日起施行。”即《总则编司法解释》从 2022 年 3 月 1 日开始发生效力，调整特定的社会关系，并开始作为裁判规则发生效力。在我国，依立法惯例，法律文本的最后一条一般都会对该法律施行的具体起始日期作出明确规定，《总则编司法解释》也采用了这一做法。

（二）《总则编司法解释》的溯及力

法的溯及力是指“新法对它生效前所发生的行为和事件可加以适用的效力”①。“法不溯及既往”是一般原则，只有在法律有明确的例外规定时，新法才具有溯及力。法律不得溯及既往的根据在于“在法律尚未公布之前，人们只能按照旧的法律实施行为，如果新的法律颁布后，新的法律产生溯及既往的效力，并推翻人们依据旧的法律所实施的行为的效力，就会打破人们对依据法律作出行为的后果的预期”②。法的可预期性不单单是法治社会的重要内容，它还是人们能否对法产生确信并基于此确信而严格遵循法律的关键所在。但法律不溯及既往并不绝对，基于维护某种利益的考虑，民事法律也会作出有溯及力或有一定溯及力的规定。《立法法》第 93

---

① 张文显主编：《法理学》，高等教育出版社、北京大学出版社 2007 年版，第 108 页。

② 王利明：《民法》，中国人民大学出版社 2020 年版，第 33 页。

条规定："法律、行政法规、地方性法规、自治条例和单行条例、规章不溯及既往，但为了更好地保护公民、法人和其他组织的权利和利益而作的特别规定除外。"此系法不溯及既往原则的规定。这里的"公民、法人和其他组织"，是指法律、法规、规章等在具体事件中所直接指向的个别公民、法人和其他组织，是法律、法规、规章等特定的调整对象，不是泛指，不是为了保护多数人的利益而使法律、法规、规章等具有溯及力。

本条第2款规定："民法典施行后的法律事实引起的民事案件，本解释施行后尚未终审的，适用本解释；本解释施行前已经终审，当事人申请再审或者按照审判监督程序决定再审的，不适用本解释。"此款中关于《总则编司法解释》的溯及力分为两种情形：

1. 有溯及力的情形

本条第2款前半句中"民法典施行后的法律事实引起的民事案件，本解释施行后尚未终审的，适用本解释"该如何理解？一般认为应分为如下两种情形：

第一，法律事实引起的民事案件发生并结束于《总则编司法解释》施行前，但该民事纠纷的审判开始于《总则编司法解释》施行后，案件的审理可能是一审，也可能是二审，不管处于诉讼程序的哪一阶段，只要在终审之前，《总则编司法解释》均可适用，具有溯及力。

第二，法律事实引起的民事案件开始于《总则编司法解释》施行前，一直持续到《总则编司法解释》施行后才结束，此种情形下，这一持续性民事纠纷跨越了新旧法的生效时间，《总则编司法解释》亦可适用，具有溯及力。[①]

2. 无溯及力的情形

在我国，"由于司法解释长期扮演着实质法源的角色"[②]，因此它具有法律规范的一般性质，适用法不溯及既往的原则，原则上只应适用于其施行后发生的民事纠纷。"民事司法解释的施行所直接指向的，是司法裁判。换言之，尽管民事司法解释拘束的对象是人民法院的裁判行为，这不可避免地会影响对进入诉讼系属的法律事实的法律判断。"[③] 所以，本条第2款

---

① 《时间效力的若干规定》第1条第3款规定："民法典施行前的法律事实持续至民法典施行后，该法律事实引起的民事纠纷案件，适用民法典的规定，但是法律、司法解释另有规定的除外。"

② 杨立新、李怡雯：《从原则到例外：〈民法典〉时间效力规则的体系化展开》，载《法学杂志》2022年第1期。

③ 梁展欣：《论民法规范的时间效力》，载《判解研究》2021年第1辑。

规定："……本解释施行前已经终审，当事人申请再审或者按照审判监督程序决定再审的，不适用本解释。"《总则编司法解释》施行前已经终审的民事案件，表明该民事纠纷从发生到审理都处于《民法典》施行后、《总则编司法解释》施行前，自无适用《总则编司法解释》的必要，遵循"法不溯及既往"原则即可。

【相关规定】

《中华人民共和国立法法》

第九十三条 法律、行政法规、地方性法规、自治条例和单行条例、规章不溯及既往，但为了更好地保护公民、法人和其他组织的权利和利益而作的特别规定除外。

《最高人民法院关于适用〈中华人民共和国民法典〉时间效力的若干规定》

第一条 民法典施行后的法律事实引起的民事纠纷案件，适用民法典的规定。

民法典施行前的法律事实引起的民事纠纷案件，适用当时的法律、司法解释的规定，但是法律、司法解释另有规定的除外。

民法典施行前的法律事实持续至民法典施行后，该法律事实引起的民事纠纷案件，适用民法典的规定，但是法律、司法解释另有规定的除外。

（本条由张红撰写）

附　录

中华人民共和国民法典（节录）

（2020 年 5 月 28 日第十三届全国人民代表大会
第三次会议通过）

……

第一编　总　　则

第一章　基本规定

第一条　为了保护民事主体的合法权益，调整民事关系，维护社会和经济秩序，适应中国特色社会主义发展要求，弘扬社会主义核心价值观，根据宪法，制定本法。

第二条　民法调整平等主体的自然人、法人和非法人组织之间的人身关系和财产关系。

第三条　民事主体的人身权利、财产权利以及其他合法权益受法律保护，任何组织或者个人不得侵犯。

第四条　民事主体在民事活动中的法律地位一律平等。

第五条　民事主体从事民事活动，应当遵循自愿原则，按照自己的意思设立、变更、终止民事法律关系。

第六条　民事主体从事民事活动，应当遵循公平原则，合理确定各方的权利和义务。

第七条　民事主体从事民事活动，应当遵循诚信原则，秉持诚实，恪守承诺。

第八条　民事主体从事民事活动，不得违反法律，不得违背公序良俗。

第九条　民事主体从事民事活动，应当有利于节约资源、保护生态环境。

第十条　处理民事纠纷，应当依照法律；法律没有规定的，可以适用习惯，但是不得违背公序良俗。

第十一条　其他法律对民事关系有特别规定的，依照其规定。

第十二条 中华人民共和国领域内的民事活动，适用中华人民共和国法律。法律另有规定的，依照其规定。

第二章 自 然 人

第一节 民事权利能力和民事行为能力

第十三条 自然人从出生时起到死亡时止，具有民事权利能力，依法享有民事权利，承担民事义务。

第十四条 自然人的民事权利能力一律平等。

第十五条 自然人的出生时间和死亡时间，以出生证明、死亡证明记载的时间为准；没有出生证明、死亡证明的，以户籍登记或者其他有效身份登记记载的时间为准。有其他证据足以推翻以上记载时间的，以该证据证明的时间为准。

第十六条 涉及遗产继承、接受赠与等胎儿利益保护的，胎儿视为具有民事权利能力。但是，胎儿娩出时为死体的，其民事权利能力自始不存在。

第十七条 十八周岁以上的自然人为成年人。不满十八周岁的自然人为未成年人。

第十八条 成年人为完全民事行为能力人，可以独立实施民事法律行为。

十六周岁以上的未成年人，以自己的劳动收入为主要生活来源的，视为完全民事行为能力人。

第十九条 八周岁以上的未成年人为限制民事行为能力人，实施民事法律行为由其法定代理人代理或者经其法定代理人同意、追认；但是，可以独立实施纯获利益的民事法律行为或者与其年龄、智力相适应的民事法律行为。

第二十条 不满八周岁的未成年人为无民事行为能力人，由其法定代理人代理实施民事法律行为。

第二十一条 不能辨认自己行为的成年人为无民事行为能力人，由其法定代理人代理实施民事法律行为。

八周岁以上的未成年人不能辨认自己行为的，适用前款规定。

第二十二条 不能完全辨认自己行为的成年人为限制民事行为能力人，实施民事法律行为由其法定代理人代理或者经其法定代理人同意、追认；但是，可以独立实施纯获利益的民事法律行为或者与其智力、精神健康状况相适应的民事法律行为。

第二十三条 无民事行为能力人、限制民事行为能力人的监护人是其法定代理人。

第二十四条　不能辨认或者不能完全辨认自己行为的成年人，其利害关系人或者有关组织，可以向人民法院申请认定该成年人为无民事行为能力人或者限制民事行为能力人。

被人民法院认定为无民事行为能力人或者限制民事行为能力人的，经本人、利害关系人或者有关组织申请，人民法院可以根据其智力、精神健康恢复的状况，认定该成年人恢复为限制民事行为能力人或者完全民事行为能力人。

本条规定的有关组织包括：居民委员会、村民委员会、学校、医疗机构、妇女联合会、残疾人联合会、依法设立的老年人组织、民政部门等。

第二十五条　自然人以户籍登记或者其他有效身份登记记载的居所为住所；经常居所与住所不一致的，经常居所视为住所。

第二节　监　　护

第二十六条　父母对未成年子女负有抚养、教育和保护的义务。

成年子女对父母负有赡养、扶助和保护的义务。

第二十七条　父母是未成年子女的监护人。

未成年人的父母已经死亡或者没有监护能力的，由下列有监护能力的人按顺序担任监护人：

（一）祖父母、外祖父母；

（二）兄、姐；

（三）其他愿意担任监护人的个人或者组织，但是须经未成年人住所地的居民委员会、村民委员会或者民政部门同意。

第二十八条　无民事行为能力或者限制民事行为能力的成年人，由下列有监护能力的人按顺序担任监护人：

（一）配偶；

（二）父母、子女；

（三）其他近亲属；

（四）其他愿意担任监护人的个人或者组织，但是须经被监护人住所地的居民委员会、村民委员会或者民政部门同意。

第二十九条　被监护人的父母担任监护人的，可以通过遗嘱指定监护人。

第三十条　依法具有监护资格的人之间可以协议确定监护人。协议确定监护人应当尊重被监护人的真实意愿。

第三十一条　对监护人的确定有争议的，由被监护人住所地的居民委员会、村民委员会或者民政部门指定监护人，有关当事人对指定不服的，可以向人民法院申请指定监护人；有关当事人也可以直接向人民法院申请指定监护人。

居民委员会、村民委员会、民政部门或者人民法院应当尊重被监护人的真实意愿，按照最有利于被监护人的原则在依法具有监护资格的人中指定监护人。

依据本条第一款规定指定监护人前，被监护人的人身权利、财产权利以及其他合法权益处于无人保护状态的，由被监护人住所地的居民委员会、村民委员会、法律规定的有关组织或者民政部门担任临时监护人。

监护人被指定后，不得擅自变更；擅自变更的，不免除被指定的监护人的责任。

第三十二条 没有依法具有监护资格的人的，监护人由民政部门担任，也可以由具备履行监护职责条件的被监护人住所地的居民委员会、村民委员会担任。

第三十三条 具有完全民事行为能力的成年人，可以与其近亲属、其他愿意担任监护人的个人或者组织事先协商，以书面形式确定自己的监护人，在自己丧失或者部分丧失民事行为能力时，由该监护人履行监护职责。

第三十四条 监护人的职责是代理被监护人实施民事法律行为，保护被监护人的人身权利、财产权利以及其他合法权益等。

监护人依法履行监护职责产生的权利，受法律保护。

监护人不履行监护职责或者侵害被监护人合法权益的，应当承担法律责任。

因发生突发事件等紧急情况，监护人暂时无法履行监护职责，被监护人的生活处于无人照料状态的，被监护人住所地的居民委员会、村民委员会或者民政部门应当为被监护人安排必要的临时生活照料措施。

第三十五条 监护人应当按照最有利于被监护人的原则履行监护职责。监护人除为维护被监护人利益外，不得处分被监护人的财产。

未成年人的监护人履行监护职责，在作出与被监护人利益有关的决定时，应当根据被监护人的年龄和智力状况，尊重被监护人的真实意愿。

成年人的监护人履行监护职责，应当最大程度地尊重被监护人的真实意愿，保障并协助被监护人实施与其智力、精神健康状况相适应的民事法律行为。对被监护人有能力独立处理的事务，监护人不得干涉。

第三十六条 监护人有下列情形之一的，人民法院根据有关个人或者组织的申请，撤销其监护人资格，安排必要的临时监护措施，并按照最有利于被监护人的原则依法指定监护人：

（一）实施严重损害被监护人身心健康的行为；

（二）怠于履行监护职责，或者无法履行监护职责且拒绝将监护职责部分或者全部委托给他人，导致被监护人处于危困状态；

（三）实施严重侵害被监护人合法权益的其他行为。

本条规定的有关个人、组织包括：其他依法具有监护资格的人，居民委员会、村民委员会、学校、医疗机构、妇女联合会、残疾人联合会、未成年人保护组织、依法设立的老年人组织、民政部门等。

前款规定的个人和民政部门以外的组织未及时向人民法院申请撤销监护人资格的，民政部门应当向人民法院申请。

第三十七条　依法负担被监护人抚养费、赡养费、扶养费的父母、子女、配偶等，被人民法院撤销监护人资格后，应当继续履行负担的义务。

第三十八条　被监护人的父母或者子女被人民法院撤销监护人资格后，除对被监护人实施故意犯罪的外，确有悔改表现的，经其申请，人民法院可以在尊重被监护人真实意愿的前提下，视情况恢复其监护人资格，人民法院指定的监护人与被监护人的监护关系同时终止。

第三十九条　有下列情形之一的，监护关系终止：

（一）被监护人取得或者恢复完全民事行为能力；

（二）监护人丧失监护能力；

（三）被监护人或者监护人死亡；

（四）人民法院认定监护关系终止的其他情形。

监护关系终止后，被监护人仍然需要监护的，应当依法另行确定监护人。

第三节　宣告失踪和宣告死亡

第四十条　自然人下落不明满二年的，利害关系人可以向人民法院申请宣告该自然人为失踪人。

第四十一条　自然人下落不明的时间自其失去音讯之日起计算。战争期间下落不明的，下落不明的时间自战争结束之日或者有关机关确定的下落不明之日起计算。

第四十二条　失踪人的财产由其配偶、成年子女、父母或者其他愿意担任财产代管人的人代管。

代管有争议，没有前款规定的人，或者前款规定的人无代管能力的，由人民法院指定的人代管。

第四十三条　财产代管人应当妥善管理失踪人的财产，维护其财产权益。

失踪人所欠税款、债务和应付的其他费用，由财产代管人从失踪人的财产中支付。

财产代管人因故意或者重大过失造成失踪人财产损失的，应当承担赔偿责任。

第四十四条 财产代管人不履行代管职责、侵害失踪人财产权益或者丧失代管能力的，失踪人的利害关系人可以向人民法院申请变更财产代管人。

财产代管人有正当理由的，可以向人民法院申请变更财产代管人。

人民法院变更财产代管人的，变更后的财产代管人有权请求原财产代管人及时移交有关财产并报告财产代管情况。

第四十五条 失踪人重新出现，经本人或者利害关系人申请，人民法院应当撤销失踪宣告。

失踪人重新出现，有权请求财产代管人及时移交有关财产并报告财产代管情况。

第四十六条 自然人有下列情形之一的，利害关系人可以向人民法院申请宣告该自然人死亡：

（一）下落不明满四年；

（二）因意外事件，下落不明满二年。

因意外事件下落不明，经有关机关证明该自然人不可能生存的，申请宣告死亡不受二年时间的限制。

第四十七条 对同一自然人，有的利害关系人申请宣告死亡，有的利害关系人申请宣告失踪，符合本法规定的宣告死亡条件的，人民法院应当宣告死亡。

第四十八条 被宣告死亡的人，人民法院宣告死亡的判决作出之日视为其死亡的日期；因意外事件下落不明宣告死亡的，意外事件发生之日视为其死亡的日期。

第四十九条 自然人被宣告死亡但是并未死亡的，不影响该自然人在被宣告死亡期间实施的民事法律行为的效力。

第五十条 被宣告死亡的人重新出现，经本人或者利害关系人申请，人民法院应当撤销死亡宣告。

第五十一条 被宣告死亡的人的婚姻关系，自死亡宣告之日起消除。死亡宣告被撤销的，婚姻关系自撤销死亡宣告之日起自行恢复。但是，其配偶再婚或者向婚姻登记机关书面声明不愿意恢复的除外。

第五十二条 被宣告死亡的人在被宣告死亡期间，其子女被他人依法收养的，在死亡宣告被撤销后，不得以未经本人同意为由主张收养行为无效。

第五十三条 被撤销死亡宣告的人有权请求依照本法第六编取得其财产的

民事主体返还财产；无法返还的，应当给予适当补偿。

利害关系人隐瞒真实情况，致使他人被宣告死亡而取得其财产的，除应当返还财产外，还应当对由此造成的损失承担赔偿责任。

第四节　个体工商户和农村承包经营户

第五十四条　自然人从事工商业经营，经依法登记，为个体工商户。个体工商户可以起字号。

第五十五条　农村集体经济组织的成员，依法取得农村土地承包经营权，从事家庭承包经营的，为农村承包经营户。

第五十六条　个体工商户的债务，个人经营的，以个人财产承担；家庭经营的，以家庭财产承担；无法区分的，以家庭财产承担。

农村承包经营户的债务，以从事农村土地承包经营的农户财产承担；事实上由农户部分成员经营的，以该部分成员的财产承担。

第三章　法　　人

第一节　一般规定

第五十七条　法人是具有民事权利能力和民事行为能力，依法独立享有民事权利和承担民事义务的组织。

第五十八条　法人应当依法成立。

法人应当有自己的名称、组织机构、住所、财产或者经费。法人成立的具体条件和程序，依照法律、行政法规的规定。

设立法人，法律、行政法规规定须经有关机关批准的，依照其规定。

第五十九条　法人的民事权利能力和民事行为能力，从法人成立时产生，到法人终止时消灭。

第六十条　法人以其全部财产独立承担民事责任。

第六十一条　依照法律或者法人章程的规定，代表法人从事民事活动的负责人，为法人的法定代表人。

法定代表人以法人名义从事的民事活动，其法律后果由法人承受。

法人章程或者法人权力机构对法定代表人代表权的限制，不得对抗善意相对人。

第六十二条　法定代表人因执行职务造成他人损害的，由法人承担民事责任。

法人承担民事责任后，依照法律或者法人章程的规定，可以向有过错的法定代表人追偿。

第六十三条 法人以其主要办事机构所在地为住所。依法需要办理法人登记的，应当将主要办事机构所在地登记为住所。

第六十四条 法人存续期间登记事项发生变化的，应当依法向登记机关申请变更登记。

第六十五条 法人的实际情况与登记的事项不一致的，不得对抗善意相对人。

第六十六条 登记机关应当依法及时公示法人登记的有关信息。

第六十七条 法人合并的，其权利和义务由合并后的法人享有和承担。

法人分立的，其权利和义务由分立后的法人享有连带债权，承担连带债务，但是债权人和债务人另有约定的除外。

第六十八条 有下列原因之一并依法完成清算、注销登记的，法人终止：

（一）法人解散；

（二）法人被宣告破产；

（三）法律规定的其他原因。

法人终止，法律、行政法规规定须经有关机关批准的，依照其规定。

第六十九条 有下列情形之一的，法人解散：

（一）法人章程规定的存续期间届满或者法人章程规定的其他解散事由出现；

（二）法人的权力机构决议解散；

（三）因法人合并或者分立需要解散；

（四）法人依法被吊销营业执照、登记证书，被责令关闭或者被撤销；

（五）法律规定的其他情形。

第七十条 法人解散的，除合并或者分立的情形外，清算义务人应当及时组成清算组进行清算。

法人的董事、理事等执行机构或者决策机构的成员为清算义务人。法律、行政法规另有规定的，依照其规定。

清算义务人未及时履行清算义务，造成损害的，应当承担民事责任；主管机关或者利害关系人可以申请人民法院指定有关人员组成清算组进行清算。

第七十一条 法人的清算程序和清算组职权，依照有关法律的规定；没有规定的，参照适用公司法律的有关规定。

第七十二条 清算期间法人存续，但是不得从事与清算无关的活动。

法人清算后的剩余财产，按照法人章程的规定或者法人权力机构的决议处理。法律另有规定的，依照其规定。

清算结束并完成法人注销登记时，法人终止；依法不需要办理法人登记的，清算结束时，法人终止。

第七十三条　法人被宣告破产的，依法进行破产清算并完成法人注销登记时，法人终止。

第七十四条　法人可以依法设立分支机构。法律、行政法规规定分支机构应当登记的，依照其规定。

分支机构以自己的名义从事民事活动，产生的民事责任由法人承担；也可以先以该分支机构管理的财产承担，不足以承担的，由法人承担。

第七十五条　设立人为设立法人从事的民事活动，其法律后果由法人承受；法人未成立的，其法律后果由设立人承受，设立人为二人以上的，享有连带债权，承担连带债务。

设立人为设立法人以自己的名义从事民事活动产生的民事责任，第三人有权选择请求法人或者设立人承担。

第二节　营利法人

第七十六条　以取得利润并分配给股东等出资人为目的成立的法人，为营利法人。

营利法人包括有限责任公司、股份有限公司和其他企业法人等。

第七十七条　营利法人经依法登记成立。

第七十八条　依法设立的营利法人，由登记机关发给营利法人营业执照。营业执照签发日期为营利法人的成立日期。

第七十九条　设立营利法人应当依法制定法人章程。

第八十条　营利法人应当设权力机构。

权力机构行使修改法人章程，选举或者更换执行机构、监督机构成员，以及法人章程规定的其他职权。

第八十一条　营利法人应当设执行机构。

执行机构行使召集权力机构会议，决定法人的经营计划和投资方案，决定法人内部管理机构的设置，以及法人章程规定的其他职权。

执行机构为董事会或者执行董事的，董事长、执行董事或者经理按照法人章程的规定担任法定代表人；未设董事会或者执行董事的，法人章程规定的主要负责人为其执行机构和法定代表人。

第八十二条　营利法人设监事会或者监事等监督机构的，监督机构依法行使检查法人财务，监督执行机构成员、高级管理人员执行法人职务的行为，以及法人章程规定的其他职权。

第八十三条 营利法人的出资人不得滥用出资人权利损害法人或者其他出资人的利益；滥用出资人权利造成法人或者其他出资人损失的，应当依法承担民事责任。

营利法人的出资人不得滥用法人独立地位和出资人有限责任损害法人债权人的利益；滥用法人独立地位和出资人有限责任，逃避债务，严重损害法人债权人的利益的，应当对法人债务承担连带责任。

第八十四条 营利法人的控股出资人、实际控制人、董事、监事、高级管理人员不得利用其关联关系损害法人的利益；利用关联关系造成法人损失的，应当承担赔偿责任。

第八十五条 营利法人的权力机构、执行机构作出决议的会议召集程序、表决方式违反法律、行政法规、法人章程，或者决议内容违反法人章程的，营利法人的出资人可以请求人民法院撤销该决议。但是，营利法人依据该决议与善意相对人形成的民事法律关系不受影响。

第八十六条 营利法人从事经营活动，应当遵守商业道德，维护交易安全，接受政府和社会的监督，承担社会责任。

第三节 非营利法人

第八十七条 为公益目的或者其他非营利目的成立，不向出资人、设立人或者会员分配所取得利润的法人，为非营利法人。

非营利法人包括事业单位、社会团体、基金会、社会服务机构等。

第八十八条 具备法人条件，为适应经济社会发展需要，提供公益服务设立的事业单位，经依法登记成立，取得事业单位法人资格；依法不需要办理法人登记的，从成立之日起，具有事业单位法人资格。

第八十九条 事业单位法人设理事会的，除法律另有规定外，理事会为其决策机构。事业单位法人的法定代表人依照法律、行政法规或者法人章程的规定产生。

第九十条 具备法人条件，基于会员共同意愿，为公益目的或者会员共同利益等非营利目的设立的社会团体，经依法登记成立，取得社会团体法人资格；依法不需要办理法人登记的，从成立之日起，具有社会团体法人资格。

第九十一条 设立社会团体法人应当依法制定法人章程。

社会团体法人应当设会员大会或者会员代表大会等权力机构。

社会团体法人应当设理事会等执行机构。理事长或者会长等负责人按照法人章程的规定担任法定代表人。

第九十二条　具备法人条件，为公益目的以捐助财产设立的基金会、社会服务机构等，经依法登记成立，取得捐助法人资格。

依法设立的宗教活动场所，具备法人条件的，可以申请法人登记，取得捐助法人资格。法律、行政法规对宗教活动场所有规定的，依照其规定。

第九十三条　设立捐助法人应当依法制定法人章程。

捐助法人应当设理事会、民主管理组织等决策机构，并设执行机构。理事长等负责人按照法人章程的规定担任法定代表人。

捐助法人应当设监事会等监督机构。

第九十四条　捐助人有权向捐助法人查询捐助财产的使用、管理情况，并提出意见和建议，捐助法人应当及时、如实答复。

捐助法人的决策机构、执行机构或者法定代表人作出决定的程序违反法律、行政法规、法人章程，或者决定内容违反法人章程的，捐助人等利害关系人或者主管机关可以请求人民法院撤销该决定。但是，捐助法人依据该决定与善意相对人形成的民事法律关系不受影响。

第九十五条　为公益目的成立的非营利法人终止时，不得向出资人、设立人或者会员分配剩余财产。剩余财产应当按照法人章程的规定或者权力机构的决议用于公益目的；无法按照法人章程的规定或者权力机构的决议处理的，由主管机关主持转给宗旨相同或者相近的法人，并向社会公告。

第四节　特别法人

第九十六条　本节规定的机关法人、农村集体经济组织法人、城镇农村的合作经济组织法人、基层群众性自治组织法人，为特别法人。

第九十七条　有独立经费的机关和承担行政职能的法定机构从成立之日起，具有机关法人资格，可以从事为履行职能所需要的民事活动。

第九十八条　机关法人被撤销的，法人终止，其民事权利和义务由继任的机关法人享有和承担；没有继任的机关法人的，由作出撤销决定的机关法人享有和承担。

第九十九条　农村集体经济组织依法取得法人资格。

法律、行政法规对农村集体经济组织有规定的，依照其规定。

第一百条　城镇农村的合作经济组织依法取得法人资格。

法律、行政法规对城镇农村的合作经济组织有规定的，依照其规定。

第一百零一条　居民委员会、村民委员会具有基层群众性自治组织法人资格，可以从事为履行职能所需要的民事活动。

未设立村集体经济组织的，村民委员会可以依法代行村集体经济组织的职能。

第四章　非法人组织

第一百零二条　非法人组织是不具有法人资格，但是能够依法以自己的名义从事民事活动的组织。

非法人组织包括个人独资企业、合伙企业、不具有法人资格的专业服务机构等。

第一百零三条　非法人组织应当依照法律的规定登记。

设立非法人组织，法律、行政法规规定须经有关机关批准的，依照其规定。

第一百零四条　非法人组织的财产不足以清偿债务的，其出资人或者设立人承担无限责任。法律另有规定的，依照其规定。

第一百零五条　非法人组织可以确定一人或者数人代表该组织从事民事活动。

第一百零六条　有下列情形之一的，非法人组织解散：

（一）章程规定的存续期间届满或者章程规定的其他解散事由出现；

（二）出资人或者设立人决定解散；

（三）法律规定的其他情形。

第一百零七条　非法人组织解散的，应当依法进行清算。

第一百零八条　非法人组织除适用本章规定外，参照适用本编第三章第一节的有关规定。

第五章　民事权利

第一百零九条　自然人的人身自由、人格尊严受法律保护。

第一百一十条　自然人享有生命权、身体权、健康权、姓名权、肖像权、名誉权、荣誉权、隐私权、婚姻自主权等权利。

法人、非法人组织享有名称权、名誉权和荣誉权。

第一百一十一条　自然人的个人信息受法律保护。任何组织或者个人需要获取他人个人信息的，应当依法取得并确保信息安全，不得非法收集、使用、加工、传输他人个人信息，不得非法买卖、提供或者公开他人个人信息。

第一百一十二条　自然人因婚姻家庭关系等产生的人身权利受法律保护。

第一百一十三条　民事主体的财产权利受法律平等保护。

第一百一十四条　民事主体依法享有物权。

物权是权利人依法对特定的物享有直接支配和排他的权利，包括所有权、用益物权和担保物权。

第一百一十五条　物包括不动产和动产。法律规定权利作为物权客体的，依照其规定。

第一百一十六条　物权的种类和内容，由法律规定。

第一百一十七条　为了公共利益的需要，依照法律规定的权限和程序征收、征用不动产或者动产的，应当给予公平、合理的补偿。

第一百一十八条　民事主体依法享有债权。

债权是因合同、侵权行为、无因管理、不当得利以及法律的其他规定，权利人请求特定义务人为或者不为一定行为的权利。

第一百一十九条　依法成立的合同，对当事人具有法律约束力。

第一百二十条　民事权益受到侵害的，被侵权人有权请求侵权人承担侵权责任。

第一百二十一条　没有法定的或者约定的义务，为避免他人利益受损失而进行管理的人，有权请求受益人偿还由此支出的必要费用。

第一百二十二条　因他人没有法律根据，取得不当利益，受损失的人有权请求其返还不当利益。

第一百二十三条　民事主体依法享有知识产权。

知识产权是权利人依法就下列客体享有的专有的权利：

（一）作品；

（二）发明、实用新型、外观设计；

（三）商标；

（四）地理标志；

（五）商业秘密；

（六）集成电路布图设计；

（七）植物新品种；

（八）法律规定的其他客体。

第一百二十四条　自然人依法享有继承权。

自然人合法的私有财产，可以依法继承。

第一百二十五条　民事主体依法享有股权和其他投资性权利。

第一百二十六条　民事主体享有法律规定的其他民事权利和利益。

第一百二十七条　法律对数据、网络虚拟财产的保护有规定的，依照其规定。

第一百二十八条　法律对未成年人、老年人、残疾人、妇女、消费者等的民事权利保护有特别规定的，依照其规定。

第一百二十九条 民事权利可以依据民事法律行为、事实行为、法律规定的事件或者法律规定的其他方式取得。

第一百三十条 民事主体按照自己的意愿依法行使民事权利，不受干涉。

第一百三十一条 民事主体行使权利时，应当履行法律规定的和当事人约定的义务。

第一百三十二条 民事主体不得滥用民事权利损害国家利益、社会公共利益或者他人合法权益。

第六章 民事法律行为

第一节 一般规定

第一百三十三条 民事法律行为是民事主体通过意思表示设立、变更、终止民事法律关系的行为。

第一百三十四条 民事法律行为可以基于双方或者多方的意思表示一致成立，也可以基于单方的意思表示成立。

法人、非法人组织依照法律或者章程规定的议事方式和表决程序作出决议的，该决议行为成立。

第一百三十五条 民事法律行为可以采用书面形式、口头形式或者其他形式；法律、行政法规规定或者当事人约定采用特定形式的，应当采用特定形式。

第一百三十六条 民事法律行为自成立时生效，但是法律另有规定或者当事人另有约定的除外。

行为人非依法律规定或者未经对方同意，不得擅自变更或者解除民事法律行为。

第二节 意思表示

第一百三十七条 以对话方式作出的意思表示，相对人知道其内容时生效。

以非对话方式作出的意思表示，到达相对人时生效。以非对话方式作出的采用数据电文形式的意思表示，相对人指定特定系统接收数据电文的，该数据电文进入该特定系统时生效；未指定特定系统的，相对人知道或者应当知道该数据电文进入其系统时生效。当事人对采用数据电文形式的意思表示的生效时间另有约定的，按照其约定。

第一百三十八条　无相对人的意思表示，表示完成时生效。法律另有规定的，依照其规定。

第一百三十九条　以公告方式作出的意思表示，公告发布时生效。

第一百四十条　行为人可以明示或者默示作出意思表示。

沉默只有在有法律规定、当事人约定或者符合当事人之间的交易习惯时，才可以视为意思表示。

第一百四十一条　行为人可以撤回意思表示。撤回意思表示的通知应当在意思表示到达相对人前或者与意思表示同时到达相对人。

第一百四十二条　有相对人的意思表示的解释，应当按照所使用的词句，结合相关条款、行为的性质和目的、习惯以及诚信原则，确定意思表示的含义。

无相对人的意思表示的解释，不能完全拘泥于所使用的词句，而应当结合相关条款、行为的性质和目的、习惯以及诚信原则，确定行为人的真实意思。

第三节　民事法律行为的效力

第一百四十三条　具备下列条件的民事法律行为有效：

（一）行为人具有相应的民事行为能力；

（二）意思表示真实；

（三）不违反法律、行政法规的强制性规定，不违背公序良俗。

第一百四十四条　无民事行为能力人实施的民事法律行为无效。

第一百四十五条　限制民事行为能力人实施的纯获利益的民事法律行为或者与其年龄、智力、精神健康状况相适应的民事法律行为有效；实施的其他民事法律行为经法定代理人同意或者追认后有效。

相对人可以催告法定代理人自收到通知之日起三十日内予以追认。法定代理人未作表示的，视为拒绝追认。民事法律行为被追认前，善意相对人有撤销的权利。撤销应当以通知的方式作出。

第一百四十六条　行为人与相对人以虚假的意思表示实施的民事法律行为无效。

以虚假的意思表示隐藏的民事法律行为的效力，依照有关法律规定处理。

第一百四十七条　基于重大误解实施的民事法律行为，行为人有权请求人民法院或者仲裁机构予以撤销。

第一百四十八条　一方以欺诈手段，使对方在违背真实意思的情况下实施的民事法律行为，受欺诈方有权请求人民法院或者仲裁机构予以撤销。

第一百四十九条 第三人实施欺诈行为，使一方在违背真实意思的情况下实施的民事法律行为，对方知道或者应当知道该欺诈行为的，受欺诈方有权请求人民法院或者仲裁机构予以撤销。

第一百五十条 一方或者第三人以胁迫手段，使对方在违背真实意思的情况下实施的民事法律行为，受胁迫方有权请求人民法院或者仲裁机构予以撤销。

第一百五十一条 一方利用对方处于危困状态、缺乏判断能力等情形，致使民事法律行为成立时显失公平的，受损害方有权请求人民法院或者仲裁机构予以撤销。

第一百五十二条 有下列情形之一的，撤销权消灭：

（一）当事人自知道或者应当知道撤销事由之日起一年内、重大误解的当事人自知道或者应当知道撤销事由之日起九十日内没有行使撤销权；

（二）当事人受胁迫，自胁迫行为终止之日起一年内没有行使撤销权；

（三）当事人知道撤销事由后明确表示或者以自己的行为表明放弃撤销权。

当事人自民事法律行为发生之日起五年内没有行使撤销权的，撤销权消灭。

第一百五十三条 违反法律、行政法规的强制性规定的民事法律行为无效。但是，该强制性规定不导致该民事法律行为无效的除外。

违背公序良俗的民事法律行为无效。

第一百五十四条 行为人与相对人恶意串通，损害他人合法权益的民事法律行为无效。

第一百五十五条 无效的或者被撤销的民事法律行为自始没有法律约束力。

第一百五十六条 民事法律行为部分无效，不影响其他部分效力的，其他部分仍然有效。

第一百五十七条 民事法律行为无效、被撤销或者确定不发生效力后，行为人因该行为取得的财产，应当予以返还；不能返还或者没有必要返还的，应当折价补偿。有过错的一方应当赔偿对方由此所受到的损失；各方都有过错的，应当各自承担相应的责任。法律另有规定的，依照其规定。

第四节 民事法律行为的附条件和附期限

第一百五十八条 民事法律行为可以附条件，但是根据其性质不得附条件的除外。附生效条件的民事法律行为，自条件成就时生效。附解除条件的民事法律行为，自条件成就时失效。

第一百五十九条　附条件的民事法律行为，当事人为自己的利益不正当地阻止条件成就的，视为条件已经成就；不正当地促成条件成就的，视为条件不成就。

第一百六十条　民事法律行为可以附期限，但是根据其性质不得附期限的除外。附生效期限的民事法律行为，自期限届至时生效。附终止期限的民事法律行为，自期限届满时失效。

第七章　代　　理

第一节　一般规定

第一百六十一条　民事主体可以通过代理人实施民事法律行为。

依照法律规定、当事人约定或者民事法律行为的性质，应当由本人亲自实施的民事法律行为，不得代理。

第一百六十二条　代理人在代理权限内，以被代理人名义实施的民事法律行为，对被代理人发生效力。

第一百六十三条　代理包括委托代理和法定代理。

委托代理人按照被代理人的委托行使代理权。法定代理人依照法律的规定行使代理权。

第一百六十四条　代理人不履行或者不完全履行职责，造成被代理人损害的，应当承担民事责任。

代理人和相对人恶意串通，损害被代理人合法权益的，代理人和相对人应当承担连带责任。

第二节　委托代理

第一百六十五条　委托代理授权采用书面形式的，授权委托书应当载明代理人的姓名或者名称、代理事项、权限和期限，并由被代理人签名或者盖章。

第一百六十六条　数人为同一代理事项的代理人的，应当共同行使代理权，但是当事人另有约定的除外。

第一百六十七条　代理人知道或者应当知道代理事项违法仍然实施代理行为，或者被代理人知道或者应当知道代理人的代理行为违法未作反对表示的，被代理人和代理人应当承担连带责任。

第一百六十八条　代理人不得以被代理人的名义与自己实施民事法律行

为，但是被代理人同意或者追认的除外。

代理人不得以被代理人的名义与自己同时代理的其他人实施民事法律行为，但是被代理的双方同意或者追认的除外。

第一百六十九条 代理人需要转委托第三人代理的，应当取得被代理人的同意或者追认。

转委托代理经被代理人同意或者追认的，被代理人可以就代理事务直接指示转委托的第三人，代理人仅就第三人的选任以及对第三人的指示承担责任。

转委托代理未经被代理人同意或者追认的，代理人应当对转委托的第三人的行为承担责任；但是，在紧急情况下代理人为了维护被代理人的利益需要转委托第三人代理的除外。

第一百七十条 执行法人或者非法人组织工作任务的人员，就其职权范围内的事项，以法人或者非法人组织的名义实施的民事法律行为，对法人或者非法人组织发生效力。

法人或者非法人组织对执行其工作任务的人员职权范围的限制，不得对抗善意相对人。

第一百七十一条 行为人没有代理权、超越代理权或者代理权终止后，仍然实施代理行为，未经被代理人追认的，对被代理人不发生效力。

相对人可以催告被代理人自收到通知之日起三十日内予以追认。被代理人未作表示的，视为拒绝追认。行为人实施的行为被追认前，善意相对人有撤销的权利。撤销应当以通知的方式作出。

行为人实施的行为未被追认的，善意相对人有权请求行为人履行债务或者就其受到的损害请求行为人赔偿。但是，赔偿的范围不得超过被代理人追认时相对人所能获得的利益。

相对人知道或者应当知道行为人无权代理的，相对人和行为人按照各自的过错承担责任。

第一百七十二条 行为人没有代理权、超越代理权或者代理权终止后，仍然实施代理行为，相对人有理由相信行为人有代理权的，代理行为有效。

第三节 代理终止

第一百七十三条 有下列情形之一的，委托代理终止：

（一）代理期限届满或者代理事务完成；

（二）被代理人取消委托或者代理人辞去委托；

（三）代理人丧失民事行为能力；

（四）代理人或者被代理人死亡；

（五）作为代理人或者被代理人的法人、非法人组织终止。

第一百七十四条 被代理人死亡后，有下列情形之一的，委托代理人实施的代理行为有效：

（一）代理人不知道且不应当知道被代理人死亡；

（二）被代理人的继承人予以承认；

（三）授权中明确代理权在代理事务完成时终止；

（四）被代理人死亡前已经实施，为了被代理人的继承人的利益继续代理。

作为被代理人的法人、非法人组织终止的，参照适用前款规定。

第一百七十五条 有下列情形之一的，法定代理终止：

（一）被代理人取得或者恢复完全民事行为能力；

（二）代理人丧失民事行为能力；

（三）代理人或者被代理人死亡；

（四）法律规定的其他情形。

第八章 民事责任

第一百七十六条 民事主体依照法律规定或者按照当事人约定，履行民事义务，承担民事责任。

第一百七十七条 二人以上依法承担按份责任，能够确定责任大小的，各自承担相应的责任；难以确定责任大小的，平均承担责任。

第一百七十八条 二人以上依法承担连带责任的，权利人有权请求部分或者全部连带责任人承担责任。

连带责任人的责任份额根据各自责任大小确定；难以确定责任大小的，平均承担责任。实际承担责任超过自己责任份额的连带责任人，有权向其他连带责任人追偿。

连带责任，由法律规定或者当事人约定。

第一百七十九条 承担民事责任的方式主要有：

（一）停止侵害；

（二）排除妨碍；

（三）消除危险；

（四）返还财产；

（五）恢复原状；

（六）修理、重作、更换；

（七）继续履行；

（八）赔偿损失；

（九）支付违约金；

（十）消除影响、恢复名誉；

（十一）赔礼道歉。

法律规定惩罚性赔偿的，依照其规定。

本条规定的承担民事责任的方式，可以单独适用，也可以合并适用。

第一百八十条　因不可抗力不能履行民事义务的，不承担民事责任。法律另有规定的，依照其规定。

不可抗力是不能预见、不能避免且不能克服的客观情况。

第一百八十一条　因正当防卫造成损害的，不承担民事责任。

正当防卫超过必要的限度，造成不应有的损害的，正当防卫人应当承担适当的民事责任。

第一百八十二条　因紧急避险造成损害的，由引起险情发生的人承担民事责任。

危险由自然原因引起的，紧急避险人不承担民事责任，可以给予适当补偿。

紧急避险采取措施不当或者超过必要的限度，造成不应有的损害的，紧急避险人应当承担适当的民事责任。

第一百八十三条　因保护他人民事权益使自己受到损害的，由侵权人承担民事责任，受益人可以给予适当补偿。没有侵权人、侵权人逃逸或者无力承担民事责任，受害人请求补偿的，受益人应当给予适当补偿。

第一百八十四条　因自愿实施紧急救助行为造成受助人损害的，救助人不承担民事责任。

第一百八十五条　侵害英雄烈士等的姓名、肖像、名誉、荣誉，损害社会公共利益的，应当承担民事责任。

第一百八十六条　因当事人一方的违约行为，损害对方人身权益、财产权益的，受损害方有权选择请求其承担违约责任或者侵权责任。

第一百八十七条　民事主体因同一行为应当承担民事责任、行政责任和刑事责任的，承担行政责任或者刑事责任不影响承担民事责任；民事主体的财产不足以支付的，优先用于承担民事责任。

第九章　诉讼时效

第一百八十八条　向人民法院请求保护民事权利的诉讼时效期间为三年。

法律另有规定的，依照其规定。

诉讼时效期间自权利人知道或者应当知道权利受到损害以及义务人之日起计算。法律另有规定的，依照其规定。但是，自权利受到损害之日起超过二十年的，人民法院不予保护，有特殊情况的，人民法院可以根据权利人的申请决定延长。

第一百八十九条 当事人约定同一债务分期履行的，诉讼时效期间自最后一期履行期限届满之日起计算。

第一百九十条 无民事行为能力人或者限制民事行为能力人对其法定代理人的请求权的诉讼时效期间，自该法定代理终止之日起计算。

第一百九十一条 未成年人遭受性侵害的损害赔偿请求权的诉讼时效期间，自受害人年满十八周岁之日起计算。

第一百九十二条 诉讼时效期间届满的，义务人可以提出不履行义务的抗辩。

诉讼时效期间届满后，义务人同意履行的，不得以诉讼时效期间届满为由抗辩；义务人已经自愿履行的，不得请求返还。

第一百九十三条 人民法院不得主动适用诉讼时效的规定。

第一百九十四条 在诉讼时效期间的最后六个月内，因下列障碍，不能行使请求权的，诉讼时效中止：

（一）不可抗力；

（二）无民事行为能力人或者限制民事行为能力人没有法定代理人，或者法定代理人死亡、丧失民事行为能力、丧失代理权；

（三）继承开始后未确定继承人或者遗产管理人；

（四）权利人被义务人或者其他人控制；

（五）其他导致权利人不能行使请求权的障碍。

自中止时效的原因消除之日起满六个月，诉讼时效期间届满。

第一百九十五条 有下列情形之一的，诉讼时效中断，从中断、有关程序终结时起，诉讼时效期间重新计算：

（一）权利人向义务人提出履行请求；

（二）义务人同意履行义务；

（三）权利人提起诉讼或者申请仲裁；

（四）与提起诉讼或者申请仲裁具有同等效力的其他情形。

第一百九十六条 下列请求权不适用诉讼时效的规定：

（一）请求停止侵害、排除妨碍、消除危险；

（二）不动产物权和登记的动产物权的权利人请求返还财产；

（三）请求支付抚养费、赡养费或者扶养费；

（四）依法不适用诉讼时效的其他请求权。

第一百九十七条 诉讼时效的期间、计算方法以及中止、中断的事由由法律规定，当事人约定无效。

当事人对诉讼时效利益的预先放弃无效。

第一百九十八条 法律对仲裁时效有规定的，依照其规定；没有规定的，适用诉讼时效的规定。

第一百九十九条 法律规定或者当事人约定的撤销权、解除权等权利的存续期间，除法律另有规定外，自权利人知道或者应当知道权利产生之日起计算，不适用有关诉讼时效中止、中断和延长的规定。存续期间届满，撤销权、解除权等权利消灭。

第十章 期间计算

第二百条 民法所称的期间按照公历年、月、日、小时计算。

第二百零一条 按照年、月、日计算期间的，开始的当日不计入，自下一日开始计算。

按照小时计算期间的，自法律规定或者当事人约定的时间开始计算。

第二百零二条 按照年、月计算期间的，到期月的对应日为期间的最后一日；没有对应日的，月末日为期间的最后一日。

第二百零三条 期间的最后一日是法定休假日的，以法定休假日结束的次日为期间的最后一日。

期间的最后一日的截止时间为二十四时；有业务时间的，停止业务活动的时间为截止时间。

第二百零四条 期间的计算方法依照本法的规定，但是法律另有规定或者当事人另有约定的除外。

……

最高人民法院关于适用《中华人民共和国民法典》总则编若干问题的解释

（2021 年 12 月 30 日最高人民法院审判委员会第 1861 次会议通过　2022 年 2 月 24 日最高人民法院公告公布　自 2022 年 3 月 1 日起施行　法释〔2022〕6 号）

为正确审理民事案件，依法保护民事主体的合法权益，维护社会和经济秩序，根据《中华人民共和国民法典》《中华人民共和国民事诉讼法》等相关法律规定，结合审判实践，制定本解释。

一、一般规定

第一条　民法典第二编至第七编对民事关系有规定的，人民法院直接适用该规定；民法典第二编至第七编没有规定的，适用民法典第一编的规定，但是根据其性质不能适用的除外。

就同一民事关系，其他民事法律的规定属于对民法典相应规定的细化的，应当适用该民事法律的规定。民法典规定适用其他法律的，适用该法律的规定。

民法典及其他法律对民事关系没有具体规定的，可以遵循民法典关于基本原则的规定。

第二条　在一定地域、行业范围内长期为一般人从事民事活动时普遍遵守的民间习俗、惯常做法等，可以认定为民法典第十条规定的习惯。

当事人主张适用习惯的，应当就习惯及其具体内容提供相应证据；必要时，人民法院可以依职权查明。

适用习惯，不得违背社会主义核心价值观，不得违背公序良俗。

第三条　对于民法典第一百三十二条所称的滥用民事权利，人民法院可以根据权利行使的对象、目的、时间、方式、造成当事人之间利益失衡的程度等因素作出认定。

行为人以损害国家利益、社会公共利益、他人合法权益为主要目的行使民事权利的，人民法院应当认定构成滥用民事权利。

构成滥用民事权利的，人民法院应当认定该滥用行为不发生相应的法律效力。滥用民事权利造成损害的，依照民法典第七编等有关规定处理。

二、民事权利能力和民事行为能力

第四条 涉及遗产继承、接受赠与等胎儿利益保护，父母在胎儿娩出前作为法定代理人主张相应权利的，人民法院依法予以支持。

第五条 限制民事行为能力人实施的民事法律行为是否与其年龄、智力、精神健康状况相适应，人民法院可以从行为与本人生活相关联的程度，本人的智力、精神健康状况能否理解其行为并预见相应的后果，以及标的、数量、价款或者报酬等方面认定。

三、监　护

第六条 人民法院认定自然人的监护能力，应当根据其年龄、身心健康状况、经济条件等因素确定；认定有关组织的监护能力，应当根据其资质、信用、财产状况等因素确定。

第七条 担任监护人的被监护人父母通过遗嘱指定监护人，遗嘱生效时被指定的人不同意担任监护人的，人民法院应当适用民法典第二十七条、第二十八条的规定确定监护人。

未成年人由父母担任监护人，父母中的一方通过遗嘱指定监护人，另一方在遗嘱生效时有监护能力，有关当事人对监护人的确定有争议的，人民法院应当适用民法典第二十七条第一款的规定确定监护人。

第八条 未成年人的父母与其他依法具有监护资格的人订立协议，约定免除具有监护能力的父母的监护职责的，人民法院不予支持。协议约定在未成年人的父母丧失监护能力时由该具有监护资格的人担任监护人的，人民法院依法予以支持。

依法具有监护资格的人之间依据民法典第三十条的规定，约定由民法典第二十七条第二款、第二十八条规定的不同顺序的人共同担任监护人，或者由顺序在后的人担任监护人的，人民法院依法予以支持。

第九条 人民法院依据民法典第三十一条第二款、第三十六条第一款的规定指定监护人时，应当尊重被监护人的真实意愿，按照最有利于被监护人的原则指定，具体参考以下因素：

（一）与被监护人生活、情感联系的密切程度；

（二）依法具有监护资格的人的监护顺序；

（三）是否有不利于履行监护职责的违法犯罪等情形；

（四）依法具有监护资格的人的监护能力、意愿、品行等。

人民法院依法指定的监护人一般应当是一人，由数人共同担任监护人更有利于保护被监护人利益的，也可以是数人。

第十条　有关当事人不服居民委员会、村民委员会或者民政部门的指定，在接到指定通知之日起三十日内向人民法院申请指定监护人的，人民法院经审理认为指定并无不当，依法裁定驳回申请；认为指定不当，依法判决撤销指定并另行指定监护人。

有关当事人在接到指定通知之日起三十日后提出申请的，人民法院应当按照变更监护关系处理。

第十一条　具有完全民事行为能力的成年人与他人依据民法典第三十三条的规定订立书面协议事先确定自己的监护人后，协议的任何一方在该成年人丧失或者部分丧失民事行为能力前请求解除协议的，人民法院依法予以支持。该成年人丧失或者部分丧失民事行为能力后，协议确定的监护人无正当理由请求解除协议的，人民法院不予支持。

该成年人丧失或者部分丧失民事行为能力后，协议确定的监护人有民法典第三十六条第一款规定的情形之一，该条第二款规定的有关个人、组织申请撤销其监护人资格的，人民法院依法予以支持。

第十二条　监护人、其他依法具有监护资格的人之间就监护人是否有民法典第三十九条第一款第二项、第四项规定的应当终止监护关系的情形发生争议，申请变更监护人的，人民法院应当依法受理。经审理认为理由成立的，人民法院依法予以支持。

被依法指定的监护人与其他具有监护资格的人之间协议变更监护人的，人民法院应当尊重被监护人的真实意愿，按照最有利于被监护人的原则作出裁判。

第十三条　监护人因患病、外出务工等原因在一定期限内不能完全履行监护职责，将全部或者部分监护职责委托给他人，当事人主张受托人因此成为监护人的，人民法院不予支持。

四、宣告失踪和宣告死亡

第十四条　人民法院审理宣告失踪案件时，下列人员应当认定为民法典第四十条规定的利害关系人：

（一）被申请人的近亲属；

（二）依据民法典第一千一百二十八条、第一千一百二十九条规定对被申请人有继承权的亲属；

（三）债权人、债务人、合伙人等与被申请人有民事权利义务关系的民事主体，但是不申请宣告失踪不影响其权利行使、义务履行的除外。

第十五条 失踪人的财产代管人向失踪人的债务人请求偿还债务的，人民法院应当将财产代管人列为原告。

债权人提起诉讼，请求失踪人的财产代管人支付失踪人所欠的债务和其他费用的，人民法院应当将财产代管人列为被告。经审理认为债权人的诉讼请求成立的，人民法院应当判决财产代管人从失踪人的财产中支付失踪人所欠的债务和其他费用。

第十六条 人民法院审理宣告死亡案件时，被申请人的配偶、父母、子女，以及依据民法典第一千一百二十九条规定对被申请人有继承权的亲属应当认定为民法典第四十六条规定的利害关系人。

符合下列情形之一的，被申请人的其他近亲属，以及依据民法典第一千一百二十八条规定对被申请人有继承权的亲属应当认定为民法典第四十六条规定的利害关系人：

（一）被申请人的配偶、父母、子女均已死亡或者下落不明的；

（二）不申请宣告死亡不能保护其相应合法权益的。

被申请人的债权人、债务人、合伙人等民事主体不能认定为民法典第四十六条规定的利害关系人，但是不申请宣告死亡不能保护其相应合法权益的除外。

第十七条 自然人在战争期间下落不明的，利害关系人申请宣告死亡的期间适用民法典第四十六条第一款第一项的规定，自战争结束之日或者有关机关确定的下落不明之日起计算。

五、民事法律行为

第十八条 当事人未采用书面形式或者口头形式，但是实施的行为本身表明已经作出相应意思表示，并符合民事法律行为成立条件的，人民法院可以认定为民法典第一百三十五条规定的采用其他形式实施的民事法律行为。

第十九条 行为人对行为的性质、对方当事人或者标的物的品种、质量、规格、价格、数量等产生错误认识，按照通常理解如果不发生该错误认识行为人就不会作出相应意思表示的，人民法院可以认定为民法典第一百四十七条规定的重大误解。

行为人能够证明自己实施民事法律行为时存在重大误解，并请求撤销该民事法律行为的，人民法院依法予以支持；但是，根据交易习惯等认定行为人无权请求撤销的除外。

第二十条　行为人以其意思表示存在第三人转达错误为由请求撤销民事法律行为的，适用本解释第十九条的规定。

第二十一条　故意告知虚假情况，或者负有告知义务的人故意隐瞒真实情况，致使当事人基于错误认识作出意思表示的，人民法院可以认定为民法典第一百四十八条、第一百四十九条规定的欺诈。

第二十二条　以给自然人及其近亲属等的人身权利、财产权利以及其他合法权益造成损害或者以给法人、非法人组织的名誉、荣誉、财产权益等造成损害为要挟，迫使其基于恐惧心理作出意思表示的，人民法院可以认定为民法典第一百五十条规定的胁迫。

第二十三条　民事法律行为不成立，当事人请求返还财产、折价补偿或者赔偿损失的，参照适用民法典第一百五十七条的规定。

第二十四条　民事法律行为所附条件不可能发生，当事人约定为生效条件的，人民法院应当认定民事法律行为不发生效力；当事人约定为解除条件的，应当认定未附条件，民事法律行为是否失效，依照民法典和相关法律、行政法规的规定认定。

六、代　理

第二十五条　数个委托代理人共同行使代理权，其中一人或者数人未与其他委托代理人协商，擅自行使代理权的，依据民法典第一百七十一条、第一百七十二条等规定处理。

第二十六条　由于急病、通讯联络中断、疫情防控等特殊原因，委托代理人自己不能办理代理事项，又不能与被代理人及时取得联系，如不及时转委托第三人代理，会给被代理人的利益造成损失或者扩大损失的，人民法院应当认定为民法典第一百六十九条规定的紧急情况。

第二十七条　无权代理行为未被追认，相对人请求行为人履行债务或者赔偿损失的，由行为人就相对人知道或者应当知道行为人无权代理承担举证责任。行为人不能证明的，人民法院依法支持相对人的相应诉讼请求；行为人能够证明的，人民法院应当按照各自的过错认定行为人与相对人的责任。

第二十八条 同时符合下列条件的，人民法院可以认定为民法典第一百七十二条规定的相对人有理由相信行为人有代理权：

（一）存在代理权的外观；

（二）相对人不知道行为人行为时没有代理权，且无过失。

因是否构成表见代理发生争议的，相对人应当就无权代理符合前款第一项规定的条件承担举证责任；被代理人应当就相对人不符合前款第二项规定的条件承担举证责任。

第二十九条 法定代理人、被代理人依据民法典第一百四十五条、第一百七十一条的规定向相对人作出追认的意思表示的，人民法院应当依据民法典第一百三十七条的规定确认其追认意思表示的生效时间。

七、民事责任

第三十条 为了使国家利益、社会公共利益、本人或者他人的人身权利、财产权利以及其他合法权益免受正在进行的不法侵害，而针对实施侵害行为的人采取的制止不法侵害的行为，应当认定为民法典第一百八十一条规定的正当防卫。

第三十一条 对于正当防卫是否超过必要的限度，人民法院应当综合不法侵害的性质、手段、强度、危害程度和防卫的时机、手段、强度、损害后果等因素判断。

经审理，正当防卫没有超过必要限度的，人民法院应当认定正当防卫人不承担责任。正当防卫超过必要限度的，人民法院应当认定正当防卫人在造成不应有的损害范围内承担部分责任；实施侵害行为的人请求正当防卫人承担全部责任的，人民法院不予支持。

实施侵害行为的人不能证明防卫行为造成不应有的损害，仅以正当防卫人采取的反击方式和强度与不法侵害不相当为由主张防卫过当的，人民法院不予支持。

第三十二条 为了使国家利益、社会公共利益、本人或者他人的人身权利、财产权利以及其他合法权益免受正在发生的急迫危险，不得已而采取紧急措施的，应当认定为民法典第一百八十二条规定的紧急避险。

第三十三条 对于紧急避险是否采取措施不当或者超过必要的限度，人民法院应当综合危险的性质、急迫程度、避险行为所保护的权益以及造成的损害后果等因素判断。

经审理，紧急避险采取措施并无不当且没有超过必要限度的，人民法院应当认定紧急避险人不承担责任。紧急避险采取措施不当或者超过必要限度的，人民法院应当根据紧急避险人的过错程度、避险措施造成不应有的损害的原因力大小、紧急避险人是否为受益人等因素认定紧急避险人在造成的不应有的损害范围内承担相应的责任。

第三十四条　因保护他人民事权益使自己受到损害，受害人依据民法典第一百八十三条的规定请求受益人适当补偿的，人民法院可以根据受害人所受损失和已获赔偿的情况、受益人受益的多少及其经济条件等因素确定受益人承担的补偿数额。

八、诉讼时效

第三十五条　民法典第一百八十八条第一款规定的三年诉讼时效期间，可以适用民法典有关诉讼时效中止、中断的规定，不适用延长的规定。该条第二款规定的二十年期间不适用中止、中断的规定。

第三十六条　无民事行为能力人或者限制民事行为能力人的权利受到损害的，诉讼时效期间自其法定代理人知道或者应当知道权利受到损害以及义务人之日起计算，但是法律另有规定的除外。

第三十七条　无民事行为能力人、限制民事行为能力人的权利受到原法定代理人损害，且在取得、恢复完全民事行为能力或者在原法定代理终止并确定新的法定代理人后，相应民事主体才知道或者应当知道权利受到损害的，有关请求权诉讼时效期间的计算适用民法典第一百八十八条第二款、本解释第三十六条的规定。

第三十八条　诉讼时效依据民法典第一百九十五条的规定中断后，在新的诉讼时效期间内，再次出现第一百九十五条规定的中断事由，可以认定为诉讼时效再次中断。

权利人向义务人的代理人、财产代管人或者遗产管理人等提出履行请求的，可以认定为民法典第一百九十五条规定的诉讼时效中断。

九、附　则

第三十九条　本解释自 2022 年 3 月 1 日起施行。

民法典施行后的法律事实引起的民事案件，本解释施行后尚未终审的，适用本解释；本解释施行前已经终审，当事人申请再审或者按照审判监督程序决定再审的，不适用本解释。

图书在版编目（CIP）数据

最高人民法院关于适用《中华人民共和国民法典》总则编若干问题的解释理解与适用 / 费安玲主编. —北京：中国法制出版社，2022. 5

ISBN 978－7－5216－2679－7

Ⅰ. ①最… Ⅱ. ①费… Ⅲ. ①民法－总则－法律解释－中国②民法－总则－法律适用－中国 Ⅳ. ①D923. 15

中国版本图书馆 CIP 数据核字（2022）第 080643 号

策划编辑　王熹　　责任编辑　赵律玮　　封面设计　杨鑫宇

最高人民法院关于适用《中华人民共和国民法典》总则编若干问题的解释理解与适用

ZUIGAO RENMIN FAYUAN GUANYU SHIYONG《ZHONGHUA RENMIN GONGHEGUO MINFADIAN》ZONGZEBIAN RUOGAN WENTI DE JIESHI LIJIE YU SHIYONG

主编/费安玲

经销/新华书店

印刷/三河市紫恒印装有限公司

开本/730 毫米×1030 毫米　16 开　　印张 / 16. 25　字数 / 234 千

版次/2022 年 5 月第 1 版　　2022 年 5 月第 1 次印刷

中国法制出版社出版

书号 ISBN 978－7－5216－2679－7　　定价：65. 00 元

北京市西城区西便门西里甲 16 号西便门办公区

邮政编码：100053　　传真：010－63141600

网址：http：//www. zgfzs. com　　**编辑部电话：010－63141793**

市场营销部电话：010－63141612　　**印务部电话：010－63141606**

（如有印装质量问题，请与本社印务部联系。）